教育部全国创业类慕课研究项目、福建省省级精品资源共享课程、福建省省级精品在线开放课程成果。

创 业 管 理

主　编：林必越

副主编：庄贝妮　杨春娇　凌辉华

中国财经出版传媒集团
中国财政经济出版社

图书在版编目（CIP）数据

创业管理 / 林必越主编． ——北京：中国财政经济出版社，2021.1

ISBN 978 - 7 - 5095 - 9944 - 0

Ⅰ．①创… Ⅱ．①林… Ⅲ．①创业 - 企业管理 Ⅳ．①F272.2

中国版本图书馆 CIP 数据核字（2020）第 141100 号

责任编辑：彭　波　　　　　责任印制：史大鹏
封面设计：卜建辰　　　　　责任校对：胡永立

中国财政经济出版社 出版

URL：http://www.cfeph.cn
E - mail：cfeph@ cfeph.cn

（版权所有　翻印必究）

社址：北京市海淀区阜成路甲 28 号　邮政编码：100142
营销中心电话：010 - 88191522
天猫网店：中国财政经济出版社旗舰店
网址：https://zgczjjcbs.tmall.com
北京密兴印刷有限公司印刷　各地新华书店经销
成品尺寸：170mm×240mm　16 开　14.25 印张　250 000 字
2021 年 1 月第 1 版　2021 年 1 月北京第 1 次印刷
定价：58.00 元
ISBN 978 - 7 - 5095 - 9944 - 0
（图书出现印装问题，本社负责调换，电话：010 - 88190548）
本社质量投诉电话：010 - 88190744
打击盗版举报热线：010 - 88191661　QQ：2242791300

前　言

创新与创业已成为新时代的共识，创业成为经济强劲增长的重要动力之一。党的十九大报告强调要"鼓励创业带动就业"，为大学生创业提供全方位服务，促进高校毕业生多渠道就业创业，把创业教育上升到国家战略层面，也体现了当代大学生的内在需求。国家教育部把创新创业教育定义为"适应经济社会发展和国家发展战略需要而产生的一种教学理念与模式"，明确了创新创业教育是一项面向全体学生的教育，要结合专业教育，融入整个人才培养过程。

本书结合大学生的实际情况和特点，通过对《创业管理》课程的学习、引导和交流，唤醒创业意识，激起创业热情，培养学生的创新精神和意识、创业素质和能力，以及创业过程的管理能力。本书系统阐述创业的理论、过程和管理，创业过程中的问题和解决方案，以及创业实务中的管理；帮助学生分析自身优势和可利用的资源，选择和确定创业方向；培养学生确立商机意识、捕捉创业机会、做好创业策划、实施创业运营管理、控制创业风险等。

通过本书的学习，帮助学生掌握三大方面的内容，即创业精神和素质、创业知识与流程，创业实践与管理。同时，培养学生树立自信、自主、自立、自强的企业家精神和良好的个人创业素质；培养学生解决创业过程中具体问题的能力，使学生掌握创立企业、构建组织、合法经营、培育企业文化，和企业如何应对宏微环境及市场变化的各种基本知识，给学生一个较为全面的新的思维方式、方案解决方法，为较为顺利展开创业探索或从事新创企业的管理实践提供值得借鉴的新视角、新思路。

同时，教师可以结合本书已经上线的在线课程资源，运用现代信息网络技术资源，完善课程相关资料的收集与整理，丰富课程资源，包括课件、案例、视频、参考资料、思考题等，可以采用混合式教学，实现线上线下教学相辅相成。本书适合高等院校经济管理类本科学生、非经济管理类专业学生的通识课程使用，也适合高职高专学生使用，对广大从事经济管理的社会人员也有较好的参考价值。教师可以根据教学对象和教授学时不同，灵活选择相关内容进行教学与指导。

本教材的编写先后进行了近三年的时间，期间编写团队进行了许多次的研讨，统一思路、风格和规范，终于完成本书。本书由厦门理工学院林必越教授任主编，集美大学庄贝妮博士、杨春娇副教授、凌辉华副教授任副主编。全书供计10章，整个教材从大纲制定到具体内容安排，统一由林必越教授总体策划和负责，同时进行审稿、校队和修订，庄贝妮、杨春娇、凌辉华协助。各章编写任务及分工安排如下：林必越、付家豪、钟玉萍、靳昊编写第1、2、3章；林必越、钟玉萍、付家豪编写第4、5章；杨春娇、林必越编写第6章；林必越、钟玉萍编写第7章；凌辉华、林必越编写第8、9章；庄贝妮、付家豪编写第10章。

由于受资料收集、编者水平及其他条件的限制，书中难免存在一些不足之处，恳请同行专家及读者批评指正。

本书的编写过程中，参考了有关的教材、论著和期刊等，限于篇幅，恕不一一列出，特作说明并致谢。引用与理解有不当之处，条件限制无法与有关编著者取得连写，敬请谅解！

本课程的在线课程资源可以在超星学习通平台获取。

编者

2020 年 11 月

目　录

第一章　认识创业 ………………………………………………………（ 1 ）

　　第一节　创业的内涵与类型 ……………………………………（ 1 ）

　　第二节　创业活动的独特性及影响因素 ………………………（ 9 ）

　　第三节　创业活动产生的情景和过程 …………………………（ 11 ）

第二章　创业者与企业家精神 …………………………………………（ 17 ）

　　第一节　创业者 …………………………………………………（ 17 ）

　　第二节　创新的价值 ……………………………………………（ 20 ）

　　第三节　企业家精神 ……………………………………………（ 25 ）

第三章　创业机会识别 …………………………………………………（ 33 ）

　　第一节　创业环境分析的目的与方法 …………………………（ 33 ）

　　第二节　宏微观环境分析 ………………………………………（ 39 ）

　　第三节　了解创业机会评价的目的和方法 ……………………（ 50 ）

第四章　创业商业模式 …………………………………………………（ 53 ）

　　第一节　商业模式识别 …………………………………………（ 53 ）

　　第二节　商业模式影响因素 ……………………………………（ 60 ）

　　第三节　商业模式选择 …………………………………………（ 62 ）

第五章　创业计划书撰写 ………………………………………………（ 65 ）

　　第一节　创业计划的概念与作用 ………………………………（ 65 ）

　　第二节　创业计划的内容 ………………………………………（ 67 ）

　　第三节　创业计划的写作 ………………………………………（ 83 ）

第六章　创业企业法律实务 (84)

　　第一节　企业组织形式 (84)
　　第二节　企业的设立条件和程序 (95)
　　第三节　企业名称登记管理 (105)
　　第四节　新建企业常见问题及其防范 (110)

第七章　创业企业融资 (120)

　　第一节　融资的基础知识 (120)
　　第二节　创业融资渠道 (125)
　　第三节　创业融资租赁 (136)
　　第四节　创业风险投资 (142)

第八章　创业企业人力资源管理 (152)

　　第一节　创业企业人力资源管理概述 (152)
　　第二节　创业企业人力资源管理的内容 (155)
　　第三节　创业企业人力资源管理的挑战 (167)

第九章　创业企业营销管理 (174)

　　第一节　目标市场定位及企业生存目的 (174)
　　第二节　创业企业顾客服务策略 (183)
　　第三节　新产品开发与市场风险管理 (189)

第十章　创业企业持续发展 (197)

　　第一节　创业企业持续发展的概念与特征 (197)
　　第二节　制约创业企业持续发展的市场因素 (200)
　　第三节　创业企业持续发展能力 (201)
　　第四节　创业企业持续发展战略路径选择 (202)
　　第五节　创业企业的并购与企业成长 (206)
　　第六节　创业企业的风险管理与防范 (211)

参考文献 (220)

第一章　认识创业

20 世纪 80 年代初期，人类社会从工业社会进入信息社会，信息技术的普遍应用、全球化进程的加快等为创业活动提供了有利的环境，新的商业模式不断涌现，资源和生存要素更加便捷和快速地予以组合，技术、产品以及管理创新层出不穷，机会和创造成为商业活动的核心内涵，人们对创业的理解也更加抽象和具有普遍意义。

当前，我们正在经历一场全球范围的创业革命。创业者通过颠覆性创新、开拓新市场、创造就业机会、提高生产效率以及打造新兴产业，持续不断地为经济增长做出不可估量的贡献，并极大地改变了生活方式。回首 20 年前，商学院很少开设创业相关的课程，但是 20 年后，很多学校开设了系统而实用的创业课程，许多学生也将创业视为他们的职业选择之一。因此，创业已经成为工商管理学科的重要组成部分。

第一节　创业的内涵与类型

创业一词来源于法语"entre"（中间）与"prendre"（承担），最初用来描述买卖双方之间承担的风险，或创建新企业承担的风险。创业与发明不同，发明是创造新事物的过程，而创业是聚集并整合所有必需的资源（金钱、人力、商业模式、战略和风险忍耐力），以便将发明转化为可存活的企业。

一、创业的内涵

哈佛大学霍华德·史蒂文森教授将创业定义为：个人不考虑当前所控制

的资源而追求机会、整合不同资源以利用和开发机会并创造价值的过程。创业行为的本质在于识别机会并实现有用的创意。创业行为既可以由个人也可以由团队产生,并需要创造力、驱动力和承担风险的意愿。该创业概念强调以下三个方面内涵。

(一) 创业是机会识别和开发的过程

创业,首先是一种活动过程。作为一个商业领域,创业致力于理解创造新事物(新产品或服务、新市场、新生产过程或原材料、组织现有技术的新方法)的机会是如何出现并被特定个体所发现或创造的,这些人如何运用各种方法去利用或开发它们,然后产生各种结果(Shane and Venkataraman, 2000)。该定义强调创业包含两个过程:其一,创业机会识别,这是创业的前提;其二,创业机会开发,这是创业者通过组织创业资源旨在创造出新颖的产品、服务或实现其潜在价值。

在机会开发过程中,霍华德·史蒂文森(Howard F. Stevenson)强调了创业作为活动过程与当时其所控制的资源无关。事实上,大多数创业者都经历了"白手起家"或是"空手套白狼"的过程。我国创业比较发达的地区,如晋江、温州等地的绝大多数创业者,在企业创建初期,自身往往没有多少创业资源,但是这并不妨碍这些创业者借用或是整合本地、外地的资源来实现创业目的。因此,资源整合也是机会开发过程中创业者能力的体现,被认为是创业过程的本质特征之一。

(二) 创业是创业者创业精神驱动的结果

创业离不开主体,创业者是创业的主体要素。创业过程与创业者的创业精神高度相关,是创业精神的价值体现。阿马·毕哈德认为,创业就是通过奉献必要的时间和努力,承担相应的经济、心理和社会风险,并得到最终的货币报酬、个人满足,自主性地创造出有价值的新东西的过程。

在成熟企业中,组织整体的力量超过了企业家个人的力量。而在企业创建初期,创业者既是企业发展方向的制定者,也是真正的业务实践者。更精确地讲,创业行为本质上就是创业者创业动机、创业品质和创业技能再现的结果。例如,在新东方创建的艰难过程中,最初的参与创建者很多选择了退出,若没有创始人俞敏洪的不懈坚持,也就没有如今全国最大培训机构——新东方的出现。

创业精神很多时候与创新高度相关。创业者在发现和利用机会、负责创造新价值这一过程中，往往采取的是技术创新、产品创新、原材料创新、市场创新或是组织创新的方式，所以这一创业过程既是价值创造过程，更是创业者发挥创新精神的结果。需要指出的是，很多机会型创业采取的确实是创新的形式，但也有一些创业行为，本身就是种模仿甚至是复制的行动。但不管如何，这些创业行为都是围绕着顾客价值创造来实施的。

（三）创业是复杂管理和不确定性管理活动

创业是一种管理活动。传统企业管理活动强调计划、组织、领导和控制，是一种标准化、常态化的管理活动。与之相比，创业管理强调的是对机会识别和开发的管理，是一种复杂管理和不确定性的管理。创业管理表现出与传统企业管理不一致的特点（见表1.1）。

表1.1　　　　　　　　　　　创业管理的特点

	企业管理活动逻辑	企业活动逻辑
对未来的认识	预测：把未来看成是过去的延续，可以进行有效的预测	创造：未来是人们主动行动的某种偶然结果，预测是不重要的，要做的是如何创造未来
行为的原因	应该：以利益最大化为标准，通过分析决定应该做什么	能够：做你能够做的，而不是根据预测的结果去做你应该做的
采取行动的出发点	目标：总目标决定子目标，子目标决定了要采取哪些行动	手段：从现有的手段开始，设想能够利用这些手段采取什么行动、实现哪些目标，这些子目标最终结合起来构成了总目标
行动路径的选择	既定承诺：根据对既定目标的承诺来选择行动的路径	偶然性：选择现在的路径是为了使以后能出现更多更好的途径，因此路径可能随时变换
对风险的态度	预期回报：更关心预期回报的大小，寻求能使利益最大化的机会而不是降低风险	可承受的损失：在可承受的范围内采取行动，不去冒超出自己承受能力的风险
对其他公司的态度	竞争：强调竞争关系，根据需要对顾客和供应商承担有限的责任	伙伴：强调合作，与顾客、供应商甚至潜在的竞争者共同创造未来的价值

资料来源：Stuart read, Saras D. Sarasvathy. Knowing What to Do and doing What You Know: effectuation as a Form of Entrepreneurial Expertise. Journal of Private Equity, 2005, 9 (1): 45-62.

二、创业的价值

(一) 创业与经济增长

创业对于经济发展的贡献得到很多区域发展实践的证明,并且已被西方社会各界广泛认同。创业活动的活跃程度也是经济发展的"寒暑表"——发达国家用于衡量经济是否处于成长期的重要指标之一,就是新创办企业的数量;衡量经济是否处于萧条期的重要指标,则是倒闭企业的数量。根据全球创业观察(global entrepreneurship monitor,CEM)2007报告,我国创业活跃地区也是经济快速增长的地区,创业不活跃的地区同时也是经济发展相对滞后的地区。创业活动与经济增长之间存在一定的相关关系:一方面,创业活动可以为社会积极创造新产品、新价值,这大力推动了社会经济的发展;另一方面,在经济发展的条件下,投资活动、消费活动也更为活跃,这也在一定程度上推动了创业活动的发展。因此,创业活动与社会经济发展是相辅相成、相互促进的,创业活动的水平与该国的年经济增长是高度相关的。以创业精神和创业活动作为经济增长的关键驱动因素的创业型经济具有增强自主创新能力、转变经济增长方式和扩大社会就业的显著作用,其已成为一个国家或地区经济发展繁荣的基础。

美国硅谷的发展是美国创业的杰出成就。硅谷成为美国经济发展的重要"发动机",硅谷的创业形态带来持续不断的创业浪潮,带动了行业集群的迅速发展,从而为美国经济发展注入巨大的动能。

要想从根本上破解世界金融危机的负面影响,化威胁为机会,实现经济社会长期持续平稳较快发展,关键在于调整我国的经济结构和经济增长模式,找到启动新经济增长的发展引擎。

经济结构转型包括需求结构转型、产业结构转型和投入要素结构转型三个层次,创业连接了投入、需求与产业三大环节,创业是企业价值创造和产业发展的起点,更是产业内生式增长的永恒动力,是经济长期增长的内在源泉。

(二) 创业与社会发展

创业活动对技术发展有促进作用。创业活动是技术创新并实现产业化的主要形式之一。对于高科技创业活动来说,创业过程往往围绕一个核心的新产品，这一产品能否得到市场认可，取决于该产品是否能够真正为消费者创造价值。因此，为了实现成功创业，创业者需要不断开发、调整产品，直到产品真正具备市场价值。在这一过程中，那些有价值的产品能够留下来，而一些看起来很有价值但是不被消费者认可的产品或技术就会被淘汰。因此，从整个社会范围来看，创业活动的发展有利于技术和产品不断更新并且朝着人们的真实需求方向演进。

创业对就业有促进作用。从世界范围来看，各国的就业结果大致呈现同样的趋势。为一个国家解决就业问题的主力并不是大型企业，也不是政府创办的企业，世界各国超过一半的劳动力都在中小企业就业。据统计，在就业创造过程中，就业人数在500人以上的大中型企业贡献较小，就业人数在1~19人之间的小企业对就业创造的贡献最大。

彼得·德鲁克认为，创业型经济是美国经济发展的主要动力之一，是美国就业政策成功的核心。创业形成的中小企业在1980~1999年为美国创造了3400万个新就业机会。而这一数据的前提是《财富》世界500强减少了500万个工作岗位。德国的中小企业也是德国劳动力的主要市场。美国有1/3的家庭在新企业或正在创立的企业就职。据测算，每增加一个机会型创业者，当年带动的就业数量平均为2.7人，未来5年带动的就业数量平均为599人。因此，更多的机会型创业将产生更有助于提高创业带动就业的效应。随着机会型创业的增多，创业活动的各项功能的贡献率在不断提高。因此，在当前高校就业形势十分严峻的形势下，单纯以就业为导向来解决高校的就业问题已经成为难以突破的"瓶颈"。大力加强创业素质教育，改变传统观念，由就业为主导转变为以创业带动就业的导向将是国家解决就业问题的关键突破口。

创业对产业结构调整有促进作用。成功的创业活动具有强烈的示范效应。当创业者发现一个新的产业机会，并且在这一行业中创造巨大价值之后，很快就会有追随者进入这一行业。众多的创业者在同一个行业内部共同开垦，其结果是使这个行业内部的细分市场越来越多，消费者的需求被深度开发，而且围绕核心的行业衍生出很多附带的价值和需求，更多的资金也被吸引到这个行业中。因此，创业活动对于行业的发展具有重要的推动作用，这一作用最终导致整个国家或者区域范围内的产业调整——众多有能力的个体和大量的资金不断流入新的产业，使产业结构被重新调整。从硅谷的发展过程就可以清楚地看到这一点。

创业活动对社会文化有塑造作用。成功的创业活动能够在全社会范围内鼓励创业文化和创业精神。创业活动本质上是发现商机、整合资源、开发商机的过程。在这一过程中，创业者的积极创新、勇于冒险和自我实现的创业精神起到了重要的作用。通过成功创业活动的示范，创业精神能够在全社会范围内流传开来，形成一种全新的社会文化潮流，这对于整个国家的发展是非常有利的。当人人都梦想用自己的勇气和信念去创造价值、开拓未来时，这个社会才是朝气蓬勃、蒸蒸日上的。因此，创业精神是社会前进的必要催化剂，这正是创业活动最大的贡献。

(三) 创业与人的发展

人的发展指的是人的自身全面发展。人的自身全面发展包括人的身体、心理、精神等各个层面的发展。而人的自身发展的最高阶段是人的自由、全面发展，也就是人能够根据自己的意志和兴趣特点，选择自己的价值，更自由地生存，同时实现对自我、家庭和社会的最大贡献。这种境界也就是美国著名心理学家马斯洛所阐述的人的需求层次中最高的层次——自我实现。我们认为，人的本性都有追求良好的生存状态和更加自由的自身发展的动机和需要。而创业正是接近这样一种生存状态的最佳途径和最终目标。创业要求个体通过创业学习掌握一定的专业知识和专门技能，拥有健康的体魄，与他人和社会有较好的和谐共容的为人处世能力，然后在创业精神的指引下，凭借创新和开拓进取的能力在社会上发掘和发现实现自我价值的机会。总之，这种强烈的内心发展需要和成功动机会让人形成良好的自身发展规划，激发人的创造潜能，在实现对社会的最大价值过程中实现自我价值。这也就是创业自近现代以来具有如此大的吸引力，吸引众多的人去追求、去尝试的原因。那么多人对创业有着巨大的热情和激情，其原因不仅在于追求表现为外在的物质存在的创业成果，更重要的是创业是人的内在需求和人自身全面发展的需要。

21世纪是知识、科技、经济以及物质充分发展的时代，然而，任何物质的充分发展都必须以人的全面发展为前提。马克思主义认为，物质世界是人的观念的对象化。我们所生存的物质世界的美好与和谐是以人的全面发展为前提的。而人的全面发展又以人的专业技能、社会技能、人文素质、创新能力全面发展为根本标志。创业对人的专业技能、社会技能、人文素质和创新能力都有着很高的要求，因而能够促进人在这些方面的根本提高。全面发展的人会更自觉地关怀他人、关怀自然、关怀社会、关怀人类的存在和价值。在创业带动和促进下人的全面发展的个体集合，也必然会促进人类社会的健康稳定和可持续发展。

三、创业的类型

了解创业的类型是为了在创业决策中做比较，选择最适合自己条件的创业类型。常见的分类主要从动机、渠道、主体和项目等不同的角度进行划分。

（一）机会型与生存型创业

机会型创业的出发点并非谋生，而是为了抓住并利用市场机遇。它以新市场、大市场为目标，因此能创造出新的需要，或满足潜在的需求。机会型创业会带动新的产业发展，而不是加剧市场竞争。世界各国的创业活动多以机会型创业为主，但中国的机会型创业数量相对较少。

生存型创业，又叫就业型创业，其目的在于谋生，为了谋生而自觉地或被迫地走上创业之路。这类创业大多属于尾随型和模仿型，规模较小，项目多集中在服务业，并没有创造新需求，而是在现有的市场上寻找创业机会。由于创业动机仅仅是为了谋生，往往小富则安，极难做大做强。

上述两种创业类型与主观选择相关，但并非完全由主观决定。创业者所处的环境及其所具备的能力，对于创业动机类型的选择有决定性作用。因此，创造良好的创业环境，通过教育和培训来提高人的创业能力，就会增加机会型创业的数量，不断增加新的市场，促进经济发展和生活改善，减少企业之间的低水平竞争。

（二）自主型与企业内创业

自主型创业是指创业者个人或团队白手起家进行创业。自主创业的目的并非以挣钱为主，而是不愿替人打工，受制于人，是要干自己想干的事，体现自我人生价值。自主型创业充满挑战和刺激，个人的想象力、创造力可得到最大限度的发挥，不必再忍受单位官僚主义的压制和庸俗的人际关系的制约；有一个新的舞台可供表现和实现自我；可多方面接触社会、各种类型的人和事，摆脱日复一日、单调乏味的重复性劳动；可以在短时期内积累财富，奠定人生的物质基础，为攀登新的人生高峰做准备。然而，自主型创业的风险和难度也很大，创业者往往缺乏足够的资源、经验和支持。

企业内创业是进入成熟期的企业为了获得持续增长和长久的竞争优势，为了倡导创新并使其研发成果商品化，通过授权和资源保障等支持的企业内创业。每一种产品都有生命周期，一个企业在不断变化的环境中，只有不断创新，不断将创新的成果推向市场，不断推出新的产品和服务，才能跳出产品生命周期的"怪圈"，不断延伸企业的生命周期。企业内创业是动态的，通过二次创业、三次创业乃至连续不断创业，使企业的生命周期能不断在循环中延伸。

（三）传统技能、高新技术型、知识服务型创业

选择传统技能项目创业将具有永恒的生命力，因为使用传统技术、工艺的创业项目，如独特的技艺或配方，都会拥有市场优势。尤其是酿酒业、饮料业、中药业、工艺美术业、服装业、食品加工业、修理业等与人们日常生活紧密相关的行业中，独特的传统技能项目表现出了经久不衰的竞争力，许多现代技术都无法与之竞争。

高新技术项目就是人们常说的知识经济项目、高科技项目。其知识密集度高，带有前沿性、研究开发性质。2016年国家重点支持的高新技术领域为8类：电子信息、生物与新医药、航空航天、新材料、高新技术服务、新能源与节能资源与环境、先进制造与自动化。

2016年国家高新技术企业认定条件主要为：注册成立1年以上；对主要产品（服务）拥有独立知识产权；对企业主要产品和服务发挥核心支持作业的技术属于规定的范围；从事研发与相关技术创新活动的科技人员占企业职工总数的比例不低于10%；研发费用总额占销售收入的比例3%~5%（根据销售收入规模而不同）以上；高新技术产品（服务）收入占企业同期总收入比例60%以上；企业创新能力评价达到一定要求；企业申请认定前1年内未发生重大安全、质量事故或严重环境违法行为等。

当今社会，信息量越来越大，知识更新越来越快。为了满足人们节省精力、提高效率的需求，各类知识性咨询服务的机构也在不断细化和增加，如律师事务所、会计事务所、管理咨询公司、广告公司等。创建知识服务型公司是一种投资少、见效快的创业选择。

第二节 创业活动的独特性及影响因素

一、创业活动的独特性

创业活动本身属于商业活动范畴，也是一种普遍存在的社会现象。人们经常从精神层面谈论创业活动，一个重要的原因是创业这种商业活动具有较强的独特性。

一方面，创业活动较多地依赖创业者及其团队的个人能力。管理学科产生的主要驱动力量是集体活动的存在和需求，研究对象主要是组织活动。大公司和相对规范的经营管理工作需要靠组织力量来完成。创业活动不同，特别是初期的创业活动更多地依靠个人的力量和智慧。长期以来，一种普遍存在的认识是：创业成败主要取决于创业者的个人禀赋。事实也印证了这一点，如柳传志之于联想、马云之于阿里巴巴。尽管这样的创业在后期会给企业的发展带来一些影响，但创业者对创业活动的重要性甚至决定性作用是不容忽视的。目前学术界争论甚至反对创业成败取决于创业者天赋的观点，并非否认创业者的作用，而是关注创业者所具有的品质和技能是否可以被学习和后天培养。

另一方面，创业活动通常是在高度资源约束和高度不确定的环境下展开的商业活动。在这种情景下，创业者无法按照明确的目标、有计划地开展创业活动。Saras Sarasvathy 在实验室情境下对 27 位创始人开展了研究，提出了与传统商业实践不同的创业逻辑——效果推理逻辑：（1）成功创业者是手段驱动的而不是目标导向的。他们一开始并没有一个明确的愿景或产品创意，而是思考自己是谁、知道些什么，然后与潜在的利益相关者联盟和合作。（2）成功创业者在评估机会时，考虑的是"可承受损失"，而不是预期收益。创业者将潜在损失设定为自己可以接受的最大程度，即便没有那么成功，他们的损失相对那些凭借计算潜在收益而大胆投资的创业者而言也会小得多。这种基于可承受损失的行为为获取稀缺的资源创造了机会。（3）成功创业者会设法利用环境权变，而不是回避它。他们承认未来是不可预测的，因此，他们保持灵活性，利用意外事件重新审视手段和目标，化腐朽为神奇，创造新的机会。（4）成功创业者会召集一些愿意加入自己的人。他们建立大量的合作关系，把最初的客户变成合作伙伴，把最初的供应商变成投资者，把最初的投资者变成客户、员工等，最终，形成一个由投资者、客户、供应商和员工等利益相关者组成的联盟团体。他们共同做出承诺，共创事业和重塑环境。

二、创业的影响因素

社会环境、创业者的个人特质都对创业有着重要影响，这些影响有积极的促进因素，也有消极的限制因素。

（一）创业的促进因素

创业的促进因素有拉动因素和推动因素。

拉动因素是指由创业带来的好处如金钱方面的报酬、为自己工作的自由、经营自己的企业所获的荣誉感、追求个人创新的自由、因创业活动而获得的社会地位等能够积极地拉动创业者投身创业活动。

推动因素是指内外部环境促进创业者投身创业活动。如各级政府对创业活动的积极扶持政策能有效地推动创业活动开展；其他职业选择缺乏吸引力（收入少、职业不安全、个人职业生涯受挫和发展受到限制、无力实现个人创新、在组织内部工作不愉快）会对创业活动形成激励因素。投身创业活动后，创业者会感到特别能干，创业者不必再被办公室的条条框框所束缚，可以充分支配自己的时间，会给创业者一种完全控制自己命运的感觉，这十分令人兴奋和有成就感。

（二）创业的限制因素

任何事物都存在正反两个方面，创业也是一样。抑制潜在的创业者走向创业道路的因素有：无法得到创业资金、资源成本高、商业环境不好、商业活动的法律限制、缺乏创业培训和咨询等。创业需要承担一定的风险，如果创业不成功，将失去很多，创业者需要对创业失败负全面的责任，包括物质和精神两个方面的损失。

创业是十分快乐的事情。尽管利弊相伴，创业者又多有抱怨，但是仍然有很多人前赴后继、不怕几次三番从头做起。创业已经成为人们实现自我的一种尝试，创业者拥有企业所有权，同时运作企业，把企业视为自己的生命，并通过企业运作实现自己人生目标。创业是在为自己的理想做事，创业者都是雄心勃勃想创造个人事业的人。

第三节　创业活动产生的情景和过程

一、创业活动产生的情景

创业活动产生的情境有两个重要特征：高度资源约束和高度不确定性。首先，创业活动是创业者在高度资源约束下展开的商业活动。创业经常是变不可能为可能，大家都认为不可能，也就不愿意提供资源给创业者，个人和单一的组织所拥有的资源是有限的，创业者在创业初期所能筹措到的资源也是有限的，不得不白手起家。由于资源的限制和约束，创业者经常要寻找那些不需要大量资源投入的机会开展创业活动，结果是大多数创业活动的启动资本都不是很充足，甚至少量资金就可以启动。创业活动的这一特点带来了完全不同的结果：有的创业者因为资源约束形成了自力更生的个性，不向银行贷款，却限制了事业的长远发展；有的创业者为了摆脱资源约束的困境，积极寻求资源获取渠道和整合手段的创新方式，以保证创业成功。

其次，创业活动是在高度不确定环境下展开的商业活动。创业者面对的高度不确定具体表现在：

（1）颠覆性、创造性和混乱的状况难以计划和预测。计划和预测只能基于长期的、稳定的运营历史和相对静态的环境，这些条件是创业者及其新创企业所不具备的。创业是开拓新事业的过程，未来很多情形不可知，即使有创业经验的创业者，也不可能直接将以前的经验照搬到新的环境中。由于创业活动很多是挑战现行的经营模式、开展突破性创新、开拓全新市场等，新创企业所面临的不确定性比大公司更强。

（2）顾客在哪、顾客认为什么是有价值的等都是未知数。创业存在的必要性是通过向顾客提供利益来创造价值，离开顾客谈创业将没有意义。事实上，顾客需要什么，他们自己并不清晰。例如，亨利·福特借助汽车的制造和销售改变了出行，他回忆说："如果当年我去问顾客他们想要什么，他们肯定会告诉我需要一匹跑得更快的马而不是汽车。"苹果公司创始人史蒂夫·乔布斯的认识更透彻，他说，消费者没有义务去了解自己的需求，消费者只知道自己的抽象需求，如好吃的、好看的、舒服的、好的、坏的等。著名管理学家彼得·德鲁克强调企业存在的唯一目的就是"创造顾客"。

（3）创业环境是模糊和快速变化的。创业活动的结果通常未知，当创业者面临多个方案，而每个方案产生的结果不确定、发生的概率也不可知的情况下，是无法客观而科学地做出决策。

不过，不确定性客观存在，也与主观感知有关。同样的市场环境条件，有经营经验的企业会认为市场比较成熟，容易获取信息；对新进入市场的新手而言，他们可能会觉得无所适从。面对不确定的环境，成功的创业者通常会积极地利用环境中的偶然事件，快速行动、善于学习和联盟伙伴关系以降低不确定性。

二、创业过程

创业是一个包含着各种活动和行为的过程，从时间顺序来看，可分为机会识别和机会开发两个阶段，这两个阶段又可以细分为6个具体的步骤。

（一）产生创业动机

创业活动的主体是创业者，创业活动首先取决于个人是否决定成为创业者。创业者中，有很大一部分是因为看到了创业机会，受潜在收益的诱惑，激发了创业动机，进而成为一名创业者或创业团队成员。一个人是否能成为创业者，直接受三个方面因素的影响：

（1）个人特质。每个人创业精神的强度不同，这种强度受多方面因素的作用，包括一个人的成长环境、工作氛围、民族文化等。勇于变革、创新的创业文化会在企业内部培养出更多创业者。

（2）商业机会。商业机会增多会形成巨大的利益驱动，促使更多的人创业。社会经济转型、技术进步等多方面的因素在使创业机会增多的同时，也降低了创业门槛，进而形成了更大的创业浪潮。

（3）机会成本。创业者创业的机会成本一般较低。如果不去创业而从事其他工作，他们获得的收入和需求的满足程度会比自己创业低。科学家独立创业的少，是因为科学家可以谋得一份收入相对丰厚而且稳定的工作。创业者的机会成本往往是他们的时间和劳动的投入。比较起来，那些在国有企业有较高职位和收入的人创业，似乎机会成本很高，但凭借他们的能力和经验，即使创业不成功,也不会有太大损失,他们还可以谋求稳定的工作,实际上的机会成本并不高。

随着社会保障体系的建立和健全,以及产权体制改革的深化,原来因为体制差别形成的特殊利益会逐渐减少,结果会进一步降低创业成本,激发人们的创业愿望。

(二)识别创业机会

识别创业机会是创业过程的核心,也是创业管理的关键环节。识别创业机会包含发现机会和评价机会价值两大方面的活动。为了识别到机会,创业者可能需要多交朋友并常常与人交流沟通,这样做有助于创业者更广泛地获取信息。创业者需要细心观察,从以往的工作和周边的事物中发现问题、看到机会。创业者还需要对机会进行评估,判断机会的价值。

(三)整合资源

整合资源是创业者开发机会的重要手段。之所以强调整合资源,是因为创业者可以直接控制的资源较少,许多成功的创业者都有过白手起家的经历。对创业者来说,需要整合外部资源,来实现自己的创业目标。人、财、物是任何生产经营单位都要具备的基本生产要素,创业活动也是如此。对于识别到创业机会并打算创业的创业者来说,要想成就一番事业,就要组建团队,凝聚一批志同道合的人。创业者所需要整合的另一种基本的也是十分重要的资源就是资金,在创业过程中被称为创业融资。创业活动是创业者在资源匮乏的情况下开展的具有创造性的工作,势必面临很大的不确定性,在很多情况下,创业者自身对事业的未来发展也不清楚。在这样的情况下,外部组织的个体当然不敢轻易给予投资。所以不少创业者在创业初期乃至新企业成长的很长一段时间里,都要把主要的精力投入融资中。

创业者不能仅靠自己所识别的商业机会整合资源,他们还需要围绕创业机会设计出合适的商业模式,向潜在的资源提供者陈述具有吸引力的盈利模式,有时还需要制定出详细的创业计划。要知道潜在的资源提供者也不希望自己拥有的资源被闲置,他们也急于寻找到资源升值的途径。目前,在我国,一方面是企业难以融到资金,难以找到合适的人才;另一方面是大量的资金被存到银行,大量的剩余劳动力在渴望工作。

（四）建立新创企业

新企业的创建和新事业的诞生是衡量创业者创业行为的直接标志，有人甚至直接将是否创建了新企业作为个人是不是创业者的衡量标准。创建新企业有不少事情要做，包括公司制度设计、企业注册、经营地址的选择、确定进入市场的途径等。这些工作也是实施公司内部创业时需要思考的。对于公司内部创业活动来说，可能没有公司制度设计问题，但同样要设计奖惩机制，甚至要设计利益分配原则；可能没有企业注册问题，但同样要有资金投入及预算控制机制等问题。创业初期，迫于生存的压力，也由于对未来发展无法准确地预期，创业者往往容易忽视这部分工作，结果给今后的发展带来了诸多问题。

（五）实现机会价值

创业者整合资源、建立新创企业的目的是实现机会价值，并通过实现机会价值来实现自己的创业目标。这显然是创业过程中的重要环节。从表面来看，与已经有多年经营历史的企业相比，创业者新创建的企业没有什么本质的区别，都要做好生产销售工作，但实际上差异还是巨大的。对既有的企业来说，其销售工作的核心任务也许是注重品牌价值，维护好老客户，提升顾客忠诚度。而对新创企业来说，固然要考虑品牌价值等问题，但首要任务是如何争取到第一位顾客，如何从竞争对手那里把客户吸引过来，这意味着新企业要为客户创造更大的价值，也可能意味着要为获得同样的收益付出更大的代价和成本确保新创企业生存下来是创业者必须面对的挑战，但创业者不能仅仅考虑生存，更要考虑成长，在激烈的竞争环境中尤其如此。企业成长存在内在的基本规律，创业者需要了解这一规律，预见到企业不同成长阶段可能面临的管理问题，采取有效措施予以防范和解决，使机会价值得到充分的实现，同时不断地开发新的机会，把企业做大、做强、做活、做长。

（六）收获成果

收获成果是人们进行创业活动的主要目的。这种成果包括金钱方面的回报、为行业创造的新市场空间，以及为社会带来的价值，创业的初衷不同、创业者追求的目标各异，会导致创业收获的成果各不相同。对成果的追求有助于强化创业者对事业的执着。对创业者来说，创业是收获成果的手段和途径，是一种载体，而不是目的本身。调查发现，多数创业者的创业动机首先是自己当老板，然后才是追求利润和财富，对这些人来说，当老板就是回报。对于以追求财富为主要动机的创业者来说，把自己创建的企业在短期内培养成为一家快速成长的企业，并成功上市，可能是理想的获取回报的途径。

现实中，创业者随着创业活动的持续，会对自己创建的企业甚至经营的产品融入越来越多的情感，甚至将其视为生命的一部分，淡化甚至忘却了对回报的追求，结果可能是不仅没有收获回报，反而约束了企业的健康发展，也有不少投资者表示愿意投资，但创业者却因为担心自己创办的企业被别人控制而失去不少发展的机会。

【案例1-1】

创业先行者——滴滴打车

2015~2016年，国内最火的打车方式莫过于滴滴、Uber（优步）等让私家车变出租车的平台，最热门的出行住宿选择莫过于从Airbnb上订一家家庭旅馆。产生创业动机——2012年滴滴打车（现已更名为滴滴出行）创始人兼首席执行官（CEO）程维受国外Uber、Lyft等打车平台的启发，开始创立国内的共享打车平台。

识别创业机会——这种于2008年金融危机后兴起的新商业模式正给传统行业带来巨大冲击，而程维正是看到了这个契机，选择迅速在国内建立起新的行业秩序，而这也成为滴滴打车的创业初衷。

整合资源、建立新创企业——在随后的一年中，滴滴打车开始后继发力，先后完成A轮融资：金沙江创投300万美元，B轮融资：腾讯集团1500万美元，C轮1亿美元融资：中信产业基金6000万美元、腾讯集团3000万美元、其他机构1000万美元。截至2014年3月，其用户数量超过1亿，司机数量超过100万，日均订单达到521.83万，成为移动互联网日均订单最多的交易平台。2014年传奇"教父"柳传志之女柳青加盟之后，滴滴打车开始在国内打车平台上展开进一步的"厮杀"。7月8日，主要竞争对手快的正式上线"一号专车"，开展商务用车业务，并通过启动补贴计划，在这块新战场上，重新将滴滴拖入价格战泥潭。双方摩拳擦掌之际，国际巨头Uber悄然进入中国。Uber是打车平台的鼻祖，产品经过5年时间打磨，已经在世界多国落地。滴滴、快的刚刚起步两年，体量弱小，且各自为战，面对估值超过400

亿美元的庞然大物,"中国学生"们前途堪忧。

柳青的加入为滴滴注入了一针强心剂,迅速完成了 D 轮 7 亿美元的融资,并顺势启动了亿元专车品牌推广"今天坐好一点",1 小时参与用户达 3000 万,视频点击过千万。后在新一轮战略创新的引导下,滴滴打车与快的打车于 2015 年 2 月 14 日进行战略合并,并于同年 9 月正式更名为"滴滴出行"。

实现机会价值——创业仍在,前途依然。滴滴的创建和成功运营使其成为中国分享经济下的标杆企业,其自身的创建经历也反映了创业者在创业活动中所经历的所有过程。根据一项最新的交易,滴滴、快的合并后公司计划出售价值约为 6 亿美元的股份,这将推动这家公司的估值达 87.5 亿美元,约为 Uber 的 1/5。这是两家完成 D 轮融资的中国企业对一个完成 E 轮融资的国际大咖在中国市场的围剿,且最终于 2016 年 8 月 1 日,滴滴出行正式宣布与 Uber 全球达成战略协议,滴滴出行将收购 Uber 中国的品牌、业务、数据等全部资产在中国内地的运营。

收获成果——壮大之后的滴滴结束了漫长的价格战,开始正式迈入实现自我价值的道路,程维也将"创建中国巴士生态"作为新的企业目标开始新的征程。

思考练习题

1. 什么是创业?简述创业的内涵与本质。
2. 试述创业的类型与特征。
3. 创业的基本过程是怎么样的?
4. 试述创业产生的情景。
5. 简述创业对于现今社会的意义。

第二章 创业者与企业家精神

第一节 创业者

一、什么是创业者

创业者（entrepreneur）是指创业活动的推动者，或者是活跃在企业创立和新创企业成长阶段的企业经营者。创业者并不等于企业家，因为多数创业者并不可能完全具备企业家必备的个人品格。创业者只有不断完善个人素质，带领企业获得商业上的成功，才可能逐步转变为真正的企业家。

奥地利经济学家熊彼特认为创业者应该是创新者，具有发现和引入更好的、可获利的产品、服务和流程的能力。国内学者张玉利等指出，创业者是任何在高度不确定的情况下开发新产品或新业务的人。

二、创业者的类型

（一）从创业的背景和动机上看可划分为：

1. 生存型创业者。生存型创业者指自主创业的下岗工人、失去土地或不愿困守乡村的农民及毕业找不到工作的大学生。

2. 变现型创业者。变现型创业者是指过去在党政机关掌握一定权力或者在国有企业、民营企业当经理人期间积累了大量市场关系并在适当时机自己开办企业，从而将过去的权力和市场关系等无形资源变现为有形财富的创业者。目前，后一类变现者是主体，前一类变现者在增加，而且一些地方政府的政策对此起到了推波助澜的作用，如鼓励公务员带薪下海、允许政府官员创业失败之后重新回到原工作岗位。但是，这种做法有可能造成市场竞争环境公平性的人为破坏。

3. 主动型创业者。主动型创业者又可以分为两类：一类是盲动型创业者，另一类是冷静型创业者。盲动型创业者大多极为自信，做事冲动。有人说，这种类型的创业者大多同时是博彩爱好者，喜欢买彩票，而不太喜欢检讨成功概率。这样的创业者很容易失败，一旦成功也往往是一番大事业。

（二）从在创业过程中所处的角色和所发挥的作用上看可划分为：

1. 独立创业者。

独立创业者是指自己出资、自己管理的创业者。其创业动机和实践受很多因素影响，如发现很好的商业机会，失去工作或找不到工作，对目前的工作缺乏兴趣，对循规蹈矩的工作模式和个人前途感到无望，受他人创业成功的影响等。独立创业充满挑战和机遇：可以自由发挥创业者的想象力、创造力，充分发挥主观能动性、聪明才智和创新能力；可以主宰自己的工作和生活，按照个人意愿追求自身价值，实现创业的理想和抱负。但是，独立创业的难度和风险较大：可能缺乏管理经验、缺少资金、技术资源、社会资源、客户资源等，生存压力大。

2. 主导创业者与跟随创业者。

主导创业者与跟随创业者是相对的。在一个创业团队中，带领大家创业的人就是团队的领导者，即主导创业者，其他成员就是跟随创业者，也叫参与创业者。

三、创业者应具备的能力

（一）专业技术能力

专业技术能力包括专业知识和专业技能。专业知识是指从事某一专业工作所必须具备的知识，一般具有较为系统的内容体系和知识范围。掌握专业知识是培养专业技术能力的基础。专业技能包括智力技能和操作技能。智力技能是在大脑内部借助于内部语言，以缩简的方式对事物的印象进行加工改造而形成的；操作技能是由一系列外部动作构成的，是经过反复训练形成和巩固起来的一种合乎法则的行动方式。

（二）经营管理能力

在现代社会中，经营管理能力为人的生存和发展提供了较好的主体条件，同时，也能形成人、财、物、时间、空间的合理组合。管理能力直接关系到创业活动的效率和成败，因此管理也是生产力。经营管理能力主要包括善于经营、善于管理、善于用人、善于理财四个方面。

1. 善于经营。

成功的创业者，不仅要有果敢的开拓精神，还必须精通经营之道，熟悉市场行情，了解和掌握生产经营活动的内容、策略和手段。掌握信息要及时准确，对比选优要多设方案，不同意见要兼收并蓄；要懂得市场经营策略、销售策略、定价策略，熟悉生产经营的组织和管理等。

2. 善于管理。

所谓管理就是根据企业的内在活动规律，综合运用企业中的人力资源及其他资源，从而有效地实现企业目标的过程。善于管理，必须了解生产环节，掌握管理的窍门，精通经营核算，做好生产过程的组织、生产计划的编制、生产的调度、产品的质量控制等。

3. 善于用人。

在生产力的诸要素中，人是最活跃的、起决定作用的因素，也是企业能否发展的决定性因素。善于用人，就能调动人的积极性，使人尽其能、人尽其才，使个人的长处得到充分的发挥。要做到善于用人，必须统一指挥、权责相配、建立规章、民主管理，还必须论功晋级，按劳取酬。

4. 善于理财。

创业者从事生产经营，要获得利润，就必须善于理财。理财是对资金运动过程进行正确的组织、指挥和调节，保证生产活动顺利进行，从而减少劳动和物质资源的耗损，降低产品成本，提高资金利润率的重要环节。不言而喻，善于理财能使资金增值、提高经济效益，这是创业成功的重要保证和标志。

（三）综合能力

（1）学习能力：包括逻辑思维能力、综合应用能力、分析比较能力、归纳总结能力、阅读理解能力和口头表达能力等。

（2）驾驭信息能力：即对信息的获取、分析、加工、处理、传递的能力，是理解和活用信息的能力。

（3）激励员工能力：包括目标激励、评判激励、榜样激励、荣誉激励、逆反激励、许诺激励、物质激励七个方面。

（4）应变能力：应变能力就是灵活机动、锐意创新，能根据社会的变化和市场上新的需求，迅速采取相应对策的能力。

（5）独立工作能力：包括独立思考能力、组织决策能力、自我控制能力、经营管理能力、承受挫折能力、人际交往能力以及在市场经济条件下的竞争能力等。

（6）开拓创新能力：创新是创业的基础，创新是指主体为了一定的目的遵循事物发展的规律，对事物的整体或其中的某些部分进行变革，从而使其得以更新与发展的活动。创新意识主要由好奇心、求知、竞争、冒险、怀疑、灵感、个人求发展的动力等心理因素和创造性思维、独立性思维等因素组成。

（7）社交能力：社交能力是指学会认识人际关系，正确理解人际关系，培养良好人际关系的能力。创业的过程就是不断熟悉社会，同时让社会熟悉自己、接纳自己的过程。为此，创业者一定要敢于面向社会、闯入社会，把社会看成是自己获得支持从而获得能量、信息与材料的源泉，即在社会实践中逐步提高自己的创业意识，从而获取创业能力。同时，必须把社会的需要、社会的利益、社会的价值标准与评价原则作为自己行动的一个参照系，把自己所从事的事业与集体的、社会的事业沟通起来，提高自己的社交能力，扩大交往，与人合作，取信于他人，取信于社会，为自己创造一个开放的创业环境。

第二节　创新的价值

一、创新理论概述

人们对创新概念的理解最早是从技术与经济相结合的角度，探讨技术创新在经济发展过程中的作用，主要代表人物是现代创新理论的提出者约瑟夫·熊彼特。独具特色的创新理论奠定了熊彼特在经济思想发展史研究领域的独特地位，也成为其经济思想发展史研究的主要成就。

熊彼特认为，所谓创新就是要"建立一种新的生产函数"，即"生产要素的重新组合",就是要把一种从来没有的关于生产要素和生产条件的"新组合"引进生产体系中去,以实现对生产要素或生产条件的"新组合";作为资本主义"灵魂"的"企业家"的职能就是实现"创新",引进"新组合";所谓"经济发展"就是指整个资本主义社会不断地实现这种"新组合",或者说资本主义的经济发展就是这种不断创新的结果;而这种"新组合"的目的是获得潜在的利润,即最大限度地获取超额利润。周期性的经济波动正是起因于创新过程的非连续性和非均衡性,不同的创新对经济发展产生不同的影响,由此形成时间各一的经济周期;资本主义只是经济变动的一种形式或方法,它不可能是静止的,也不可能永远存在下去。当经济进步使创新活动本身降为"例行事物"时,企业家将随着创新职能减弱,投资机会减少而消亡,资本主义不能再存在下去,社会将自动地、和平地进入社会主义。当然,他所理解的社会主义与马克思恩格斯所理解的社会主义具有本质性的区别。因此,他提出,"创新"是资本主义经济增长和发展的动力,没有"创新"就没有资本主义的发展。

熊彼特以"创新理论"解释资本主义的本质特征,解释资本主义发生、发展和趋于灭亡的结局,从而闻名于资产阶级经济学界,影响颇大。他在《经济发展理论》一书中提出"创新理论"以后,又相继在《经济周期》和《资本主义、社会主义和民主主义》两书中加以运用和发挥,形成了以"创新理论"为基础的独特的理论体系。"创新理论"的最大特色,就是强调生产技术的革新和生产方法的变革在资本主义经济发展过程中的至高无上的作用。但在分析中,他抽掉了资本主义的生产关系,掩盖了资本家对工人的剥削实质。

根据创新浪潮的起伏,熊彼特把资本主义经济的发展分为三个长波:第一阶段,1787~1842年是产业革命发生和发展时期;第二阶段,1842~1897年为蒸汽和钢铁时代;第三阶段,1898年以后为电气、化学和汽车工业时代。第二次世界大战后,许多著名的经济学家也研究和发展了创新理论,20世纪70年代以来,门施、弗里曼、克拉克等用现代统计方法验证熊彼特的观点,并进一步发展创新理论,被称为"新熊彼特主义"和"泛熊彼特主义"。进入21世纪,信息技术推动下知识社会的形成及其对创新的影响进一步被认识,科学界进一步反思对技术创新的认识,创新被认为是各创新主体、创新要素交互复杂作用下的一种复杂涌现现象,是创新生态下技术进步与应用创新的创新双螺旋结构共同演进的产物,关注价值实现、关注用户参与的以人为本的创新2.0模式也成为21世纪对创新重新认识的探索和实践。

二、创新理论的基本观点

第一，创新是生产过程中内生的。尽管投入的资本和劳动力数量的变化，能够导致经济生活的变化，但这并不是唯一的经济变化；还有另一种经济变化，它是不能用从外部加于数据的影响来说明的，它是从体系内部发生的。这种变化是那么多的重要经济现象的原因，所以为它建立一种理论似乎是值得的。而另一种经济变化就是"创新"。

第二，创新是一种"革命性"变化。熊彼特曾做过这样一个形象的比喻：你不管把多大数量的驿路马车或邮车连续相加，也绝不能得到一条铁路。"而恰恰就是这种'革命性'变化的发生，才是我们要涉及的问题，也就是在一种非常狭窄和正式的意义上的经济发展的问题。"这就充分强调创新的突发性和间断性的特点，主张对经济发展进行"动态"性分析研究。

第三，创新同时意味着毁灭。一般说来，"新组合并不一定要由控制创新过程所代替的生产或商业过程的同一批人去执行"，即并不是驿路马车的所有者去建筑铁路，而恰恰相反，铁路的建筑意味着对驿路马车的否定。因此，在竞争性的经济生活中，新组合意味着对旧组织通过竞争而加以消灭，尽管消灭的方式不同。如在完全竞争状态下的创新和毁灭往往发生在两个不同的经济实体之间，而随着经济的发展、经济实体的扩大，创新更多地转化为一种经济实体内部的自我更新。

第四，创新必须能够创造出新的价值。先有发明，后有创新；发明是新工具或新方法的发现，而创新是新工具或新方法的应用。"只要发明还没有得到实际上的应用，那么在经济上就是不起作用的。"因为新工具或新方法的使用在经济发展中起到作用，最重要的含义就是能够创造出新的价值。把发明与创新割裂开来，有其理论自身的缺陷，但强调创新是新工具或新方法的应用，必须产生出新的经济价值，这对于创新理论的研究具有重要的意义。因此，这个思想被此后诸多研究创新理论的学者所继承。

第五，创新是经济发展的本质规定。熊彼特力图引入创新概念以便从机制上解释经济发展。他认为，可以把经济区分为"增长"与"发展"两种情况。所谓经济增长，如果是由人口和资本的增长所导致的，并不能称作发展。"因为它没有产生在质上是新的现象，而只有同一种适应过程，像在自然数据中的变化一样。""我们所意指的发展是一种特殊的现象,同我们在循环流转中或走向均衡的趋势中可能观察到的完全不同。它是流转渠道中自发的和间断的变化,是对均衡的干扰,它永远在改变和代替以前存在的均衡状态。我们的发展理论,只不过是对这种现象和伴随它的过程的论述。"因此,"我们所说的发展,可以定义为执行新的组合。"这就是说,发展是经济循环流转过程的中断,也就是实现了创新,创新是发展的本质规定。

第六,创新的主体是"企业家"。"新组合"的实现称为"企业",那么以实现这种"新组合"为职业的人们便是"企业家"。因此,企业家的核心职能不是经营或管理,而是看其是否能够执行这种"新组合"。这个核心职能又把真正的企业家活动与其他活动区别开来。每个企业家只有当其实际上实现了某种"新组合"时才是一个名副其实的企业家。这就使"充当一个企业家并不是一种职业,一般说也不是一种持久的状况,所以企业家并不形成一个从专门意义上讲的社会阶级。"熊彼特对企业家的这种独特的界定,其目的在于突出创新的特殊性,说明创新活动的特殊价值。但是,以能否实际实现某种"新组合"作为企业家的内在规定性,就过于强调企业家的动态性,这不仅给研究创新主体问题带来困难,而且在实际生活过程中也很难把握。

学术界在熊彼特创新理论的基础上开展了进一步的研究,使创新的经济学研究日益精致和专门化,仅创新模型就先后出现了许多种,其代表性的模型有技术推动模型、需求拉动模型、相互作用模型、整合模型、系统整合网络模型等,构建起技术创新、机制创新、创新双螺旋等理论体系,形成关于创新理论的经济学理解。

所谓创新就是建立一种新的生产函数,把一种从来没有过的关于生产要素和生产条件的"新组合"引入生产体系。在熊彼特看来,作为资本主义"灵魂"的企业家的职能就是实现创新,引进新组合。所谓经济发展就是指整个资本主义社会不断地实现"新组合"。资本主义就是这种"经济变动的一种形式或方法",即所谓"不断地从内部革新经济结构"的"一种创造性的破坏过程"。

三、创新的价值和意义

(一)贸易创新是贸易发展的重要因素

从贸易发展历史可以看出,贸易创新绝不是个别的经济现象,而是广泛存在于贸易领域的主导因素。贸易创新不仅促进了贸易的发展，而且，还提升和强化了贸易的功能，更为重要的是，贸易创新使贸易产业发展成为国民经济的主导产业。这已被国内外贸易发展的实践所证明。人类已步入21世纪，一场改变人们生产方式、生活方式和思维方式的知识革命已悄然到来，同时，以信息网络技术为支撑的全球经济一体化正在加速形成。在各个领域都充满了质变氛围的环境下，贸易方式、经营观念、贸易手段、市场构成、经营业态等正在发生巨变，尤其是电子商务对传统贸易模式的冲击，贸易领域正在面临着一场前所未有的创新或革命，充满了发展机遇。在这场伟大的变革时期，在众多的贸易企业中，谁敢于和善于创新，谁就抓住了发展机遇，谁就等于插上了腾飞的翅膀。

（二）贸易创新的先导是观念的创新

观念是人们对客观世界的理性认识。人的行为总是在一定的思想观念支配下产生的，不同的观念，必然有不同的行为，也自然会产生不同的结果。观念对人类社会实践起着导向和统率作用。人类社会的每一重大变革，总是以思想的进步和观念的更新作为先导，同样，贸易制度的变迁、贸易组织的演变以及贸易方式和技术的进步，也是以思想解放和观念创新为先导的。没有创新的观念便没有创新的方法，没有创新的方法便不可能有新的组合，也就难以产生贸易创新行为。然而，传统的思想观念有的是根深蒂固的，如同熊彼特指出的："一切知识和习惯一旦获得以后，就牢固地横亘于我们之中，就像一条铁路的路堤横亘于地面上一样，它不要求被继续不断地更新和自觉地再度生产，而是深深地沉落在下意识的底层中。它通常通过遗传、教育、培养和环境压力，几乎是没有摩擦地传递下去。"并且，相对于传统的思想观念，观念创新是一个否定自我、超越自我的过程，是一件最痛苦和最艰难的事情。但观念的创新对贸易创新以及贸易发展又是十分关键的，尤其是在知识经济迅速发展的现阶段，创新思想观念更是一个国家或贸易企业抓住社会大变革时期的宝贵机遇而迅速发展的前提。因此，贸易创新要求创新主体不断创新思想观念，不断产生适应并领先时代发展的新思维、新观点，并落实在行动上。

（三）贸易创新的实现需要一定的经济环境和条件

贸易创新并不是在任何社会经济环境下都可能产生的。同时，贸易创新的实现也离不开一定的社会经济条件,包括发达的金融体系、完善的信用制度和其他配套设施与环境,如市场制度、市场规模及其决定的有效需求、信息流动、社会政治结构和环境以及法律等。现阶段,政府应通过自己的组织体系、政策体系、法律体系,采用各种方式来推动、激励甚至参与或扶植贸易创新活动,同时,政府有关部门还应严格履行自己的职责,进一步培育和完善市场体系,建立健全国家宏观调控制度,加强法制建设,大力发展市场中介组织,创造良好的贸易创新环境和条件。

(四) 贸易创新应重视企业家及其创新行为

企业家是创新活动的人格化。企业家是一种特殊的人力资源,是先进生产力的代表。企业家崇尚独立和自主决策,善于从环境的变化中抓住机会,能够独出心裁,发现并使用前所未有的和与众不同的方式和方法。企业家群体的存在,是促进创新发展、推动社会进步的先决条件。在现代贸易企业中,企业家是企业的核心,是企业经营活动的总指挥,也是贸易创新者。造就和培养大批企业家,使商贸企业拥有适应创新需要的将帅人才,是我们目前面临的重要任务。发达国家之所以是创新源,与其拥有一个成熟的企业家群体密切相关。目前,我国贸易创新的任务艰巨而迫切,但合格的企业家严重短缺。我们应从政策、舆论、制度等方面创造条件,形成企业家培养和成长机制,培养和造就大批新型企业家,以满足贸易创新的需要。

第三节 企业家精神

一、企业家精神

(一) 什么是企业家精神

企业家(entrepreneur)这一概念由法国经济学家理查德·坎蒂隆(Richard Cantillon)在18世纪30年代首次提出,即,企业家使经济资源的效率由低转高;企业家精神(entrepreneurial spirit)则是企业家特殊技能(包括精神和技巧)的集合。或者说,企业家精神指企业家组织建立和经营管理企业的综合才能的表述方式,它是一种重要而特殊的无形生产要素。

例如,伟大的企业家、索尼公司创始人盛田昭夫和井深大,他们创造的最伟大的"产品"不是收录机，也不是栅条彩色显像管，而是索尼公司和它所代表的一切；沃尔特·迪士尼最伟大的创造不是《木偶奇遇记》，也不是《白雪公主》，甚至不是迪士尼乐园，而是沃尔特·迪士尼公司及其使观众快乐的超凡能力；萨姆·沃尔顿最伟大的创造不是"持之以恒的天天平价"而是沃尔玛公司——一个能够以最出色的方式把零售要领变成行动的组织。

西方发展到19世纪，人们将企业家具有的某些特征归纳为企业家精神，在英文术语使用上，企业家（entrepreneur）和企业家精神（entrepreneurship）常常互换。

长期以来，企业家的概念通常是从商业、管理及个人特征等方面进行定义。进入20世纪后，企业家概念的抽象——企业家精神的定义就已拓展到了行为学、心理学和社会学分析的领域。而在当今西方发达国家，企业家转到政府或社会组织工作非常普遍，也不断提出和实施用企业家精神来改造政府服务工作和社会管理工作。

（二）企业家精神的分析

彼得·德鲁克继承并发扬了熊彼特的观点。他提出企业家精神中最主要的是创新，进而把企业家的领导能力与管理等同起来，认为"企业管理的核心内容，是企业家在经济上的冒险行为，企业就是企业家工作的组织"。

世界著名的管理咨询公司埃森哲，曾在26个国家和地区与几十万名企业家交谈。其中79%的企业领导认为，企业家精神对于企业的成功非常重要。全球最大科技顾问公司Accenture的研究报告也指出，在全球高级主管心目中，企业家精神是组织健康长寿的基因和要穴。正是企业家精神造就了第二次世界大战后日本经济的奇迹，引发了20余年美国新经济的兴起。那么，到底什么是真正的企业家精神呢？

1. 创新是企业家精神的灵魂。

熊彼特关于企业家是从事"创造性破坏"的创新者观点，凸显了企业家精神的实质和特征。一个企业最大的隐患，就是创新精神的消亡。但创新不是"天才的闪烁"，而是企业家艰苦工作的结果。创新是企业家活动的典型特征，从产品创新到技术创新、市场创新、组织形式创新等。创新精神的实质是"做不同的事，而不是将已经做过的事做得更好一些"。因此，具有创新精神的企业家更像一名充满激情的艺术家。

2. 冒险是企业家精神的天性。

理查德·坎蒂隆（Richard Cantillon）和奈特（Frank Rnight）两位经济学家，将企业家精神与风险或不确定性联系在一起。没有甘冒风险和承担风险的魄力，就不可能成为企业家。企业创新风险是二进制的，要么成功，要么失败，只能对冲不能交易，企业家没有别的第三条道路。在美国3M公司有一个很有价值的口号："为了发现王子，你必须和无数个青蛙接吻"。"接吻青蛙"常常意味着冒险与失败，但是"如果你不想犯错误，那么什么也别干"。同样，对1939年在美国硅谷成立的惠普、1946年在日本东京成立的索尼、1976年在中国台湾成立的Acer、1984年分别在中国北京和青岛成立的联想和海尔等众多企业而言，虽然这些企业创始人的生长环境、成长背景和创业机缘各不相同，但无一例外都是在条件极不成熟和外部环境极不明晰的情况下，他们敢为人先，第一个跳出来"吃螃蟹"。

3. 合作是企业家精神的精华。

正如艾伯特·赫希曼所言：企业家在重大决策中实行集体行为而非个人行为。尽管伟大的企业家表面上常常是一个人的表演，但真正的企业家其实是擅长合作的，而且这种合作精神需要扩展到企业的每个员工。企业家既不可能也没有必要成为一个超人，但企业家应努力成为"蜘蛛人"，要有非常强的"结网"的能力和意识。西门子即一个例证，这家公司秉承员工为"企业内部的企业家"的理念，开发员工的潜质。在这个过程中，经理人充当教练角色，让员工进行合作，并为其合理的目标定位实施引导，同时给予足够的施展空间，并及时予以鼓励。西门子公司因此获得令人羡慕的产品创新记录和成长记录。

4. 敬业是企业家精神的动力。

马克斯·韦伯在《新教伦理与资本主义精神》中写道："这种需要人们不停工作的事业，成为他们生活中不可或缺的组成部分。事实上，这是唯一可能的动机。但与此同时，从个人幸福的观点来看，它表述了这类生活是如此的不合理：在生活中，一个人为了他的事业才生存，而不是为了他的生存才经营事业。"货币只是成功的标志之一，对事业的忠诚和责任，才是企业家的"顶峰体验"和不竭动力。

5. 学习是企业家精神的关键。

荀子曰："学不可以已"。彼得·圣吉在其名著《第五项修炼》写道："真正的学习，涉及人之所以为人此一意义的核心"。学习与智商相辅相成，从系统思考的角度来看,从企业家到整个企业必须是持续学习、全员学习、团队学习和终生学习。日本企业的学习精神尤为可贵,它们向爱德华兹·戴明学习质量和品牌管理;向约琴夫·M.朱兰学习组织生产;向彼得·德鲁克学习市场营销及管理。同样,美国企业也在虚心学习,企业流程再造和扁平化组织,正是学习日本的团队精神结出的硕果。

6. 执著是企业家精神的本色。

英特尔总裁葛洛夫有句名言:"只有偏执狂才能生存"。这意味着在遵循摩尔定律的信息时代,只有坚持不懈持续不断地创新,以夸父追日般的执着,咬定青山不放松,才可能稳操胜券。在发生经济危机时,资本家可以"用脚投票",变卖股票退出企业,劳动者也可以退出企业,然而企业家却是唯一不能退出企业的人。正所谓"锲而不舍,金石可镂;锲而舍之,朽木不折"。

7. 诚信是企业家精神的基石。

诚信是企业家的立身之本,企业家在修炼领导艺术的所有原则中,诚信是绝对不能妥协的原则。市场经济是法制经济,更是信用经济、诚信经济。没有诚信的商业社会,将充满极大的道德风险,显著抬高交易成本,造成社会资源的巨大浪费。其实,凡勃伦在其名著《企业论》中早就指出:"有远见的企业家非常重视包括诚信在内的商誉"。诺贝尔经济学奖得主弗利曼更是明确指出:"企业家只有一个责任,就是在符合游戏规则下,运用生产资源从事利润的活动。也即须从事公开和自由的竞争,不能有欺瞒和诈欺。"

二、企业家精神的内涵

从"企业家精神"这个术语的内涵上分析,精神首先是一种精神品质,精神首先是一种思想形式,是一种驱动智慧的意识形态,但精神不完全是仅仅表明个人意识状况或过程的心理的、主观的概念,精神相对于意识,它似乎应该是对意识的一种价值抽象。企业家精神也是表明企业家这个特殊群体所具有的共同特征,是他们所具有的独特的个人素质、价值取向以及思维模式的抽象表达,是对企业家理性和非理性逻辑结构的一种超越、升华。企业家群体独有的显著的精神特征就和其他群体特征区别开来,人们日常也把它看作是成功的企业家个人内在的经营意识、理念、胆魄和魅力,并以此标尺识别、挑选和任用企业家。

(一) 创新精神

企业家的创新精神是企业家面对动态的经营环境，寻求思维的革新，不断拿出新方法解决新问题的意识。对一个企业而言，产品需要不断更新，服务需要不断上新台阶，市场需要不断开拓，管理方法不能囿于旧习，这些变革的实现需要企业家思维的创新，因为只有思维的创新才能领先，才能迅速发展。正如在熊彼特的理论中所言，创新包括生产一种新的产品、采用一种新的生产方法、开辟一个新的市场、掠夺或者控制原材料或者半成品的一种新来源、实现一种新的工业组织五个方面。企业家的这些创新活动正体现了他们寻求新思路、冲破旧框架的创新精神。

企业家创新精神的体现：

引入一种新的产品；

提供一种产品的新质量；

实行一种新的管理模式；

采用一种新的生产方法；

开辟一个新的市场。

(二) 冒险精神

一个企业经营者，要想获得成功、成为一名杰出的企业家，必须要有冒险精神。对一个企业和企业家来说，不敢冒险才是最大的风险。企业的经营活动在瞬息万变的市场中进行，在这一过程中没有风险几乎是不可能的。商品经济的动态性、开放性和经营活动的特殊性决定了企业家必须拥有冒险精神，没有一定的冒险精神是无法经营的。企业家敢于冒险在于他相信风险有时可能会成为企业成长的契机，甚至是企业家个人成长的一个重要环节。但企业家的冒险精神并不等同于赌徒的盲目冒险，面对风险与否的选择时，他会考虑风险吸引力的大小、冒险成功和失败的相对概率，他更会思考如何通过努力采取各种措施来降低风险，从而增加冒险成功得到可能性。

企业家的冒险精神主要表现在：

企业战略的制定与实施；

企业生产能力的扩张和缩小；

新技术的开发与运用；

新市场的开辟和领土；

生产品种的增加和淘汰;

产品价格的提高或降低。

(三) 创业精神

企业家的创业精神就是指锐意进取、艰苦奋斗、敬业敬职、勤俭节约的精神。因为在企业家看来,只有大事业才能激发他的勇气、才智和昂扬的斗志,才能使他的能力得到淋漓尽致的发挥,才能使企业家拥有强烈的创业愿望、永不满足的事业心和百折不挠的意志。

其主要体现在:

积极进取;

克服因循规守旧的心理;

企业家的顽强奋斗;

敬业敬职的职业道德;

勤俭节省的精神风貌。

(四) 宽容精神

企业家的宽容精神是指企业家具有宽容心,愿意与人友好相处,愿意与他人合作的态度和精神。

其主要体现在:

尊重同行和下属;

尊重人才;

善于使用人才,敢于起用人才;

虚怀若谷,善于听取别人意见,尤其是批评自己的意见;

发扬民主精神,避免独断专行。

三、企业家精神的实质

(一) 企业家精神是企业核心竞争力的重要来源

彼得·德鲁克认为:"所谓公司的核心竞争力,就是指能干别人根本不能做的事,能在逆境中求得生存和发展,能将市场、客户的价值与制造商、供应商融为一体的特殊能力。"可见,企业核心竞争力从某种意义上讲,是企业家精神的一个反映或扩展,它体现的正是企业的创造与冒险,体现的正是企业的合作与进取。企业家精神对企业核心竞争力的巨大作用在一些具有远见卓识和非凡的魄力与能力的企业家那里得到集中体现。美国微软公司的软件技术及其开发能力和辉煌业绩令世人瞩目,在很大程度上归功于其总裁比尔·盖茨卓越的组织领导,盖茨也理所当然地成为美国青年心目中崇拜的时代英雄。

企业家在企业中的独特地位,决定了企业的核心价值观必然受其重要影响,决定了企业的组织创新、管理创新、价值创新等冒险活动只能由企业家自身承担。它同时也决定了企业的经营发展的兴衰成败,从而也就决定了企业核心竞争力能否形成。因此可以说,企业家在其精神的鼓励下对企业核心竞争力起着关键性保障作用,企业家精神通过企业家自身保障了企业核心竞争力的培育与提升。

资源、能力和制度的综合运用,再加上学习和创新,产生核心竞争力,但是当一个企业在资源、能力和制度方面都没有任何优势的情况下,能够不依靠尖端技术、不依靠国际人才、不依靠国际资金实力,如何在虎狼成群的国际国内市场占据一席之地?如何战胜数倍于自己的敌人?无数企业以亲身实践论证了企业家精神对企业的重大意义,证实了企业家精神是企业核心竞争力的唯一真实来源。最典型的例子是日本这个曾经的经济强国、美国曾经最大的竞争对手,日本依靠大和民族无与伦比的钢铁意志和坚韧不拔的精神,培育出核心竞争力,成为世界的经济巨人。在步入经济低谷的逆境中,韬光养晦,等待转机。受其启发,2002年不具备技术优势的华为,在进入周期性的衰退后,总裁任正非提出"在危机重重中,活着就是最大的成功",进行大刀阔斧的改革,在产业结构的调整后,又进行内部组织的调整,终于度过冬天迎来春天。靠精神凝聚起来的企业人,才可能不折不扣、坚定不移地执行企业的每一个决策。依靠企业理念与企业家精神,不但构成企业的内在发展动力,更成为企业的外部发展机遇。企业家的执着事业心、不停息的创新精神和模范合作精神通过其传递机制,发扬光大,最终缔造出企业的核心竞争力。

(二) 保护企业家精神对企业竞争力提升的作用

企业家精神是企业核心竞争力的唯一真实来源,一个活跃的市场,土地、劳动者、资本等要素只有在具有企业家精神的人手中,才能在复杂多变的竞争环境中发展壮大起来,才会真正成为财富的源泉。企业家精神产生的巨大作用在我们身上随处可见：一个企业带动了一个城市的发展，一个经理人员的更换使企业避免倒闭的命运。在我国，浙商的成功就是一个典型例子。著名经济学家吴敬琏称道：浙江是一个具有炽烈企业家精神的地方。浙商的创业欲望和创业能力，就是一种资源和竞争力。他们每到一地，带去的是实干聪明的企业家精神，留下的是为当地创造的就业和税收，更重要的是他们的观念和思路，是一颗启蒙的种子，这是浙商对全国人民的贡献。

思考练习题

1. 创业者的类型有哪些？
2. 简述一个成功的创业者该具备的能力。
3. 试述创新的意义与价值。
4. 简述企业家精神的特征。
5. 试述企业家精神的内涵。

第三章 创业机会识别

机会识别是创业者与外部环境互动的过程,在这个过程中,创业者运用各种渠道和方式掌握并获取到有关环境变化的信息,从而发现改进或创造产品、服务、原材料和组织方式,最终识别出可行的创业机会。

第一节 创业环境分析的目的与方法

一、创业环境概述

(一)创业环境的概念

随着我国"创新创业"的提出,创业理念不断变化更新,使我国创业热情高涨,但仍存在创业成功率低下的问题。创业企业寿命短暂,浪费大量的人力、物力等资源。很多企业不能有效识别企业内外部环境而导致灭亡,创业环境的重要性便凸显出来。

关于创业环境概念的界定,国外学者提出的较早,国内则相对较晚。管理学大师巴纳德在书中曾经提到,组织行为的产生就是组织系统寻找内部因素与存在于组织外部环境相平衡的一种反应。如果把这类组织看作是创业型企业,那么其所处的内外部环境就是创业环境。

创业环境,从字面上理解,就是企业所依赖生存的环境;具体来说,创业环境是创业者在开展具体创业活动的过程中,围绕创业者的创业和发展的变化,客观存在的政治、经济、文化等各种外部要素或者获取创业帮助和支持的各种内部微观要素及其这些要素所构成的有机整体。潜在创业者或创业者认为这些要素会为其自身开展的创业活动提供全方位的支持。

创业环境是这些因素相互交织、相互作用、相互制约而构成的有机整体。

创业者的创业过程并不仅依靠某一方面的推动,也不仅是某一种因素作用的结果,它的运作需要环境各方面的支持。

(二) 创业环境的特征

1. 整体性。

创业环境是一个由各要素相互作用、相互联系而组成的有机整体,创业环境的各要素也是相互联系、相互影响而存在的。由于创业环境具有整体性的特征,在研究创业环境时,应该运用系统的原则和方法,从整体的角度来考察创业环境,而不能割裂各要素之间的联系,从创业环境的整体去研究个体要素的表现。

2. 主导性。

在创业环境的各要素中,总有一个或几个要素在某一阶段的发展中居于主导的地位,即在创业环境这个整体中规定和支配着其他的要素。因此,对主导要素的研究具有特别重要的意义。

3. 可变性。

区域环境和创业环境都是不断发展变化的,其包括经济结构的调整、政治制度的优化、市场需求的变化、消费水平的提高等,这些都极大地影响着创业环境,使创业环境始终处于不断变化的过程之中,并且逐步趋于完善。因此,必须用动态的观点来看待、研究创业环境,才能正确认识创业与创业环境之间的关系。

4. 差异性。

差异性是指地区的差异。创业环境是个空间概念,所在的区域不同,内容也不尽相同。区域政治、经济、文化等方面的差异,决定了创业环境的地区差异。

(三) 创业环境的分类

创业环境可以从多个角度进行分类。其基本的分类如下:

1. 按创业环境的构成要素分类。

从宏观层次看,可以分为经济环境、政治法律环境、科技因素、商务环境、教育环境、社会文化环境以及自然环境等几个方面。

2. 按创业环境的层次分类。

创业环境是有层次的,形成一个分级系统。宏观环境指一国或一个经济区域范围内的创业环境;中观环境是指某个区域或城市、乡镇的创业环境等;微观环境是指企业的文化氛围、团队合作精神、创新精神等。

3. 软、硬环境分类。

硬环境是指创业环境中有形要素的总和,如有形基础设施、自然区位和经济区位;软环境指无形的环境要素总和,如政治、法律、经济、文化环境等。

硬环境是创业的物质基础,而软环境在创业过程中变得越来越重要。在一定时期内,硬环境的变化是有限度的,而软环境的改善能够弥补硬环境的缺陷、提高硬环境的效用,最终成倍提高整体环境的竞争力。

二、创业环境分析

分析创业环境是创业者识别机会的基础。创业环境由诸多环境要素共同构成,包括宏观环境、微观环境和行业环境。一个国家或地区的创业活动的数量和质量,在很大程度上取决于创业者所处的创业环境条件。

(一) 创业环境分析的要素

创业环境对创业者创业的成败起着决定作用,分析创业环境对于创业者具有十分重要的意义。全球创业观察,即 GEM(global environment monitor)在国际创业研究领域享有盛名,它由英国伦敦商学院和美国百森学院共同发起,旨在研究全球创业活动态势和变化,挖掘各国创业活动的驱动力、研究创业与经济增长之间的作用机制和评估国家创业政策的研究项目。GEM 开发出 12 个创业环境要素,包括金融支持、政府项目支持、政府相关支持政策、政府税收和管理体制、学校创业教育和培训、离校后创业教育和培训、研究开发转移效率、商业和法律基础、内部市场动态性、内部市场压力和进入壁垒、有形基础设施、文化和社会规范。GEM 的研究模型认为,这些创业环境条件决定了一个国家或地区的创业机会和创业能力,而创业机会和创业能力共同促进了创业活动的产生,最后创业活动影响了经济发展。

(二) 创业环境分析的方法

环境因素的发展变化,可能会给创业者带来市场机会,也可能成为威胁因素。研究环境因素对企业有利或不利的影响,可采取矩阵图来进行分析和评估。

1. 机会矩阵。

外部环境中的机会是指环境中对创业者有利的因素,如政府支持、高新技术的应用、良好的购买者和供应者关系。如图3.1所示,横坐标表示机会的吸引力,即成功后能带来的利益的大小;纵坐标表示机会出现的概率,并将机会出现概率和吸引力大致分为高低或大小两档。根据各环境因素的相应数据在坐标平面上的点,就可以区分其重要程度。

区域1:机会出现概率高,而且机会出现后会带来较大的利益,因此对创业者的吸引力大,是应该尽量利用的环境。

区域2:机会出现概率高,但机会出现后带来的利益较小,是创业者应该注意开发的环境。

区域3:机会出现概率低,并且机会出现后给企业带来的利益较小,是创业者应该注意回避的环境。

区域4:机会出现概率低,但一旦机会出现后会给企业带来较大的利益,因而创业者应该注意创造条件,力争成功。

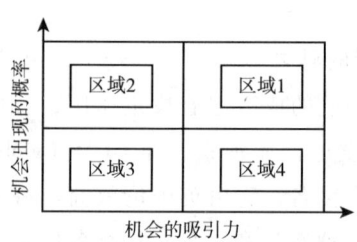

图3.1 机会的吸引力与出现的概率分布矩阵

2. 威胁矩阵。

外部环境中的威胁是指环境中对创业者不利的因素,如竞争对手市场占有率高、市场增长缓慢甚至饱和、供应者和购买者讨价还价能力强、技术老化等。如图3.2所示,横坐标表示威胁对企业经营影响的严重性,即威胁出现之后所带来损失的大小;纵坐标表示威胁发生的概率,并将发生的概率和严重性大致分为高低和大小两档。根据各环境因素的相应数据在坐标平面上的点,就可以区分事件的影响程度及其性质。

区域1:威胁发生的概率高,而且发生后将产生较为严重的负面影响,因此创业者要予以特别关注。

区域2：威胁发生的概率高，但发生后带来的负面影响有限，创业者应该予以必要的关注。

区域3：威胁发生的概率低，并且发生后给企业经营带来的负面影响业比较有限，是可以基本忽略的环境。

区域4：威胁发生的概率低，但一旦发生会产生较为严重的负面影响，因而创业者不能掉以轻心。

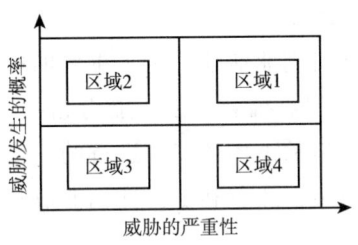

图 3.2　威胁的严重性与发生的概率分布矩阵

3. SWOT 分析。

除了分别利用机会矩阵和威胁矩阵分析创业者面临的机会和威胁外，还可以结合自身内部的优势和劣势，利用 SWOT 进行综合分析。这样，全面考虑内部条件和外部环境的各种因素，进行系统评价，从而选择最佳的经营战略。S 是指企业内部的优势（strengths），W 是指企业内部的劣势（weakness），O 是指企业外部环境的机会（opportunities），T 是指企业外部环境的威胁（threats）。企业内部的优势和劣势都是相对于竞争对手而言的，一般表现在企业的资金、技术设备、员工素质、产品、市场、管理技能等方面。判断企业内部优势和劣势一般两项标准：一是单项的优势和劣势。例如，企业资金雄厚，则在资金上占优势；市场占有率低，则在市场上处于劣势。二是综合的优势和劣势，应当选择一些重要的因素，加以评价打分，然后根据其重要程度按照加权平均法加以确定。

SWOT 分析中最核心的部分是评价企业的优势和劣势、判断企业所面临的机会和威胁并做出决策，即在现有的内外部环境下，如何最优地运用自身的资源，来建立未来的资源。内部环境和外部环境组合可以形成四种类型战略：SO、ST、WO、WT。当企业具有良好的优势以及众多的外部机会（SO）时，应当采取增长型战略，如市场开发、增加产量等。当企业面临良好的外部机会，却受到内部劣势的限制（WO），应当采取扭转型战略，充分利用环境带来的机会，设法清除劣势。当企业具有内部优势，但外部环境存在威胁时（ST），应当采取多种经营战略，利用自己的优势，在多元化经营上寻找长期发展的机会；或进一步增强竞争优势，以对抗威胁。当企业内部存在劣势，外部面临威胁时（WT），应当采取防御性战略，进行业务调整，以避开威胁和消除劣势。

（三）创业环境分析的意义

创业环境的基本要素对创业活动产生了重要的影响，促进了创业机会的产生和增强了创业能力。创业机会与创业能力相结合，就会产生创业活动，创业总是在一定的政策环境和市场环境中进行的。创业者必须对环境有深刻的了解，并采取相应的对策，才有利于保证创业成功。具体的意义体现在以下三个方面。

1. 通过研究创业环境，以指导创业。

创业活动可以被看成是一个开放的系统，创业活动和其所处的环境是相互作用、相互影响的。创业者获取资源以及在市场上竞争都离不开其所处的环境背景。通过对创业环境的研究，以了解创业环境为什么能影响创业活动，从而为创业者评估自己的创业能力和环境因素提供一定的理论参考。

2. 通过研究创业环境，以规避创业风险，提高创业的成功率。

创业者创业活动的成功率在整个世界范围内都是不高的。出现这样的结果，除了创业者自身的能力有限、创业资金不足等因素外，更重要的是创业环境的影响，如政府服务意识不高、法制环境不健全、社会服务化程度低等，所有这些都严重影响创业企业的生存和发展。因此，通过对创业环境的研究，阐明创业环境是如何影响创业活动的，从而规避创业风险，提高创业的成功率。

3. 通过研究创业环境，以完善社会服务功能，建立有效创业环境支持体系。

创业环境对创业的影响最终表现在创业的成功率上。在创业的过程中，一部分创业者崛起，而更多的创业者沉沦了。分析其深层次的原因，主要是因为创业环境各个方面对创业活动的影响程度较大。并且不同的因素对创业的影响程度不同，同一环境因素在创业的不同阶段，也会产生不同的影响。因此，正确评估创业环境的影响程度，可以完善社会服务功能，从而建立有效的创业环境支持体系。

第二节 宏微观环境分析

一、宏观环境分析

在经济全球化的发展中,创业企业外部宏观环境一直进行动态变化,且速度越来越快,创业企业需要高度敏感及时了解外部宏观环境变化趋势,应对外部宏观环境变化所带来的挑战。创业宏观环境包括政治法律环境、经济环境、社会文化环境和技术环境等。

(一)政治法律环境

政治法律环境指的是制约和影响企业发展的政治要素和法律系统,以及其运行状态,包括民营企业的地位转变,大力扶持高新技术企业,高等院校的技术转让收入免征营业税,高等院校服务于各行业的技术成果转让、技术培训、技术咨询、技术服务、技术承包所取得的科技性服务收入暂免征收企业所得税,税收优惠政策向西部倾斜,中小企业促进法等。政治法律环境要素是企业生存发展的前提条件之一。

1. 政治环境分析。

具体来讲,政治环境分析具体包含以下四个方面:

(1) 政局。企业所在国家和地区的政局稳定状况。

(2) 政府行为对企业的影响(如何对待国家所拥有的资源)。

(3) 执政党所持的态度和推行的基本政策(如产业政策、税收政策、信贷政策、进出口限制等),以及这些政策的连续性和稳定性。

(4) 各政治利益集团对企业活动产生的影响。体现在两个方面:一方面通过立法影响;另一方面通过舆论、法律等影响。

2. 法律环境分析。

法律是市场经济条件下规范企业经营行为的准则,国家的法令法规,特别是关系到经济活动的立法,不仅规范企业的行为,而且会使消费需求数量和结构发生变化,能鼓励或限制某些产品的生产和销售,成为政府管理企业的一种手段。一些政治因素可以对企业发展产生直接影响,但一般来说,政府主要是通过制定法律间接影响企业的发展。这些法律法规有以下的目的:

(1) 保护企业，反对不正当竞争（反垄断法）；(2) 保护消费者（食品安全法）；(3) 保护员工（劳动合同法）；(4) 保护公众权益免受不合理企业行为的损害（直销管理条例）。

在我国，司法均以法律、法规、规章为依据，判例不是法律，没有普遍的约束力，但具有较强的参考意义，尤其是最高人民法院公布的判例。对于新创企业而言，首先，要了解我国的基本法律环境，如《企业登记管理条例》等工商管理法规、规章，了解《合同法》《担保法》《票据法》《知识产权保护法》等基本民商法律以及行业的管理的规章。其次，创业者不仅要熟悉我国的法令法规，而且要了解相关国际贸易规则与惯例，在与外国资本进行生产、经营、投资合作时，要了解所在国的反垄断法、反倾销法、劳动法及有关产品安全等方面的法律规定。

（二）经济环境

经济环境指的是构成企业生存和发展的国家或地区的整体经济状况以及国家经济政策等，包括经济发展水平、社会经济结构、经济体制、宏观经济政策、物价水平、劳动力情况等。例如，当前我国的经济结构正处于调整时期，大力扶持高新技术企业已被列为我国政府新时期的主要任务之一，国家已经相继出台了诸多政策扶持措施。国务院还批准设立了用于支持科技型中小企业技术创新项目的政府专项基金。经济环境因素往往决定了企业潜在市场的大小。具体包含以下几个方面：

1. 经济结构。

经济结构是指一个国家或地区的产业结构、分配结构、交换结构、消费结构、技术结构以及所有制结构等。其中，产业结构与新创企业的关系最为密切，如果一国（地区）的产业结构处于升级阶段，则会提供较多的创业机会。

2. 经济发展阶段。

企业的经营活动要受到一个国家或地区整个经济发展阶段的制约。以消费品市场为例，处于经济发达阶段的国家，较重视产品的基本功能，同时也比较强调产品的款式、性能与特色；而处于经济欠发达阶段的国家，则比较侧重于产品的基本功能和实用性，价格竞争具有一定的优势。

3. 经济周期。

经济周期是现代社会发展过程中不可避免的经济波动，包括繁荣、萧条、衰退、复苏四个阶段。在经济周期中，经济波动几乎会影响所有部门，造成产量、就业、物价水平、利率等的变动,一般来说,经济周期的不同阶段都可能产生创业机会,但是由于经济总量与经济结构在萧条、衰退阶段处于相对的收缩状态,因而不利于创业活动;在经济复苏、繁荣阶段,经济活动十分活跃,因而有利于新创企业的发展。

4. 国民收入。

国民收入是一个国家物质生产部门的劳动者在一定时期内所创造的价值总和,它反映一个国家的经济发展水平。人均国民收入是每年平均每人的国民收入,它反映一个国家消费品市场的平均水平。居民个人收入包括每人的工资、奖金、津贴、退休金、红利、租金、赠予等从各种来源所得的全部货币收入,它反映消费者的购买力水平。从个人收入中扣除直接支付税款及非税性负担后所剩的收入才是个人可支配收入,再从中扣除维持生活所必需的支出(如食品、固定费用、水电费、分期付款、学费、托儿费、抵押借款等)后所剩余的收入才是个人可随意支配收入。所有家庭成员个人收入的总和构成家庭收入。根据恩格尔定律,随着家庭收入的增加,用于购买食品的支出占家庭收入的比重下降,用于住宅、建筑和家务经营的支出占家庭收入的比重大体不变,用于其他方面(如服装、娱乐、交通、卫生保健、教育等)的支出占家庭收入的比重会上升。

根据经济学的一般原理,收入等于消费与储蓄之和,当收入一定时,消费与储蓄的关系是此消彼长。居民收入中有的一部分以各种形式储蓄起来,它是一种推迟的、潜在的购买力,它往往影响到消费的潜在需求量及消费模式、消费内容、消费的发展方向。但是,消费者的购买能力并非局限于收入和储蓄,随着金融市场的不断发展与完善,消费者可以通过消费信贷等多种信用形式来增加购买力,这是一种预支的购买力。

5. 资本市场。

资本市场在现代经济中具有重要地位,它是融通资金、调节投资的主渠道,其发展状态决定着企业可获得资本的数量和取得资金的难易程度,尤其对于新创企业而言,资本市场是决定其能否渡过初创期的资本障碍,从而进一步发展壮大的关键。

6. 其他经济影响因素。

其他经济条件极其发展趋势对于一个企业的成功也至关重要。例如,工资、供应者及竞争对手的价格变化等经济因素既可能影响产业内竞争激烈程度,也可能延长产品使用寿命或者增加企业自动化程度。

(三) 社会文化环境

社会文化环境指的是一个国家或地区的民族特征、人口状况、社会阶层、价值观念、生活方式、风俗习惯、宗教信仰、伦理道德、文化传统等的总和。创业者通过注意人群特征以及发展动向，可以利用人口状况带来的市场机会。社会文化环境对于企业的影响也是不言而喻的。例如，社会风俗对消费者偏好的影响是企业在确定投资方向、产品改进与革新等重大经营决策时必须考虑的因素。

社会和文化环境因素范围甚广，主要包括人口因素、社会流动性、消费心理、生活方式、文化传统和价值观等。

1. 人口因素。

企业所在地居民的地理分布及密度、年龄、教育水平、国籍等。对人口因素分析的指标有结婚率、离婚率、出生率和死亡率、平均寿命、年龄地区分布、民族性别比例、教育水平和生活方式的差异等。

2. 社会流动性。

社会的分层情况、各阶层之间的差异以及人们是否可在各阶层之间转换、人口内部各群体的规模、财富及其构成的变化以及不同区域（城市、郊区及农村地区）的人口分布等。

3. 消费心理。

一般的消费心理包括从众、求异、攀比、求实等消费心理。消费心理对创业者的投资动向也有一定影响，顾客对新鲜感的追求，使创新者应当生产不同产品类型满足不同顾客的心理需求。

4. 生活方式。

随着社会经济的发展和对外交流程度的不断增加，人们的生活方式在相应发生变化。人们对物质的要求越来越高，对社交、自尊、求知、审美等精神需求也越来越强烈。这将给创业者带来诸多的机遇与挑战。

5. 文化传统。

一个国家或地区在较长历史时期内形成的一种社会习惯，它是影响经济活动的一个重要因素。例如，中国的春节、西方的圣诞节就为某些行业带来商机。

6. 价值观。

价值观是社会公众评价各种行为的观念标准。不同的国家和地区人们的价值观存在差异。例如，西方国家的个人主义强，而日本的企业则注重内部融洽，创业者在创业时必须有所考量。

（四）技术环境

技术环境指的是企业所处的社会环境中的科技要素及与该要素直接相关的各种社会现象的集合。技术进步经常与经济和社会变革相同步来创造机会。例如，对健康的关注和技术之间有很多重叠的部分。技术进步还能帮助人们以更便捷和更高效的方式完成日常任务。一旦某项技术被开发出来，相应的产品就会出现，以推进技术发展。

技术环境对企业的影响具体包含以下几个方面：

（1）技术进步使企业能对市场及客户进行更有效的分析；

（2）新技术的出现使社会对本行业产品和服务的需求增加；

（3）技术进步可创造竞争优势；

（4）技术进步可导致现有产品被淘汰，或大大缩短产品的生命周期；

（5）新技术的发展使企业可多关注环境保护，企业的社会责任及可持续成长等问题。

（五）自然环境

创业者考察自然环境的目的是要分析周围的环境及资源是否适合创业项目的发展，能否提供该行业所需的资源条件。同时，随着人们环保意识的增强，可持续发展已成为全球关注的战略问题，许多国家或地区已经制定了相关的环境保护法。因此，创业者必须顺应可持续发展战略的要求，在生产经营中保证不破坏自然环境、不浪费资源，以实现企业利益、消费者利益、社会利益及生态环境利益的和谐统一。

二、微观环境分析

创业者微观环境主要指的是创业组织内部各种创业要素和资源的总和，如人员、资金、设施、技术、产品、生产、管理、运行等方面的情况。内部环境是创业活动的基础，要从创业团队、资源及其来源、产品竞争力、技术开发水平、生产工艺、市场营销渠道、货源等方面找出自身的优势和劣势。

在不确定的环境条件下，由于创业者很少进行细致的市场调研和分析，创业和管理过程充满荆棘，创业者缺乏管理技能，因此，培训和教育服务尤其重要。

由于创业的高风险特征以及创业者对融资成本的考虑，在创业早期阶段，新创企业的资金来源主要是私人权益资本，包括自有资金、亲戚朋友借贷和引入私人股权筹集资金。在创业不确定性逐渐降低、新创企业进入成长阶段之后，风险投资开始进入，这时新创企业的进一步成长和扩张更需要风险投资的支持。

（一）企业资源分析

企业资源，是指企业所拥有或控制的有效因素的总和。按照竞争优势的资源基础理论，企业的资源禀赋是其获得持续竞争优势的重要基础。企业资源主要包括以下几种：

1. 有形资源。

有形资源是指可见的、能用货币直接计量的资源，主要包括物质资源和财务资源。物质资源包括企业的土地、厂房、生产设备、原材料等，是企业的实物资源；财务资源是企业可以用来投资或生产的资金，包括应收账款、有价证券等。

2. 无形资源。

无形资源是指企业长期积累的、没有实物形态的甚至无法用货币精确度量的资源。通常包括品牌、商誉、技术、专利、商标、企业文化及组织经验等。技术资源就是一种重要的无形资源，它主要是指专利、版权和商业秘密等。技术资源具有先进性、独创性和独占性等特点。

3. 人力资源。

人力资源是组织成员向组织提供的技能、知识以及推理和决策能力。

（二）企业能力分析

企业能力是指企业配置资源，发挥其生产和竞争作用的能力。能力来源于企业有形资源、无形资源和组织资源的整合。企业能力主要包括以下几种：

1. 研发能力。

研发能力主要从研发计划、研发组织、研发过程和研发效果几个方面进行衡量。

2. 生产管理能力。

生产活动是企业最基本的活动，主要涉及五个方面，即生产过程、生产能力、库存管理、人力资源管理和质量管理。

3. 营销能力。

营销能力主要包含产品竞争能力、销售活动能力以及市场决策能力。产品竞争能力主要可以从产品市场地位、收益性、成长性等方面分析；销售活动能力是对企业销售组织、销售绩效、销售渠道、销售计划等方面的综合考察；市场决策能力是以产品竞争能力、销售活动能力的分析结果为依据的，是领导者对企业市场进行决策的能力。

4. 财务能力。

筹集资金以及使用和管理所筹集资金的能力。

5. 组织能力。

组织能力体现在：职能管理体系的任务分工；岗位责任；集权和分权的情况；组织结构（直线职能、事业部等）；管理层次和管理范围的匹配等方面。

三、行业环境分析

不同的行业由于所处的发展阶段不同，行业的特征以及经济特性都是不同的。这些特性将直接决定企业所选择进入的行业，以及所要生产的产品能否为企业带来可观的利润，甚至关系到企业的生死存亡。行业分析的目的在于通过了解行业基本竞争情况及潜在的发展机会，以便于创业者做出正确的投资决策，尽量避免投资失误和资源浪费。

新创企业的行业环境分析关注两个主要问题：一是行业内的竞争程度及变化趋势；二是行业所处的生命周期。

（一）产品生命周期

波特提出，预测产业演变过程的鼻祖是我们熟知的生命周期。

每一个行业发展所经历的周期可以分为四个阶段：导入阶段、成长阶段、成熟阶段和衰退阶段。从本质上看，行业的生命周期是由该行业生产所使用的关键技术的成熟程度决定的，而技术同样也具有生命周期：从萌芽、生长、成熟至老化。当一项新技术刚刚被研制出来还不被人们熟悉时，它的发展较慢，行业处于孕育期；一旦越过最初阶段后技术就会迅速扩散，直到形成一定规模，行业也相应进入成长阶段、成熟阶段；此后，进入成熟阶段后，技术扩散速度逐渐放慢，行业随之处于衰退阶段。如果在此期间有新的技术取代原有技术，则行业的生命周期会在技术替代的过程中得以延续。这些阶段是以产业销售额增长率曲线的拐点划分的，产品的增长与衰退由于新产品的创新和推广而呈现"S"形。

对创业而言，不同的行业发展阶段所带来的机会和威胁是不同的。

1. 导入期。

此时，行业生产的关键技术尚处于研制过程中，产品质量有待提高，产品类型、特点、性能和目标市场方面尚在不断发展变化当中。消费群体不明确且规模很小，在这个阶段，存在大量的创业机会，先进入者拥有制定行业、生产、技术标准的优势，但同时也存在很大技术风险、市场风险。同时，为了说服客户购买，导入期的产品营销成本高，广告费用大，而且销量小，产能过剩，生产成本高；产品的独特性和客户的高收入使价格弹性较小，可以采用高价格、高毛利的政策，但是销量小使净利润较低。创业者应当投资于研究与开发和技术改进，提高产品质量，扩大市场份额，争取成为"领头羊"。

2. 成长期。

在该阶段的前期，行业刚刚形成，现有企业的规模小、产品少，但给创业者的机会多。随着关键技术逐渐成熟，企业纷纷进入，行业规模迅速扩大，投放到市场上的产品数量大、品种多。由于这一阶段产品销量上升，产品的销售群已经扩大，消费者对质量的要求不高，因而带给创业者较大的机会。此时，广告费用较高，但是每单位销售收入分担的广告费在下降；但生产能力不足，需要向大批量生产转换，并建立大宗分销渠道。所以创业者仍然要坚持市场营销，改变价格形象和质量形象，争取最大市场份额，并坚持到成熟期的到来。

3. 成熟期。

这是行业稳定发展的阶段，企业间竞争激烈，实力弱的企业或被兼并或被淘汰出局，实力雄厚的大企业拥有较高的市场占有率。同时由于产品逐步标准化，差异不明显，技术和质量改进缓慢，使新的客户减少，主要靠老客户的重复购买支撑，市场已经达到基本饱和，这一阶段留给创业者的机会十分有限。企业应当重点转向在巩固市场份额的同时提高投资报酬率，提高效率，降低成本。

4. 衰退期。

衰退期阶段，各企业的产品差别小，因此价格差异也会缩小，客户对性价比要求很高。产能严重过剩,只有大批量生产并有自己销售渠道的企业才具有竞争力,某些企业为降低成本,产品质量可能会出现问题。这是行业逐渐消亡、衰落的阶段,企业往往会控制成本,以求能维持正的现金流量;而对于缺乏成本控制优势的企业则会采取退却战略,纷纷退出。由于市场需求下降,原有产品逐渐被新产品替代,这一阶段的市场机会微乎其微,创业者应尽量回避。

行业发展的四个阶段带来的市场机会各不相同,其中,机会最大的应属行业的成长阶段,因此创业者应该尽量在此阶段进入。

(二) 行业五种竞争力

任何一个新创企业都会归类为某个行业或某几个行业,创业者在分析自己的产品和服务时,都会先分析所在行业的发展现状和未来增长趋势。根据美国学者迈克尔·波特 5 种力量模型,现有市场竞争者、潜在的进入者、供应商、消费者和替代品生产者决定了一个企业的竞争力,构成了创业的行业环境因素。

1. 现有竞争者。

产业内现有竞争者的竞争是一个产业内的企业为市场占有率而进行的争夺,这种竞争通常以价格战、广告战、产品引进等方式表现出来。当存在以下情况时,企业的竞争是激烈的:(1) 产业内有众多的或势均力敌的竞争对手;(2) 产业发展缓慢;(3) 顾客认为所有的商品都是同质的;(4) 产业进入障碍低而退出障碍高。创业者应当了解竞争者的基本情况,如竞争者的数量、分布地区、规模、资金技术状况等,重点分析威胁最大的竞争对手的发展状况和发展方向,包括主要竞争对手的资金、技术、规模、人才及他们的新技术、新市场和新产品等方面。

2. 潜在进入者。

一个产品的成功开发会引来其他企业的加入,特别是那些进入壁垒不高的行业。因此,创业者在创业之初要考虑自己的新企业会引来多少追随者,自己如何保持竞争优势。一般而言,创业者可以通过加大壁垒等方式来减少潜在竞争对手,尤其是技术壁垒,保持自己的产品差异。进入威胁的大小取决于呈现的进入障碍(结构性障碍)与准备进入者可能遇到的现有在位者的反击(行为性障碍),统称为进入障碍。

结构性障碍具体包含以下几种：

（1）规模经济。无论进入哪一行业，创业项目都必须具备相应的生产规模，否则难以达到一定的盈利水平。

（2）产品差异。所谓产品差异是顾客对某产品所形成的消费偏好。如果存在诸如品牌偏好、风俗偏好或口味偏好这样的产品差异，新进入企业要耗费大量的成本费用进行品牌建设、产品定位、广告宣传等工作，以建立新的差异，改变顾客对原有品牌的忠诚度。不然，企业将无法销售其产品，甚至会导致亏损。

（3）关键资源。现有企业对关键资源的控制，表现为对资金、专利或专有技术、原材料供应、分销渠道、学习曲线等资源及资源使用方法的积累与控制，资源越是短缺越是难以进入。

（4）投资量。进入某一行业所需的投资量的大小，除由行业最低经济规模和合理经济规模决定以外，还由该行业技术复杂程度决定。一个行业所要求的生产经营技术越复杂、技术难度越大，则进入的企业在开发新产品、试制生产和商品化工作方面需要的费用也就越多，所需投资越大，该行业就越难进入。

（5）顾客品牌转移难度。顾客的品牌转移难度指顾客对老品牌的信任和偏爱的程度。顾客对于熟悉品牌的依赖程度越高，就越难接受新品牌或根本不进行尝试，这样的行业是难以进入的。

（6）转换成本。转换成本不仅包括进入一个新的行业在固定资产、工艺设备的改造和原材料供应转换以及新员工培训等方面所花费的费用，而且包括心理转换成本。所谓心理转换成本，是指新进入企业往往需要比现有企业提供更好的产品、更低的价格，或者给予顾客更多的免费服务项目，否则难以使顾客接受新产品。心理转换成本越高，一个行业就越难进入。

（7）技术进步速度。技术进步的速度将直接影响到产品的生命周期，而企业能否跟上技术进步的速度则直接决定了其产品能否在市场上受到消费者的欢迎。尤其是对于一些技术含量对产品的影响比较大、技术的更新换代比较快的行业，如计算机行业，企业能否跟上技术进步的速度则更是决定了企业的生死存亡。一个行业的技术进步速度越快，新产品替代老产品的时间越短，该行业就越难进入。因为这对创业者的新产品开发工作构成极大的挑战，创业者可能还没有开发出该行业原有的老产品，产品就可能由于技术进步的原因步入了成熟或衰退期，而使企业的获利受到影响，或者是行业内其他企业新开发的产品对现有市场的冲击。

行为性障碍是现有企业对企图进入者采取报复手段形成的进入障碍。其主要包括限制进入定价和进入对方领域两类。

（1）限制进入定价。主要发生在技术优势正在削弱、投资正在增加的市场，现有企业试图以低成本警告进入者进入无利可图。

（2）进入对方领域。寡头垄断市场上常见的报复行为，目的在于抵消进入者首先采取行动可能带来的优势，避免对方的行动给自己带来风险。

3. 替代品生产。

不同的产品，可能其外观和物理属性不同，但可以具备相同的功能。产品的使用价值或功能相同、可以满足消费者类似的需求、在使用过程中可以相互代替，生产这些产品的企业就形成了竞争。因此创业者需要分析哪些产品会替代本企业的产品，判断哪些替代产品将对新创企业造成威胁。替代品的替代又包括直接产品替代和间接产品替代，直接产品替代是某一种产品直接取代另一种产品，如手机代替 BP 机；间接产品替代即由能起到相同作用的产品非直接地取代另外一些产品，如人工合成纤维取代天然布料。老产品能否被新产品替代主要取决于两种产品的性能—价格比（价值＝功能/成本）的比较。并且，替代品的替代威胁并不一定意味着新产品对老产品最终的取代，几种替代品长期共存也是很常见的情况。例如，在交通运输工具中，火车、汽车、飞机长期共存。但替代品间的竞争规律是确定的，即价值高的获得竞争优势。

4. 购买者。

购买者主要包括两个因素：需求量和讨价还价能力。购买者的总需求量决定行业的市场潜力，从而影响行业内所有企业的发展前景。不同购买者讨价还价的能力会诱发企业之间的竞争，从而影响企业的获利能力。

5. 供应商。

供应商为企业提供原材料、零部件等投入性原材料。供应商的态度、数量、规模等因素，直接影响到创业者在商务谈判中的地位、相互之间的关系。

对于产业链任一价值环节，都具有双重身份，对其上游单位，其为购买者；对其下游单位，其为供应商。购买者希望采购到物美价廉的商品，而供应商则希望提供的产品质次而价高。购买者和供应商讨价还价能力取决以下几个方面：

（1）买方（或卖方）的集中程度或业务量的大小。购买者集中度高，业务量大，议价能力强；供应者集中度高，议价能力强。

（2）产品差异化程度与资产专用性程度。供应者的产品存在差别化或高度专业化，议价能力强。

（3）纵向一体化程度。购买者实行部分一体化或存在后向一体化的现实威胁，议价能力强；供应者表现出前向一体化的现实威胁，议价能力强。

（4）信息掌握的程度。当购买者充分了解需求、实际市场价格，甚至供应者的成本等方面信息时，购买者将处于更为有利的位置；反之，供应商讨价还价能力更强。

第三节 了解创业机会评价的目的和方法

一、创业机会评价的目的

创业机会评价是制定商业模式之前辨别一个商业创意是否值得开发的关键步骤。创业机会评价是确定商业创意是否可行的过程。创业机会评价本质上是调查性的，目的是考虑拟创建企业的价值。在制订商业模式和撰写商业计划之前无法恰当地评估一个商业创意的价值，会让创业者无法看到潜在企业可能存在的风险，并导致过于乐观的计划。

创业机会定性评价需要回答五个基础问题：机会的大小、存在的时间跨度和随时间成长的速度；潜在利润是否超过投入的成本、时间和机会成本，继而带来令人满意的收益；机会是否增加了额外的、多样化的商业机会选择；在可能的障碍面前，收益是否会持久；产品或服务是否真正满足了现实的需求。

创业机会定性评价通常分为五个环节：第一，判断新产品或服务将如何为购买者创造价值，判断新产品或服务使用的潜在障碍。根据顾客对产品和市场的认可度分析，获取新产品的潜在需求、早期使用者的行为特征、产品达到创收的预期时间等数据。第二，分析产品在目标市场投放的技术风险、财务风险和竞争风险。第三，在产品的制造过程中是否能保证足够的生产批量和可以接受的产品质量。第四，分析新产品项目的初始投资额，通过何种渠道融资。第五，在更大范围内考虑风险的大小和种类，以及如何管控那些风险因素。

二、提升识别机会能力的途径

创业者可以通过 4 种途径识别机会。当创业者理解每种途径的重要性时，他找到理想机会和创意的可能性也更高。

（一）观察趋势

识别机会的第一种途径是观察趋势并研究趋势如何为创业者创造机会。创业者可以从企业的宏观环境（政治、经济、技术、社会等）和微观环境（顾客、竞争对手、供应商等）的变化中发现机会。作为一个创业者或者潜在创业者，意识到这些领域中的变化趋势是非常重要的。

（二）解决问题

识别机会的第二种途径是寻找问题并找到解决方法。问题的寻找可以通过找出个人或组织的需求和他们面临的问题、观察趋势或直觉与运气等方式。很多公司的创建都是由于人们经历了一个问题，并在之后意识到该问题的解决方式代表了一个商业机会。一个有效并有高利润的解决方案对创业者来说是识别机会的前提。这个方案需要准确探析顾客的需求，以及可以用来满足需求的手段。

（三）寻找市场缺口

识别机会的第三种来源是市场缺口。市场中的产品缺口代表了潜在的可盈利的商业机会。识别市场缺口的一种常用方法是：当人们因无法找到他们需要的产品或服务时会变得沮丧，并且其他人也产生类似的感觉。因此，一个新的机会可能由顾客提出来，他们会提出一些诸如"如果那样的话不是很棒吗"这样的建议。

（四）创造需求

产生新的商业机会的另一个方法是利用现有的产品或服务，通过定位于完全不同的目标市场，创造一个新的品类。这种方法涉及创造需求并设法满足它。这种方法在新技术行业中也较为常见。它可能始于一项新技术发明，进而积极探索新技术的商业价值。通过这种方式识别机会比其他方式的难度要大，风险也更高。

思考练习题

1. 对创业环境进行分析的方法有哪些？并尝试描述。
2. 简述创业环境对创业的意义。
3. 试述创业的宏、微观环境。
4. 创业机会评价的目的是什么？
5. 如何提升识别机会能力？

第四章 创业商业模式

第一节 商业模式识别

一、商业模式的概述

1957 年，商业模式一词第一次出现在论文正文中（Bellman，1957）；商业模式作为论文的题目则最早出现于 1960 年（G. M. Jones，1960）；20 世纪 70 年代中期，商业模式作为一个专用术语出现在管理领域的文献中；80 年代，商业模式的概念开始出现在反映 IT 行业动态的文献中；直到互联网在 90 年代中期形成并成为企业的电子商务平台之后，商业模式才作为企业界的时髦术语开始流行并逐步引起理论界的关注。在当今很多行业陷入技术同质化竞争的时代，商业模式的创新开始超越产品创新和技术创新而成为人们关注的焦点。

在现有的研究中，国内外诸多学者都从各自的视角对商业模式下了定义。其中具有代表性的定义有：

保罗·迪姆尔斯（Paul Timmers，1998）认为，商业模式可以看作由产品流、服务流和信息流构成的一个系统流程。这是关于商业模式最早的定义之一。

米歇尔和科尔斯（Mitchell & Coles，2004）对商业模式的定义是：一个组织在何时（when）、何地（where）、为何（why）、如何（how）和多大程度（how much）地为谁（who）提供什么样（what）的产品和服务（即 7W），并开发资源以持续这种努力的组合。

哈佛商学院的教学参考资料中将商业模式定义为：企业盈利所需采用的核心业务决策与平衡（Hamermesh, Marshall & Pirmohamed, 2002）。例如，谷歌采取让普通用户免费使用其搜索引擎，而通过定向广告从企业客户那里获得收益创业模式。

清华大学雷家骕教授概括出商业模式的定义是：一个企业如何利用自身资源，在一个特定的包含物流、信息流和资金流的商业流程中，将最终的商品和服务提供给客户，并收回投资、获取利润的解决方案。

从目前的研究来看，学术界对商业模式的概念还没有达成统一。为了更好地理解和把握商业模式，一些学者对纷繁的商业模式定义进行了分类。迈克尔·莫里斯等（2003）通过对30多个商业模式定义的关键词进行分析，指出商业模式定义可分为三类，即经济类、运营类、战略类。

经济类定义将商业模式看作企业的经济模式，是指"如何赚钱"的利润产生逻辑，相关变量包括收入来源、定价方法、成本结构、最优产量和利润等。

运营类定义把商业模式描述为企业的运营结构，重点在于说明企业通过何种内部流程和基本构造设计来创造价值。与此相关的变量包括产品/服务的交付方式、管理流程、资源流、知识管理和后勤流等。

战略类定义把商业模式描述为对不同企业战略方向的总体考察，涉及市场主张、组织行为、增长机会、竞争优势和可持续性等。与此相关的变量包括利益相关者识别、价值创造、差异化、愿景、价值、网络和联盟等。

国内学者原磊（2007）在莫里斯的基础上，结合商业模式定义近几年来的新发展，提出了第四类商业模式的概念，即整合类。整合类定义把商业模式说成是对企业商业系统如何很好运行的本质描述，是对企业经济模式、运营结构和战略方向的整合和提升。采取整合类定义的研究者认为，一种成功的商业模式必须是独一无二和无法模仿的。商业模式不应当仅仅是企业经济模式、运营结构的简单描述，也不应该是企业不同战略的简单加总，而是要超越这些孤立和片面的描述，从整体上和经济逻辑、运营结构与战略方向三者之间的协同关系上说明企业商业系统运行的本质。

从前面的论述可以看出，商业模式涵盖了企业从资源获取、生产组织、产品营销、售后服务到研究开发、合作伙伴、客户关系、收入方式等几乎一切活动。通过对以上观点的整合，本书对商业模式做出相应的定义。

二、商业模式的特征

由于不同行业的差异，宏观和微观经济环境的共同影响，没有一个单一的商业模式能够保证，各种条件下都能产生优异的财务回报。尽管如此，我们仍需要对商业模式的内在属性进行解构，提炼商业模式的属性框架，唯有如此，才能够便利于现实商业模式的分析以及创新商业模式的构建。

戴尔的成功案例被许多研究人士所熟悉，通常在例举商业模式例子时，都会拿出戴尔的直销模式作为商业模式的典型范例。然而，应该认识到，直销模式只不过是商业模式的一种表象。虽然直销模式确实为戴尔电脑的成功带来了重要的推动作用，这一模式还不能与商业模型画上直接的等号——要找到一种创新的销售模式太容易了，只要你有足够的想象力，关键是，为什么这一直销模式是可行的？唯有其背后的支持因素和这种直销模式整合在一起，这才是我们所要讨论的商业模式。

在戴尔直销模式的背后，一些重要的支持因素包括：戴尔对客户需求的关注，戴尔坚信客户的需求是企业所要首先关注的，因此，戴尔力图做顾客的顾问，帮助顾客做正确的决策，让企业真正为顾客创造更大的价值。同时，戴尔注重客户反馈，基于顾客意见并进行灵活的调整。据称，戴尔内部还成立了专人客户负责制，为所有戴尔用户设立客户档案，他们可以随时随地联系到专门的戴尔的客户代表，能根据客户的不同情况，制定出最适合的IT解决方案。除了在客户关系处理上外，在企业运作方面，戴尔一直实行精细化管理。低成本一直是戴尔模式的核心，但价格的竞争力并不等于要做赔本买卖，这就要求公司管理阶层在压缩开支方面做到极致。同时，直销模式能够成功还跟戴尔的供应链管理方式密不可分，戴尔在渠道建设、原材料供应方面也做得非常成功，戴尔和供应商的合作非常密切，通过为他们提供长期产量预测以便进行制造预测将整个系统中的库存量保持在最低。零库存、快速制造模式缩短了供求距离，没有库存风险和成本，因此戴尔的产品价格很具备吸引力。

这一系列系统的企业运营过程才构成了戴尔的商业模式。

因此，从戴尔的商业模式中，我们可以看到，成功的商业模式应具备以下三个条件：

1. 全面性。

商业模式是对企业整体经营模式的归纳总结。在企业经营的基础层面，创业者需要制订必要的方案来引导基层员工的操作。在企业层面，创业者必须关注企业的整体发展目标和发展方案。在各个不同的管理职能分类上，创业者也必须设计可行的经营方案。因此商业模式的全面性反映了创业者是否对创业发展中所遇到的各类问题进行了全面的思考，准备了相应的应对之策。缺乏全面性的商业模式很可能在某一方面相当诱人，但是由于创业者忽略了支持其内在盈利性的某些要素，这种诱人的商业模式可能根本无法实现。

当然，全面性并不意味着商业模式需要涵盖所有经营管理中琐碎的事务。商业模式需要提炼归纳，提取更为重要的要素，这样对企业的整体发展才具备更强的指导意义。

2. 独特性。

成功的商业模式要能提供独特价值。创业者通过确立自己的独特性，来保证市场占有率。这一独特价值表现在创业者能够向客户提供的额外价值，或者使客户能用更低的价格获得的同等价值，或者是用同样的价格获得更多的价值。例如，如家酒店连锁公司通过全力开拓其独创的经济型连锁酒店，以低价、舒适、干净为特色，吸引了大批中小商务人群和休闲游客，常年入住率保持在90%以上。这一独特的商业模式与传统意义上的酒店经营模式迥然不同。

商业模式独特价值的根本来源是创业者所拥有的独特资源以及基于资源独特性所构建的发展战略，这一战略包括未来可行的公司层面发展战略，同时也包括市场经营层面的竞争战略，如独特的营销方案及分销渠道。

3. 难以模仿性。

成功的商业模式必须是难以模仿的。一个易于被他人模仿的商业模式，即使其再独特、再全面，也难以维系。迅速跟进的追随者很快就会使企业的盈利能力大大下降。因此，难以模仿的商业模式首先意味着企业的经营模式是可持续的。创业者至少可以通过有效的手段在一定时间内维持企业的成长速度，而不用太早陷入行业竞争的旋涡中。

难以模仿的要旨首先在于企业的商业模式要充分发挥先行者的优势，让后进入者的获利可能降至最低，这样追随者对模仿现有的商业模式的兴趣就不会很大。同时，为了实现难以模仿的商业模式，创业者也需要注重细节。只有执行到位，注重每一个细节，这一特定的商业模式才是竞争对手难以模仿的。当然，如果有可能，创业者也需要及时抓住知识产权保护这个有力武器来防止他人的模仿。

全面性、独特性、难以模仿性，这三个基本属性构成了商业模式的基本属性特征。对于成功的商业模式来说，这三个属性之间的关系类似于通常意义上的"木桶"效益，任何一个层面存在短板都会对商业模式造成重大伤害。因此，创业者在准备创业时，尤其需要警惕那些在其他层面特别突出，但是在某一个层面存在缺憾的商业模式（见图 4.1）。

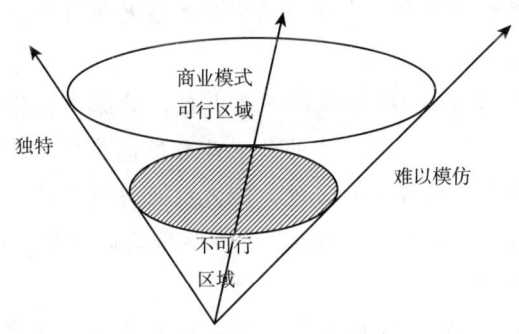

图 4.1　商业模式的属性特征

手机电影似乎离我们还很远，但作为中博传媒的董事长，陈伟明说他做的手机电影生意已经赚钱了，如"唐诗三百首、每日一诗"手机电影短片已经卖到了韩国，很受当地市场的欢迎。在陈伟明的新媒体构成网络中，手机平台、网吧院线和互联网是三条主要获利渠道。陈伟明说："我们经营的不仅仅是一次性手机电影产品，而是所有与手机电影相关的音乐、影像、图片、台词、故事情节，甚至是由此而开发出的手机彩铃、彩信，等等，最大限度地延长手机电影的产品链。"

显然，手机电影具有网络和手机的双重优势。陈伟明认为，手机电影的娱乐性可以保证被收看，而且不会被屏蔽，成本也较低廉；此外，其广告形式也非常多样化，有插播形式、嵌入式广告，也可以提供灵活的广告策略（如播放时间、次数、时段等）。据了解，自 2006 年来，世界各大知名品牌如可口可乐、麦当劳等都不同程度地把资金转入新媒体上来，看中的正是可以较少的钱达到最有效的效果。

"我们已与中国网吧院线达成协议，在其所有的终端电脑页面上开设手机电影专区，只要网络用户一打开电脑，他就可以看到醒目的电影短片链接提示。我们希望通过提供互动性强的电影短片，增加网吧院线在内容方面的吸引力。"陈伟明说，网民进网吧都是为了消遣，一个富有张力的三五分钟短片更能激发网民的观看兴趣。

对于互联网，陈伟明认为是最能体现电影短片互动性的平台。"在门户网站上，我们与其播客宽频等频道合作，让播客们全程参与电影的制作过程，从最初的创作理念的提出,一直到最后电影剧本的成型。根据他们提出的各种意见,整理出能迎合市场的东西,这也是一种新的业务增长点。"陈伟明同时也承认:虽然新媒体电影在互联网中的发展势不可当,但其前景依然取决于内容制作的精良程度。

然而,由于技术(如3G标准迟迟未出台)等原因,陈伟明在国内的手机电影梦尚处于前期运作阶段。他的计划是与国内手机厂商合作,通过捆绑内容来帮助手机企业黏住客户;另外,除可以获得内容付费外,他还可以从此类手机的销量当中得到一部分收入。在与运营商的合作方面,与目前的SP的获利模式大致类似。

据了解,制作手机电影的成本很低。大致来讲,演员报酬占30%～40%,设备费用占30%,而制作时间所产生的费用占30%～40%。但制作电影毕竟是很专业的东西,不能扰乱市场,否则也会遭遇失败。陈伟明建议相关进入者:想好了发展方向再去投资,如主攻娱乐,在短期内可能见效会快些。

资料来源:韩石生. 新媒体电影:小块头多头进账. 中国经营报,2007.6.1.

三、商业模式的类型

作为企业获取利润的重要方式,商业模式的类型相当多。从目前的研究情况来看,对商业模式的分类方法大致有三种:第一种,分析代表性企业的商业模式并进行归纳,总结出具有企业特色的商业模式类型,如戴尔直销模式、亚马逊模式、eBay拍卖模式等;第二种,进行大样本企业调查,归纳总结出不同的商业模式;第三种,通过逻辑推理构建商业模式框架,再根据框架要素差异区分类别。多数学者倾向于运用理论推演和实例相结合的方法,遵循提出框架、确定要素、寻找案例支持的路径。

目前,对商业模式的分类仍然以要素差异为基础。以下介绍几种主要的类型。

1. 产品盈利模式。

产品盈利模式指企业一直保持生产高端产品、前卫产品、行业导向产品,以率先进入市场,企业所有经营要素均是围绕产品差异化来进行培育和配置的,以标杆产品较大的附加价值获取最大利润。

产品盈利模式的典型代表是索尼公司。面对巨大的台式收音机市场,先开发微型收音机，再开发磁带录音机、随身听。当市场上普及收录机后，索尼开发出高保真收录机。在电视机市场，最早研发晶体管电视机、系列电视机，最早生产等离子技术系列电视机、背投技巧系列电视机、数字式电视机。索尼电视机实行"标杆产品盈利模式"从不打价格战，但其利润却远远高于中国本土彩电品牌的利润。

2. 规模盈利模式。

规模盈利模式是指在创业或者企业的发展过程中，把扩大市场空间或者经营范围作为对抗竞争，获取利润的基本保障的经营思路。

沃尔玛商业模式最核心的特征是面向大型零售店忽视的乡间小镇，以连锁折扣店模式起家（1962年美国阿肯色州罗杰斯店），不断扩大规模以获取利润。沃尔玛在创业之初，当时的几家大零售商将大城市定为目标市场，它们认为小城镇的零售市场没有开发价值。但沃尔玛独具慧眼，认为这恰恰是零售业市场的空隙所在，是以连锁方式进入零售业市场的最佳起点。沃尔玛及时抓住了这个被大零售商遗忘的细分市场，率先进军小城镇，面向广大中低收入阶层。站稳脚跟后，再逐渐向全国乃至海外推进，最终以星火燎原之势席卷了世界市场。截至2009年5月，沃尔玛在全球14个国家开设了7900家商场或会员店，员工总数达到210万人。

3. 服务盈利模式。

服务盈利模式是指通过提供顾客所需要的服务，或在产品中增加或创新服务的方式来为产品增值，从而更有效地满足顾客利益的一种盈利模式。这种模式在零售行业中应用较为广泛。零售行业本身不能为顾客提供产品的质量等物质价值，但是能够决定产品到达消费者手中的方式和途径。服务的水平、形式、内容往往能够为产品增加价值，在盈利要素的占比中服务是实实在在的。

1914年8月12日，IBM推出了世界上第一台个人电脑——IBM5150。这个被奉为现代PC鼻祖的米色的"大盒子"，不仅颠覆了业界，也让整个世界为之焕然一新。1982年，它甚至被美国《时代》周刊评为年度封面"人物"。时隔二十几年，在IBM PC卖出2.3亿台之后，2005年4月，IBM将其PC业务出售给了中国的企业——联想，开始了IBM的战略转型：专攻服务业。据了解，自1995年以来，硬件巨头IBM已收购56家软件公司，它通过不断并购和发展已经成为仅次于微软的全球第二大软件公司。"全球服务"（global services）已经十分稳固地成为IBM的核心业务。根据2006年第1季度 IBM 公布的财报：总营业收入为 206.59 亿美元，服务业务取得的收入为 115.67 亿美元，占 55.99%。IBM 在中国区的企业咨询服务、软硬件售后服务和托管服务（ASP）的收入占比也相当高，约占 62%。

4. 其他类型。

商业模式类型很多，关键在于企业经营者设计的模式是否适合本企业的内外部环境，而且一个企业既可以采用多种商业模式，也可以取多种商业模式之长综合而成。

例如，耐克和金利来依靠自己的设计能力和营销能力获取财富，它们自己根本不从事生产，全部依赖外包，它们的商业模式明显区别于其他的传统竞争对手；大型的仓储超市依赖于它强大的采购带来的低成本（厂商返点是主要利润之一）和大量的现金头寸获利；汽车生产配件分包的出现改变了汽车生产厂商的商业模式，大型汽车生产商的利润不再来源于自身生产的成本控制，而是批量采购的低价格和品牌。

第二节 商业模式影响因素

每一个企业都有成功的梦想，每一个成功的企业都有成功的模式，因此任何一个新办的企业或处于困境中的企业都应该找到属于自己的、唯一的成功的商业模式，而不是简单的复制。在选择商业模式时要考虑以下主要影响因素。

1. 注重企业经济要素中的智力资本。

企业不仅是卖产品的组织，更是卖智慧的组织。企业必须告别旧的生产要素，而发展新的生产要素，尤其是智力资本，而智力资本中人力资本特别重要。因此，企业必须注重人力资源的开发和培育。微软公司就十分注重人才引进，微软招聘的是"盖茨团队"，一般只录用应征者中的 2%~3%，只挑选最优秀的人加盟，并且给他们提供相应的工作和机会，让他们充分发挥聪明才智。微软还有一套让人才脱颖而出和适应人才成长的组织机制，他们的唯一目标就是促进技术的发展和提高产品创新能力，把产品推向市场并受到消费者欢迎。

2. 重视知识的信息化和价值化。

在信息时代，商业模式必须十分注重知识的信息化和价值化，否则，商业模式会因为知识的封闭、贬值而过时。知识的信息化是指通过科技将知识分门别类、组织归档，成为共享信息；知识的价值化是指通过信息技术构建知识交流、利用的管理机制。知识经济下的管理目的就是如何通过科技产生智力资本，因此对企业而言，其竞争力重点在于知识如何为企业创造经济价值，其交流模式是动态实时的交流与沟通。知识的信息化和价值化对企业降低成本并提供更多的顾客让渡价值非常重要。沃尔玛倾巨资建立起全球最大的私人卫星系统与3800家供货商联网，就是为了能使企业及时掌握销售情况、市场需求和供应商供货情况，实现快速反应，在不发生缺货的前提下实现零库存，加速资金周转，提高效率，最终降低交易成本，从而为顾客提供更大的价值。

3. 注重管理的沟通。

在新型的商业模式中，企业知识资本将跨部门共享，知识管理带来的开放平台和公共数据库信息流通，将打破工业时代以来的组织功能界限。为此美国苹果公司较早提出"集成经营"的概念，就是强调通过管理沟通整合聚变，突出协同与创新，不断聚合出新的市场竞争能力，以主动适应知识经济与科技日新月异的发展要求，获得新的企业发展机会。史蒂文·乔布斯为苹果公司制定的转向战略，就一再强调建立"苹果生态联盟系统"，提出要向生态链那样集成企业产销群体，充分发挥销售商、供应商等协作者的积极性。

4. 降低企业成本。

商业模式重塑的目标就是要极大地降低交易成本。具体可以采用以下方法：

（1）以战略联盟的方式降低成本。联盟成员之间相互合作，联合研究开发新产品、联合采购销售、联合推销新产品、联合售后服务等。联盟方式可以采取合资、相互持股、特许连锁经营等方式。联盟的建立可以集中各成员的优势，发挥巨大的规模效应，降低研究开发、推广商品、开拓市场、销售与服务等的成本，提高企业的抗风险能力。如惠普与康柏并购就是为了降低运营成本。目前，很多企业都在借助不同时区的合作伙伴，实行24小时生产运作，寻找最佳资金来源地、最具成本效益的生产地和最能赚取利润的销售地。

（2）研究比竞争对手更好的控制支出方法，使企业永远保持竞争优势。例如，沃尔玛一直以来在"最低的支出对销售比"方面排名第一，它一直遵循三个定价原则：每天低价，降低费用，特价。

（3）注重价值链的成本分析，运用价值链来降低成本。价值链是一个公司的全部运作过程，价值链上各项活动之间都有密切联系，因此，从供应商的选择到产品的设计、生产流程的确定、产品的生产销售，都要加以重视，切实地对成本进行实时监控和信息反馈。

第三节　商业模式选择

一、商业模式的选择要素

一个具有吸引力、成功的商业模式，通常需要具备某些能够创造价值与竞争优势的特点，而这些特点往往影响着创业企业的成功与否。

1. 商业模式的适用性。

用性也可以称为个性，是商业模式的首要前提。由于企业自身情况千差万别，市场环境变幻莫测，商业模式必须突出一个企业不同于其他企业的独特性。这种独特性表现在它怎样为自己的企业赢得顾客、吸引投资者和创造利润。严格地说，一个企业的商业模式应当仅仅适用于自己，而不可能为其他企业原封不动地照搬照抄。所谓商业模式，最终体现的是企业的制度和最终实现方式。从这个意义上说，模式没有好坏之分，只有是否适用的区别。适用的就是好的，适用较长久的就是最好的。

2. 商业模式的有效性。

有效性是商业模式的关键要素。在经济全球化、信息化的今天，无论哪个行业或企业，都不可能有一个万能的、单一的、特定的商业模式，用来保证自己在各种条件下均产生优异的财务结果。一个成功的商业模式不一定是在技术上的突破，也可能是对某一环节的改造，对资源进行有效的配置，并进行高效管理、风险控制和统筹规划的结果。因此，评价商业模式的好坏，最根本的一条在于它的有效性。根据埃森哲咨询公司对70家企业的商业模式所做的研究分析，有效性应当具有三个特点：

（1）它必须是能提供独特价值的。在一些时候，这个独特价值可能是新的思想；而更多的时候，它是产品和服务独特性的组合。这种组合要么可以向客户提供额外的价值，要么使客户能用更低的价格获得同样的利益，或者是用同样的价格获得更多的利益。

（2）它必须是难以模仿的。企业通过确立自己与众不同的商业模式，如对客户的悉心照顾、无与伦比的实力等，来提高行业的进入门槛，从而保证利润来源不受侵犯。

（3）它必须是脚踏实地的。脚踏实地就是实事求是，就是把商业模式建立在对客户行为的准确理解和把握上。

3. 商业模式的前瞻性。

前瞻性是商业模式的灵魂所在。商业模式是与企业的经营目标相联系的，一个好的商业模式要与企业长远的经营目标相结合。商业模式实际上就是企业为达到自己的经营目标而选择的运营机制。企业的运营机制反映了企业持续达到其主要目标的最本质的内在联系。企业以盈利为目的，它的运营机制必然突出确保其成功的独特能力和手段——吸引客户、雇员和投资者，在保证盈利的前提下向市场提供产品和服务。但是，仅仅如此是不够的，因为这只是商业模式的"现在式"，而商业模式的灵魂和活力则在于它的"将来式"，即前瞻性。也就是说，企业必须在动态的环境中保持自身商业模式的灵活反应、及时修正、不断进步和快速适应。一句话，就是具有长久的适应性和有效性，以达到持续盈利的目的。

二、商业模式的评价方法

商业模式评价是商业模式选择的一个重要环节，因为在众多的商业模式创意中挑选哪个更具潜力的商业模式并且在实施过程中根据实际情况进行不断调整，是企业成功进行战略调整的必要条件。

从目前文献资料看，商业模式评价的方法主要有两种：一种是事前评估法，具体是指在商业模式实施之前评估商业模式的潜力，预测商业模式实施以后可能会产生的绩效。这是一种静态评估的方法，更多的是对商业模式构成要素的横向评估。例如，哈默（2000）主张从财富潜力的角度对商业模式进行评估，他认为一个好的商业模式必须能够创造高于平均水平的利润，并且具体可以从效率、独特性、匹配性和盈利性四个方面来评价商业模式。

另一种方法是事后评估法，是指在企业实施了某种商业模式之后，对企业的实际经营绩效进行衡量，看企业的哪些方面发生了变化，以此来评估该商业模式的好坏。事后评估法是一种动态评估方法，主要是对商业模式实施的纵向评估。事前评估和事后评估从两个不同的视角对商业模式进行评估，两者并不矛盾，反而可以互相补充、综合评价。

思考练习题

1. 什么是商业模式？
2. 商业模式有哪些类型？
3. 哪些因素会影响商业模式的选择？
4. 如何对商业模式进行评价？
5. 简述商业模式的选择要素。

第五章 创业计划书撰写

第一节 创业计划的概念与作用

一、创业计划书的概念

创业计划书又称创业计划书,是创业者在新创企业成立之前,为了实现未来的创业目标而设定的详细介绍新创企业的一份书面计划。作为管理流程中的一项重要职能,计划是组织根据自身的能力和所处的环境,制定出组织在一定的时期内的奋斗目标,并通过计划的编制、执行、检查、协调和合理安排组织中各方面的经营和管理活动,优化配置组织的各种资源,取得合理的经济效益和社会效益的管理职能。计划的主要功能包括为企业指引方向和目标、帮助企业发现机会与威胁、经济合理地进行管理、提供控制标准,等等。

从字面上看,创业计划书(business plan)本身也是计划的一种。因此,计划的特定功能和作用,创业计划书也都拥有,但是,由于创业计划书的特定作用对象和出现阶段,创业计划书有其独特的功能,在撰写方面也需要注意其独特之处。

创业计划书的应用对象通常是尚未创立而准备创立的企业,或者刚刚创立不久的企业。从创业过程的整体视角来看,创业计划书的编写是一个承上启下的步骤,如图5.1所示,对一份典型的创业计划书来说,它是对新企业创业之前的所有准备工作的总结和整合,对于创业者来说,必须对于创业机会、创业团队、创业资源、商业模式等方面有综合性的认识之后,才可能有一份非常良好的创业计划书。另外,有效的创业计划书也可以作为下一阶段企业经营规划的有效指导,新创企业的成长管理活动,包括融资、战略、营销、人力资源等各个方面的管理措施,都可以在创业计划书的指导下进行。因此,创业计划书的撰写对于创业过程意义重大。

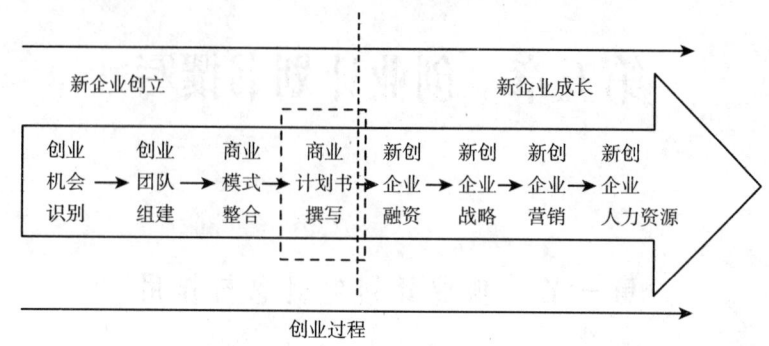

图 5.1　创业计划书的承上启下功能

除了适用对象的特殊性外,创业计划书较一般的计划更为全面。创业计划书可以说是一份全方位的计划书。企业的成长经历、产品服务、市场、营销、管理团队、股权结构、组织人事、财务、运营以及融资方案,都必须在创业计划书中反映出来。

因此,创业计划书的核心内容是创业机会的特征,同时,围绕着创业机会的识别和开发,这一系列活动的书面化体现也就是一份完整的创业计划书。因为创业机会同时也是商业模式的核心内容,所以创业计划书也可以看成是商业模式在书面上的体现。

二、创业计划书的作用

创业计划书是对企业进行宣传和包装的文件,它向投资者、银行、供应商以及内部员工等各利益相关者宣传新创企业及其经营模式。同时,又为新创企业未来的经营和发展提供必要的分析基础和衡量标准。因此,创业计划书对于创业成功具有十分重要的作用,具体表现在以下几点。

1. 明确创业目标。

创业者在创业之前,就应该明确自己的创业目标。而创业者将自己的创意以创业计划书的形式表现出来,有助于创业者冷静地分析和识别创业机会,明确自己的创业理想,规划自己创业蓝图,使创业者对自己的创业目标更加明晰。

2. 分析创业项目的可行性。

创业计划书不仅在技术方面和产业化的模式方面对创业项目进行翔实说明，而且在管理团队、经营战略、投资者回报方式和企业的产品、营销、生产、财务等各个方面对创业目标进行全民的可行性分析。

3. 获取创业资源。

具有吸引力的创业计划书可以帮助创业者获取风险投资商的投资；可以帮助创业者找到适合的合作伙伴；也可以帮助创业者网罗到高素质的人才，构建自己的核心创业团队。

4. 便于新创企业的经营管理。

由于创业计划书涉及企业经营管理的各个方面：创业资金的筹措、战略与目标、财务计划、生产与营销计划、风险评估等。因此，创业计划书迫使创业者周密安排创业活动，这有利于新创企业的经营管理。

第二节 创业计划的内容

一、创业计划书的结构

创业计划书是创业者对未来新创企业的详细描述和预测，一份完整的创业计划书具体包括：封面及目录、摘要、公司介绍、产品或服务、市场分析、竞争分析、管理团队、投资说明、研发计划、生产经营计划、市场营销计划、人力资源计划、财务分析、风险分析、退出策略、附录等。创业计划书的各构成部分及其逻辑关系如图5.2所示。

二、创业计划书的主要内容

（一）摘要

创业计划书的摘要是风险投资者阅读创业计划书首先要看到的内容。然而，摘要并非仅仅是创业计划书的前言部分，摘要是创业计划书的精华和核心内容所在。如果风险投资者在阅读摘要时没有看到闪光点，换言之，如果创业者没有在摘要部分立刻吸引住投资者的眼球，那么即使后续部分写得再动人，这份创业计划书通过的可能性也非常之小。因此，在摘要中，创业者

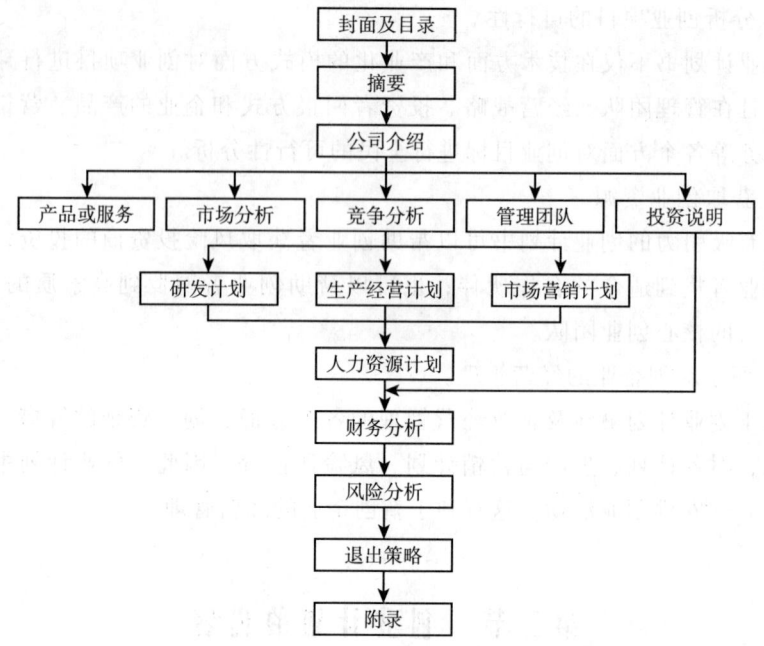

图 5.2　创业计划书的结构组成

应该能够使投资者,特别是风险投资家能马上理解企业的商业模式,快速掌握创业计划书的重点,然后做出是否愿意花时间继续读下去的决定。在摘要部分,应该重点向投资者传达以下几点信息:

(1) 创业项目的行业市场发展是蓬勃向上的。

(2) 创业项目的产品是具备独特价值的。

(3) 创业发展规划和商业模式有科学根据和充分准备。

(4) 目前的创业团队是坚强有力、协调良好的,完全可以为创业行动全力付出。

(5) 创业的成长规划和财务分析是客观实际的。

(6) 投资者的投资回报是客观而有吸引力的。

因为摘要是创业计划书的精华部分,在撰写创业计划书的摘要时,前面所提及的几个创业计划书的重要特征同样要在摘要部分得以体现。为了把摘要写得更出色,实际上很多创业者首先是完成对整个创业计划书的主体工作,从中提炼出整个计划书的精华所在,最后才动笔写创业计划书的摘要部分。这样,在动笔之前,创业者对整个创业计划书已经有更清晰准确的理解,摘要的重点将更为突出,逻辑也更为清晰。同时,应该注意的是,撰写摘要时一定要文笔生动，风格要开门见山，夺人眼目，这样可以立即抓住重点。从篇幅上看，摘要一般只需一两页即可，切忌烦琐冗长，行文含蓄晦涩，让人难以琢磨。

（二）企业简介

企业简介通常是创业计划书正文的第一个部分，在获取资源之前，创业者首先要进行自我介绍，让投资者认识自己。在很多情况下，创业者还没有建立起实际的企业，创业者也应当尽可能地对自己的创业设想和企业未来的发展规划做一番介绍。如果企业已经建立，那么在这一部分中，应当向投资者尽可能简明扼要而又全面地介绍企业的发展历史和经营现状，给予投资者尽可能多的关于新创企业及所在行业的基本特征。具体而言，可以从以下几个方面加以阐述。

(1) 企业概述，可以提供企业的地址、电话和联系人等信息。

(2) 企业所从事的主要业务介绍。

(3) 企业所属行业介绍。

(4) 企业发展历史与经营现状。

(5) 企业未来发展规划，指出关键的发展阶段以及主要的推动力。

(6) 企业组织结构设置。

(7) 企业的所有制性质，如果隶属于一个大型企业的子公司，则应该阐明它们之间的具体层级关系。

（三）市场分析

市场分析是创业计划书主体部分所出现的第一个重要成分，也是创业机会的核心特征之一。创业者应该懂得，风险投资者非常急于知道企业的市场状况和竞争势态。在对产品市场容量进行描述时，要避免将行业市场容量当成企业目标市场容量来描述。因为实际上，企业提供的产品只是在其中的某一个细分市场上销售。在市场分析部分，需要从以下三个层次分析。

1. 目标市场定位。

目标市场是企业所关注的真正终端市场。创业者应当细分目标市场，并且分析到底能够实现多少销售总量、销售收入、市场份额和销售利润。在撰写创业计划书时，创业者需要重新认真审视创业机会。如果创业者在创业机会识别阶段并未认真定位市场的话，在创业计划书的撰写过程中，这一工作则是不可避免的。创业者可以采用以下几种标准来细分：

（1）按地理区域、气候、人口分布、人口密度、城镇大小等环境特征细分。

（2）按消费者年龄、性别、职业、文化程度、民族、家庭状况、经济收入、宗教信仰等人文特征细分。

（3）按消费者的生活方式、购买频率、购买数量、商品知识、对营销方式的感应程度等购买心理特征细分。

（4）按消费者寻求的产品的特定效用细分消费者特征。

创业者可以同时选择几种标准来进行市场细分，选择其中的一个或几个作为目标市场，在这个过程中，要根据企业的目标、产品、优势与劣势、竞争者的战略等因素来分析目标市场的合理性。如果创业者已经掌握了一些订单或合作意向书，此时应当直接展示给创业计划书的阅读者，因为这些材料可以有力地证明，创业者的产品确实具有广阔的市场前景，并且已经找到了直接客户。需要注意的是，市场细分不是越细越好。企业的目标市场要保证其足够大，以使企业能够盈利。同时，目标市场不要太小，否则投资者会对产品的市场前景产生疑虑，因为一般来说，企业价值的增长往往只有在市场潜力同等巨大时才有可能实现。

2. 行业市场分析。

这是对企业将要进入的行业市场的分析，以便投资者能够估计企业的发展潜力。很明显，投资者不会因一个简单的估计数字就相信创业者的计划。因此，创业者需要对可能影响市场需求和购买行为的因素进行分析，使投资者能够判断企业市场成长性预期的合理性。创业者应当积极地利用现有的报纸、期刊、市场研究、行业分析报告，以及自己亲自调研的结果来说明市场发展状况。

相对于创业机会识别所强调的宏观层面和产业层面特征，在创业计划书的撰写中所需要强调的是产业层面的市场特征分析。创业者需要提供将要进入的行业市场全貌，讲述影响该行业发展的关键性因素，可以从以下几个方面分析：

（1）该行业发展程度和未来趋势是怎样的，处于行业生命周期的早期还是成熟期。

（2）该行业的总销售额以及利润率能达到怎样的规模，未来的发展趋势是怎样的。

（3）是什么因素决定着它的发展——国家的整体经济走向、政策导向、社会文化变迁，或者是技术发展等其他要素。

（4）企业在行业内部是否拥有良好的网络关系，包括与上下游企业、同行业经营者、客户群体、行业协会等。

（5）在这个市场上活动的所有经济主体的概况，包括竞争者、供应商、销售渠道和顾客等。

（6）进入该行业的障碍是什么，可能的跟随进入者多不多。

在市场层面分析时，一定要具备充分的数据资料作为基础，很多创业者在撰写这一部分时，往往附上实际调研调查问卷以及数据分析结果（通常附在创业计划书的最后面），以表明行业市场的分析是基于实际数据的理性分析，而非臆断。

3. 竞争对手描述。

竞争对手的分析是市场分析中的一个重要环节。投资者需要知道在未来的发展中，企业是否会遭遇强烈的竞争压力。因此，在很多创业计划书的模板中，往往把这一因素单独列出充分探讨。这一部分主要对创业者可能面临的竞争产品及竞争企业做出描述与分析。这一分析不能仅仅停留在表面上，应当尽可能地用相关的数据资料来说明，如这些竞争对手所占有的市场份额、年销售量以及他们的财务能力等。同时，在竞争对手描述部分还需要对创业者与竞争企业相比所具有的优劣势进行对比分析。如果企业所进入的是一个全新的行业市场，那么在这里也需要说明不存在竞争对手的原因。原因必须充分，不能是创业者的主观想法。如果在未来会产生新的竞争对手，也必须指明存在哪些可能的竞争者，它们大致会在什么时候进入，又会带来怎样的影响。竞争对手分析可以从以下几个方面展开：

（1）哪些企业是/可能成为提供类似产品的主要竞争者。

（2）竞争者的基本情况和竞争战略是怎样的。

（3）竞争者的财务状况和发展潜力如何。

（4）与竞争者相比，自身的优势和不足之处体现在什么方面。

（5）创业者将以怎样的态度来应对竞争，能在多大程度上承受竞争者所带来的压力。

为了充分掌握阐明潜在竞争者的优势和劣势，应当对最主要竞争者的相应销售水平、收入状况、市场份额、目标顾客群、分销渠道和其他相关特征等做出合理估计。与自身状况进行比较时，可以采用图表等形式来更直观地说明，要让投资者确信，企业的竞争战略是合理的，企业具有足够的竞争优势应付所面临的市场竞争。如果竞争者确实实力很强无法超越，也不应该避而不谈，有时候有兴趣的投资者往往能够帮助创业者解决一定的竞争压力。

（四）产品（服务）说明

在分析完企业的行业市场特征之后，需要集中讨论创业者所能提供的产品具有怎样的特点。投资者在评估创业项目时，不仅需要知道企业生产和出售什么产品或服务，还要对产品本身能否适应市场的要求作出评估，这些结果可以对投资者的投资决策产生关键影响。

关于产品特征的描述，应该在两个方面重点考虑，一方面是产品的独特性，即与竞争对象进行比较，这一产品能够提供哪些额外的价值。正是由于独特性的存在，客户才会愿意购买创业者所提供的产品，资源提供者才可能对创业者及其团队感兴趣，如果创业者所提供的产品与其他企业并无两样，甚至是对现成企业的模仿，这将会大大降低创业项目的吸引力。另一方面则是产品的创新性，如果产品具备很强的技术创新性能，并且难以被竞争者所模仿，那么创业者的产品优势就是可持续的，这一产品就具备较强的吸引力。如果创业者或者核心技术研发人员拥有产品技术专利，也应当予以展示，那么可以充分证明创业者的产品能够有效防止他人的盗用和模仿。具体而言，对于产品特征的描述可以从以下几个方面进行：

（1）产品的基本信息，包括名称、品牌、特征及性能用途等。
（2）市场上是否已经有或即将有同类产品。
（3）与同类产品相比，产品独特性在哪些方面。
（4）产品的价位如何，这一价位是否合理。
（5）产品的市场前景和竞争力如何。
（6）让顾客购买产品的关键性因素。
（7）产品的技术含量如何。
（8）产品是否拥有知识产权保护措施。

在产品说明部分，应当尽可能地详细说明产品的特征。如果产品本身还存在不完善之处，也应当给予必要的说明，并且指出下一步可能的改进方向，使投资者看到创业者在产品开发方面的努力，那么即使产品不尽完善，投资者一般也会和创业者一起寻找解决方案。如果企业有好几种产品或服务，那么最好分成几个独立的部分进行描述。对每一个产品进行必要的介绍，同时针对主要产品进行更为深入和详细的分析。

（五）创业团队/管理团队

在投资者考察商业计划和新创企业时，"人"是非常重要的一个因素。从某种意义上讲，创业活动能否成功，最终取决于该企业是否拥有一个强有力的核心领导者以及分工良好的管理团队。因此，投资者在阅读创业计划书时特别注重管理团队的考核评估。在一些创业计划书的模板中，管理团队的相关信息往往被直接放在了摘要部分的后面。这样方便于投资者能够很快看到管理团队的信息，增强投资的倾向。这一部分的内容主要包括两个方面。

1. 管理层展示。

这部分主要是对本企业董事会成员及业务经营的关键人物进行介绍。对小企业而言，一般介绍3名左右核心人物即可，对稍大的企业来说，最多也不要超过6位，因为风险投资人寻找的是关键人物。在讨论管理层时，一定要突出那些对未来的事业发展具有特别意义的内容。经验和过去的成功比学位更有说服力，因此，如果有必要，也可以介绍团队成员的详细经历和个人背景。如果创业者拥有财务、公共关系、管理机构和其他方面的顾问，这些人物的展示也应当纳入这一部分介绍中，因为，拥有良好的外部顾问，也可以从一个侧面说明创业团队的成长能力和未来盈利可能。管理层展示的内容可以分为以下几个方面：

(1) 管理团队成员基本信息（年龄、性别、籍贯等）。
(2) 管理团队成员的工作经历。
(3) 管理团队成员的行业经验。
(4) 管理团队成员的教育背景。
(5) 管理团队成员在产品设计与开发、财务管理、市场营销等方面的经历。
(6) 管理团队成员的职业道德、能力与素质。
(7) 关键雇员介绍。
(8) 咨询顾问、会计师、律师、金融专家及其他人士。

2. 团队分工和支持系统。

在这一部分应该向投资者解释清楚，在企业内部的职责是如何划分的，创业者如何把前面所介绍的团队成员配置到每一个适宜的岗位上，而且，随着未来企业的发展，是否需要调整和改进。创业者可以将企业的管理机构，包括股东情况、董事情况、各部门的构成情况等用一览表的形式或者其他明晰的形式展示出来。同时，创业者应该展示这些管理团队成员是如何激励的，可以在计划书中罗列出他们的薪酬构成，这样可以使投资者更相信管理团队能够以充分的热情来实现预定的创业目标。这部分内容可以从以下几个方面介绍：

（1）企业的主要股东介绍，可以列出股东名称、直接或间接持股比例，以及相应的控制权限。

（2）管理团队是怎样分工的，其依据是什么。

（3）具体项目的负责人（如果存在一个特别重要的项目）。

（4）在一些特别经营区域内是否加强管理队伍。

（5）团队成员薪酬制度（用数据说明）。

（6）企业决策机制和冲突管理机制。

对管理团队成员的介绍既不能夸张，也不要过于谦虚，要实事求是地对其以往业绩作出描述，可以采用图表等方式对团队成员的情况进行对比分析。同时，在展示创业团队时，最关键之处是要强调其互补性，教育背景或者工作经历太单一都不利于吸引风险投资。

（六）营销计划

营销计划回答的是创业者如何实现市场上的销售。任何一个投资者都十分关心企业在推出产品时的营销策略，因为市场营销极富挑战性，它设计的好坏可以充分展示创业者的创业能力。营销计划是系统性的经营计划，包括产品从生产现场到达最终用户手中的全过程。一个完善有效而又符合企业实际情况的营销计划可以大大增强投资者的投资决心。因此，创业者必须认真对待这一部分的撰写，必要时可以寻求市场营销专家和管理咨询顾问的帮助。在创业计划书中，应该说明以下几个方面的问题。

1. 营销规划。

这部分阐述创业者对于营销活动的整体规划，以及创业者为了实施这一营销活动的准备工作和相应的支持配套工作。创业者需要结合前面部分所论述的行业市场分析和产品说明来阐述企业的营销规划，可以从以下几个方面展开论述：

（1）企业的总体营销计划设置。
（2）营销机构和营销人员配置。
（3）市场渗透与开拓计划设置。
（4）一般的销售程序介绍。
（5）预期的销量和发生时间。
（6）市场营销中意外情况的应急对策。

2. 分销渠道设置。

分销渠道是企业的产品能够到达消费者手中的有效渠道。从这一部分开始，创业者需要深入营销规划的细节，从各个不同层面对营销战略进行综合讨论。

不论创业者将要开发的是哪一类产品，都必须意识到销售渠道的重要性。为了有效进行市场推广工作，创业者不论是准备自建销售渠道，还是与现有的一些经销商或代理商合作，这些都必须在创业计划书中得以体现。在很多情况下，虽然创业者的产品非常有吸引力，但是由于销售渠道混乱，导致了产品在推广、销售、售后等环节中表现得非常糟糕，这些都会在很大程度上造成企业不良的市场声誉，这对于初生的企业是致命的。因此，投资者阅读创业计划书时，往往期望创业者能够提供明确的销售渠道建设说明。分销渠道介绍可以从以下几个方面论述：

（1）预期的销售渠道构成以及实现方案。
（2）销售队伍配置以及管理方法。
（3）销售渠道建设中可能遇到的问题以及解决方案。
（4）销售渠道发展方向和各阶段目标。

3. 产品展示和广告。

在营销计划部分，还需要向投资者展示创业者如何将产品投放市场，在一些情况下，这一部分工作可以由经销商或者代理商进行。但是，在很多情况下，作为刚刚创立的企业，在市场上毫无知名度，企业要想卖出产品，只能依靠自身的努力，进行适当的产品展示或者通过广告等促销手段来实现。一些对于创业活动较有效的促销手段包括免费赠送、提供折扣、礼品捆绑、有奖销售等方面，创业者需要论述可能采取的促销方案，以及这些促销方案能够生效的依据。这部分内容可以从以下几个方面论述：

（1）企业将如何使企业的目标顾客群知道企业将要推出的产品。
（2）企业将采用哪种类型的广告攻势。

(3) 企业是否参加行业会展，还是独力开设产品展会。

(4) 企业用于营业推广的费用支出是多少，这些费用是否对企业造成了巨大的资金压力。

(5) 企业在推广产品上将采用怎样的措施（应当具体而明确）。

(6) 企业预期的产品推广效果是怎样的，如果效果不佳是否存在应对之策。

4. 产品定价策略。

价格也是营销计划的重要组成部分。创业者需要说明产品的价位以及定价依据。通常的定价方法包括成本定价法、市场定价法、心理定价法等。作为新进入市场的创业者，需要综合考虑市场竞争的强度、创业者的竞争实力、产品的新颖程度，以及消费者的价格敏感程度等各方面的因素来制定价格。不论怎样，价格的高低与企业的盈利状况直接相关。创业者应当把主要的篇幅放在价格的制定依据方面，让投资者方面相信价格的制定是充分合理的，因而企业的盈利预期也是充分符合理性思维的。如果企业的产品种类较多，就必须分别予以说明，绝不可贪图简单而省去必要的说明。定价部分可以从以下几个方面讨论：

(1) 产品的价格大致是多少。

(2) 制定价格的依据是什么。

(3) 与同类或者功能相似的产品相比，价格是偏高还是偏低，这种差距的依据是什么。

(4) 消费者是否对价格敏感，如果价格发生变动，将会在大多程度上影响销量。

(5) 产品价格未来的变动趋势是怎样的，为什么。

在营销计划部分，创业者需要说明创业团队将如何具体地实施前面提及的各个营销战略。为了更为直观，也更容易吸引投资者的注意力，可以通过图表或数据的形式向投资者直接展示营销计划，让投资者确信创业者已经就销售目标的实现进行了周密细致的准备工作。

（七）生产经营计划

生产经营计划也是创业计划书中的一个重要组成部分。在这一部分，创业者应尽可能地把新产品的生产制造及经营过程展示给投资者。例如，生产产品的原料如何采购、供应商的有关情况、雇员配置、生产资金的使用、相应的厂房、土地的规划安排等，这些生产流程的设置反映了创业者对于企业生产的规划程度。对尚未创立的企业来说，对于生产经营计划部分的设想充分反映了创业者的创业准备是否充足。生产经营计划的另一个重要作用是用于分析企业的生产经营成本，这些成本状况构成了企业未来的财务计划的基础。通过生产经营计划部分，投资者能够了解到企业未来的生产投入成本规模，相对于企业的市场成长状况和产品受欢迎程度，这种投入是否过大，是否需要进行必要的压缩等问题。在生产经营计划部分，创业者可以从以下几个方面进行论述：

（1）厂房和生产设施配置。
（2）基础设施（水、电供应、通信、道路等）需求。
（3）现有的生产设备以及将要购置的生产设备。
（4）原材料需求和供应。
（5）生产工艺流程介绍，是否具备一定的成熟度。
（6）生产过程中的关键环节介绍。
（7）新产品的生产经营计划。
（8）未来可能的生产能力调整（压缩或者扩张）。
（9）生产经营的成本分析。
（10）品质控制和质量改进能力。
（11）生产过程需要什么样的人力资源（基层员工和管理人员）。

事实上，很多投资者希望从生产经营计划中了解企业是否需要某些大投入的固定资产或者其他生产设备。如果企业的生产需要这些大规模的固定资产投入，投资者在投资时就需要更为谨慎一些。如果设备的专用性太强，那么以后万一需要出售时会比较困难，其抵押价值就比较低。同时，与特殊的固定资产投资相伴随的往往是人力资源配置问题，如果企业需要一些特殊的设备，就可能需要招募一些具备特殊技能的人，那么对这些特殊雇员的招聘和管理都较之一般的雇员也更为困难，这些对于创业者来说都是挑战。

（八）研究与开发计划

对于高科技企业来说，这部分的介绍非常重要。研究与开发计划反映了企业在应对未来的技术发展趋势以及技术方面可能存在的竞争态度。即使创业者的产品一开始具备很强的技术领先优势，如果创业者不能持续地投入资金用于研发工作，在日益激烈的竞争环境中，创业者拥有的技术优势很容易被其他企业所赶超。因此，在这一部分，创业者需要介绍企业投入研究开发的力度，同时必须指出这些研究开发投入所要实现的目标，通过这些内容来表明企业在研发方面的主张。当然，在分析企业的研发计划的同时，应当强调其市场应用的优势。也就是说，企业所投入大笔资金研发的应当是一个需求具备很强客户认可程度的产品和技术。如果没有强调这一点，研发计划部分的撰写就很容易被等同于一个科研机构的研发计划书。显然，对于投资者来说，后者对于他们没有很多的吸引力。在这一部分，创业者可以从以下几个方面论述：

（1）未来的技术发展趋势。
（2）公司的技术研发力量。
（3）已用于研发的费用总额。
（4）研发的计划发展方向和目标。
（5）研发计划与企业的整体规划的结合程度。
（6）研发的具体任务设置。
（7）研发新产品的成本预算及时间进度。

创业者应该在仔细评估自己实力的基础上，对研发计划给出详细的说明，不可为了显示其研发的决心和态度，盲目拔高企业的研发实力，要知道，投资者特别是风险投资者，往往对这一领域的技术非常熟悉，不切实际的鼓吹只会带来更多的负面效果。

（九）财务分析与融资需求

财务分析部分是一个需要花费相当多时间和精力来编写的部分。投资者将会期望从财务分析部分判断企业未来经营的财务损益状况，进而从中判断自己的投资能否获得预期的理想回报。创业者需要根据创业计划书之前部分的分析，得到未来的财务状况分析。也就是说，每一部分的数据，都应当是根据之前的分析所能够推导出来的。因此，财务分析也是创业计划书中所有分析和论述的最终着力点。这一部分的论述可以从以下三个方面进行。

1. 历史财务数据。

这里主要针对的是已经成立的企业的历史经营状况。如果企业尚未成立，那么这一部分可以省略。企业过去的经营成果对投资者有主要的参考价值，如果企业过去经营良好，则这一企业显然能够获得投资者更多的信任。如果企业过去的财务报表并不乐观，则投资者对于企业的审查就会更谨慎。创业者应当提供在过去的三年中企业的经营财务情况，也就是企业近三年来的现金流量表、资产负债表和损益表以及必要的财务指标。如果企业的历史财务数据确实反映不佳，则创业者应当找出其原因，力图让投资者相信在未来，随着企业的进一步发展，这些不利因素会得到改善。在历史财务数据分析部分主要需要提供以下方面内容：

（1）三年以来的资产负债表。

（2）三年以来的损益表。

（3）三年以来的现金流量表。

（4）常用的财务表现及相关分析。

（5）财务状况分析，特别是针对不良的财务表现需要指出其原因和解决方法。

2. 未来的财务规划。

这是财务分析部分的重点。创业者需要根据之前的营销计划、生产经营计划、研发计划，预测企业下一步经营中的成本和收益。前面所分析的每一部分内容都应当在财务规划中得以体现，并且最终形成规范的财务报表供投资者参考。在财务预测中，需要注意的是，预测方法必须科学合理，要将预测依据、预测方法、预测结果一并展示，这样才能增加财务预测的可信度。当然，在财务预测中，为了得到分析结果，需要用到很多前提假设，创业者应当在这方面加强论述，确保投资者相信这些假设是合理的。在财务规划部分，可以从以下方面论述：

（1）未来三到五年内企业运营所需费用。

（2）预计吸收的投资数额。

（3）未来三到五年的运营收入状况。

（4）未来三到五年的财务状况预测（财务报表展示）。

在财务规划时不要过分乐观或过分保守。清晰、精确、逻辑分明和论据充分的财务预测是赢得投资的最重要的因素。管理团队中应当有一位熟悉财务领域的专家，这样，在财务规划的同时，能够以更专业的眼光来完成财务规划过程。为了体现规划的细致性，在收入预测方面，如果有必要的话，应当对开始的一两年内每个月的收入和支出情况进行预测。基于预测结果，提供最初一到两年内每个季度的财务报表分析。当企业的发展逐步稳定下来之后，则需要提供年度的财务报表即可。

3. 融资相关问题。

这一方面主要是在前面提及的融资需求的进一步补充。如果是第一次向投资者提交创业计划书，创业者需要提议几种可能的融资方式，从普通股、优先股和可转换债券等几种融资工具中向投资者提议一种。如果投资者已经对创业者具备较浓厚的兴趣，并且在融资方式上也已经有初步的意向，创业者在此处则只需要突出强调所可能的融资方式。无论如何，创业者需要对融资方式的细节问题予以说明，特别是投资者可能的投入和收益，以免在一些投资者关注的地方失之模糊。通常，创业者需要从以下几个方面论述：

（1）融资方式选择。

（2）融资抵押和担保情况。

（3）融资条件（是否拥有特别的条款）。

（4）资金注入方式，是否分期注入。

（5）投资者对企业经营管理的介入，是否拥有一定的控制权和决策权。

通常，风险投资人在注入资金的同时，会要求一些相应的管理权限，以更好地监控企业内部经营。因此，在融资方式部分，尤其需要对这部分内容进行细化，以避免不必要的事后纠纷。

由于财务管理在一个公司经营管理中所占地位的重要性，以及财务管理与企业其他管理职能的密切相关性，财务分析规划的内容编制是否出色对于创业者能否获得投资具有十分重要的影响。因此，创业计划书的财务分析部分必须凸显专业性、科学性和合理性，同时与其他各部分内容充分保持一致。必要时创业者可以请专业财务帮助编写或给予指导。

（十）风险分析

风险分析是创业计划书的必要构成部分。通过前面的论述，创业者可能已经为投资者勾画了一个非常完美的商业模式。但是如果缺乏必要的风险分析，这一商业模式将是不完整的。任何投资都会存在风险，投资者会尽可能地弄清企业可能面临的风险，以及风险的处理方案。因此，刻意回避风险反而会让投资者失去信任。通常，对于创业活动来说，风险包括以下方面。

1. 市场经营方面的风险。

这是企业在日常经营中所遇到的风险，由于初生的企业面临更大的市场动荡环境，因此市场经营方面的风险往往比大型企业大。在市场经营风险方面，创业者可以考虑从以下方面阐述：

（1）市场不确定因素，在市场开拓中可能遇到的障碍。

（2）生产不确定因素，在生产中可能遇到的问题。

（3）技术发展不确定因素，在技术研发方面可能遇到的困难。

2. 管理团队方面的风险。

作为新生的企业，其管理团队成员大部分属于新手，他们缺乏一定的社会历练和行业经验，因此，出现一些管理团队方面的风险是很自然的，不用刻意隐瞒。管理团队方面的风险包括以下方面：

（1）管理经验不足，管理团队成员可能很年轻，或是这个行业的新手。

（2）经营期限短，如果企业刚刚成立不久，经营历史短暂也会造成各方面资源的匮乏。

（3）对企业核心人物的依赖，企业是否过分依赖核心领导者或者拥有关键技术的工程师。

3. 财务方面的风险。

财务方面的风险主要指的是企业未来在财务上可能出现的问题，作为资源匮乏的初创企业，财务方面的风险相当大，主要包括以下方面：

（1）可能的现金流危机，企业的现金周转是否存在较大不确定性。

（2）企业是否有足够的清偿能力，如果企业遇上麻烦而不得不清算，那么投资能收回多少。

（3）资源不足，如果企业的计划出现偏差并且影响企业的资源积累，企业可能会缺乏足够的能力来维持长久经营。

4. 其他方面的风险。

这是除了上述三个方面以外的可能风险，如一些政策方面的不确定性，以及一些突发事件，创业者都需要尽可能地予以阐述。

除了指出可能存在的风险外，创业者更应当描述企业在应对风险方面的准备工作。风险并不可怕，面对风险束手无策才是对企业发展的致命伤害。因此，风险分析也是督促创业者在事先就想好风险的应对之策，这是创业活动的必要准备工作——如果创业者只看到了创业的收益，却忽视了创业的风险，那么一旦创业失利，由于没有及时的风险处理措施，所造成的后果就会成倍放大。

（十一）投资者的退出方式

对于提交给投资者的创业计划书，如何保障投资者的退出是投资者所关注的重要问题。在阅读了前面所探讨的一系列的市场分析和营销策略等方面的分析之后，投资者必然要关注他将获得多少投资回报以及其投资资金如何退出。因此，这一部分中必须对未来上市公开发行股票、出售给第三者或者创业者回购投资者股份的可能给予说明。为了使投资者能够放心地把资金注入新创企业，所论述的退出方式应当详细具体，同时应当用客观数据来说明投资者可能获得的投资收益。这一部分可以尝试从以下几个方面论述：

（1）投资者可能获得的投资回报。

（2）公开上市可能，上市后公众会购买企业股份，投资人所持有的股份就可以售出。

（3）兼并收购可能，通过把企业出售给其他公司，投资者也能够收回投资。

（4）偿付协议，如果企业未来难以上市，也不准备被收购，那么创业者将按照怎样的条款回购投资者手中的股份。

投资退出方式部分是创业计划书的最后一个部分，对这一部分不可掉以轻心。如果投资者不能够看到明确清楚的退出方式设想，即使前面的部分论述得再完美，创业项目对于投资者的吸引力也会大打折扣。在这一部分，创业者仍要坚持以客观充分的论据来阐述可行的退出方式，不要毫无根据地凭空想象。

在三十年以前，商业计划没有固定的格式，关键在于企业能否抓住投资者的嗅觉，突出投资者的偏好，并最终让投资者意识到风险回报具有最大的必然，从而认可向该企业投资。一句话，当时商业计划更强调于如何能让投资者意识到：他做出向该企业投资虽不完全是明智之举，但也是个不错的选择。在这样的环境下，商业计划的格式成为一种可有可无的东西。当年诺伊斯为Intel公司所做的创业计划书总共才一页，却赢得了亚瑟·罗克的青睐，并获得了250万美元的投资。

即便在今天，要在商业计划中强调内容的重要性仍然是颠扑不破的真理和制胜的最终秘诀，然而对商业计划形式的注意却提到了新的高度。其原因在于创新事业是如此的激烈，每天风险投资家们都要拆开数以百计，甚至上千份激情洋溢的信件，都要翻阅几十份甚至上百份来自全国各地甚至全球的商业计划，可想而知，在这么多的文件中，风险投资家的关注点肯定不完全是计划的内容。由于在融资市场上的竞争激烈，今天的创业者更加强了他们在管理、金融等方面的学习或者他们更乐意就此向专家请教，他们能更熟悉融资的运作并深刻理解如何赢得投资者的青睐。优秀的企业家们必然在内容和格式上都会加以重视。一份格式清晰、明了、严谨的商业计划也正是一个有希望的风险投资公司及风险企业家的写照,它从另一个侧面反映了企业及企业家的素质。

资料来源:汪岩.30分钟搞定创业计划书.中国纺织出版社,北京,2005.

第三节 创业计划的写作

创业计划书在撰写过程当中应注意的要点:

1. 创业计划书是否显示出你具有管理公司的经验。

2. 创业计划书是否显示了你有能力偿还借款。

3. 创业计划书是否显示出你已经进行过完整的市场分析。创业计划书是否容易被投资者所领会。

4. 创业计划书中是否有计划摘要并放在了最前面,计划摘要相当于公司创业计划书的封面,投资者首先会看它。为了保证投资者的兴趣,计划摘要应写得引人入胜。

5. 创业计划书是否能在文法上全部正确。

6. 创业计划书能否打消投资者对产品/服务的疑虑(注:提要的内容内涵盖制造业、服务业和商业,参赛者按创业的所在行业之需,选择相应内容)。

思考练习题

1. 什么是创业计划书?
2. 试述创业计划书的作用。
3. 创业计划书中有哪些核心内容?
4. 创业计划书在撰写过程中需要注意什么?
5. 根据创业计划书的撰写目的分析,要完成一份创业计划书应该做好哪些基础工作?

第六章 创业企业法律实务

企业各种法律组织形式的选择,是创业者在新创办企业时面临的首要问题。通过科学衡量各种组织形式的利弊,按照法律的规定结合创业者的实际情况和长远的规划来决定合适的组织形式。新企业创设过程涉及企业名称登记规则、企业的创建流程和企业选址等内容,同时新企业在创设过程中应熟悉相关的法律,并权衡将面临各种法律风险并予以防范,以确保自身和他人的利益没有受到非法侵害,也才能保障企业基业长青。

第一节 企业组织形式

企业是法律上和经济上独立的经济实体,能够以自己名义从事营利性活动,并具有一定规模的经济组织。创业者在新创办企业时都面临企业的法律形式选择问题。

一、企业组织形式的概念

企业组织形式是指企业的财产构成、成员内部分工协作与损益分配以及与外界产生经济联系的一种组织状态。它界定了企业组织的法律地位、设立的程序、投资者的利润分配与责任承担、资金的筹措、管理权分配、税收等方面。不同企业组织形式的核心差异在于企业财产的组织形式以及成员所承担的法律责任不同。因此,创业之初,选择合理的企业组织形式,对于企业的发展、各方主体的创业积极性以及投资者期望的实现有着重要意义。

二、企业组织形式的种类

一般而言，现代企业的组织形式按照财产的组织形式和所承担的法律责任划分。国际上通常上将企业组织分为三种基本法律形式：个人独资企业、合伙企业、公司制企业。鉴于创业者新创办的企业多数是小型企业，依国家市场监督管理总局的有关统计数据来看，个人独资企业、合伙企业、有限责任公司三种法律形式是我国当前创办企业最常见的企业法律形式。

（一）个人独资企业

1. 个人独资企业的概念。

个人独资企业（Individual Proprietorship），是由一名出资者单独出资并从事经营管理的企业。依《个人独资企业法》规定，个人独资企业是指依法在中国境内设立，由一个自然人投资，财产为投资人个人所有，投资人以其个人财产对企业债务承担无限责任的经营实体。个人独资企业的投资人对企业享有所有权，具有独立自主经营权；依法可以申请贷款，取得土地使用权及法律规定的其他权利。因此，个人独资企业的创办者，具有很大的自由度。除了依法纳税、设置会计账簿、保障职工合法权益等之外，创办者对企业具有充分的决定权，这源于个人独资企业的财产来自创办者个人，也因此决定了个人独资企业的规模相对受限。法律讲究责、权、利相一致，个人独资企业的创办者对企业享有充分经营自主权的背后，也承担了高度集中的创业风险。即个人独资企业的创办者须对企业债务承担无限责任，换言之，个人独资企业存续期间所发生的全部债务都应当由创办者名下的全部财产进行抵偿，而不是以创办者出资的财产为限来承担责任。

2. 个人独资企业的法律特征。

首先，从性质上看，个人独资企业是非法人企业，不具有独立的法律人格。个人独资企业没有独立的资产，它的财产与投资人的个人财产没有任何区别；投资人对企业享有所有权，具有独立自主经营权，依法可以申请贷款，取得土地使用权及法律规定的其他权利。因此，个人独资企业的创办者，具有较大的自由度。然而，值得注意的是，个人独资企业虽然不具备法人资格，但却是独立民事的主体，能够以自己的名义从事民事活动。

其次，在组织结构形式上，个人独资企业是由个人创办的独资企业，其投资者是一个自然人。国家机关、国家授权投资机构或国家授权的部门、企业、事业单位等都不能作为个人独资企业的设立人。

最后,在责任形态上,个人独资企业是无限责任形式的企业,企业投资者以其个人财产对企业债务承担无限责任。因此,个人独资企业的创办者承担了高度集中的创业风险。投资人若以家庭共同财产作为个人投资的,以家庭共有财产对企业债务承担无限责任。这是个人独资企业区别于有限责任公司和股份有限公司等企业形式的基本特征。

3. 个人独资企业设立的条件。

设立个人独资企业应当具备下列条件:(1)投资主体。投资人为一个自然人,而且只能是中国公民。根据《个人独资企业法》规定,法官、检察官、警察、公务员、现役军人不能作为个人独资企业投资人。(2)有合法的企业名称。个人独资企业不能使用"有限""有限责任"或"公司"字样。个人独资企业的名称可以是厂、店、部、中心、工作室等。(3)有投资人申报的出资。设立个人独资企业,投资人可以用货币出资,也可以用实物、土地使用权、知识产权或其他财产权利出资。以家庭共同财产作为个人出资的,投资人应当在设立登记申请书予以说明。(4)有固定的生产经营场所和必要的生产经营条件。(5)有必要的从业人员。

(二) 合伙企业

合伙(partnership)作为一种经营方式起源于家族经营,1000多年前的罗马法已对合伙形式做出了规定,"合伙是指二人以上互约出资,经营共同事业,共同分配损益的契约。"[①] 传统理论认为合伙只是合伙人之间的一种法律关系,而非独立的法律主体。合伙企业是一种古老而富有生命力的共同经营方式,它以自身的特点和优势大量存在于世界许多国家的诸多行业之中,有许多国际知名的大企业在创业阶段甚至已经成长为大规模企业后都采用了合伙企业的组织形式。

1. 合伙企业的概念。

我国的《合伙企业法》第2条规定,合伙企业是指自然人、法人和其他组织依照本法在中国境内设立的普通合伙企业和有限合伙企业。普通合伙企业由普通合伙人组成,合伙人对合伙企业债务承担无限连带责任。有限合伙

---

① 周枏. 罗马法原论. 北京商务印书馆,1996:728.

企业由普通合伙人和有限合伙人组成，普通合伙人对合伙企业债务承担无限连带责任，有限合伙人以其认缴的出资额为限对合伙企业债务承担责任。

2. 合伙企业的种类。

2006年8月27日修订后《中华人民共和国合伙企业法》第2条明确规定，合伙企业是指自然人、法人和其他组织依照本法在中国境内设立的普通合伙企业和有限合伙企业。

（1）普通合伙企业。普通合伙企业是指由普通合伙人组成，合伙人对合伙企业债务承担无限连带责任的一种合伙企业。合伙人共同经营、共享收益、共担风险，具有很强的人合属性，适合于合伙人之间信任度非常高的企业。普通合伙人对合伙企业的事务都有执行权和对外代表权，在企业的具体经营管理过程中，某些重大事项需要经过全体合伙人的一致同意。

（2）特殊普通合伙企业。它是指以专业知识和专门技能为客户提供有偿服务的专业服务机构所采用的普通合伙形式。例如，会计师、资产评估师、律师事务所等专业服务机构，多选用特殊的普通合伙企业。它特殊之处在于对企业债务的责任承担原则不同，实行有限责任与无限连带责任的混合形式。在特殊的普通合伙企业中，一个合伙人或者数个合伙人在执业活动中因故意或者重大过失造成合伙企业债务的，应当承担无限责任或者无限连带责任，其他合伙人以其在合伙企业中的财产份额为限承担责任。合伙人在执业活动中非因故意或者重大过失造成的合伙企业债务以及合伙企业的其他债务，由全体合伙人承担无限连带责任。

（3）有限合伙企业。有限合伙企业由普通合伙人和有限合伙人组成，普通合伙人对合伙企业的债务承担无限连带责任，有限合伙人以其认缴的出资额为限对合伙企业债务承担责任，其投资的风险是预先可控的。有限合伙人对合伙事务一般不具有事务执行权，对外亦不能代表有限合伙企业，因此，有限合伙人所扮演的角色是出资人，不参与企业事务管理，从而实现了管理权与出资权的分离。与此同时，普通合伙人因其承担责任的无限性，享有有限合伙企业的事务执行权。因此，实践中，普通合伙人即便出资不多，但对合伙企业仍然可以享有绝对的控制权，例如，大型集团经常运用有限合伙企业作为员工持股平台的基本架构。即公司在实施员工股权激励时，可以由企业的实际控制人或者大股东来担任普通合伙人，参与持股的员工，作为有限合伙人来共同成立一家有限合伙企业。公司的实际控制人——股东可以用较少的出资来控制该有限合伙企业，间接控制持股平台所持有的公司股权的表决权。而参与持股的员工作为有限合伙人只能通过该持股平台间接享受公司的股权收益和分红,但不能参与公司的管理决策。

3. 合伙企业的法律特征。

(1) 从合伙企业成员的数量上看,合伙企业至少有两个合伙人。这是合伙企业与独资企业间最明显的区别。合伙企业不是单个人的行为,而是两个以上的自然人、法人和其他组织的联合,故而称为合伙。

(2) 从组织形式上看,合伙企业是契约式组织。合伙企业的实质是一种合同行为,它是依据联结合伙人之间合作关系的合伙协议确立下来的。合伙协议是合伙人之间旨在建立合伙关系,明确合伙人的权利和义务的一致的意思表示。合伙协议是合伙企业设立的基础,没有合伙协议,就不能设立合伙企业。

(3) 从责任形态上看,普通合伙人对合伙企业债务承担无限连带责任,有限合伙人对合伙企业的债务以其认缴的出资额为限承担有限责任。虽然合伙企业债务不同于合伙人个人债务,但是,当合伙企业的财产不足以清偿企业债务时,各普通合伙人有义务以其出资之外的个人财产对债权人承担连带责任。

(4) 从法律地位上看,合伙企业原则上不是法人,合伙企业一般不具有法人资格。目前世界上只有法国、荷兰等少数国家法律规定合伙企业是法人。德国商法典虽不承认合伙是法人,但在司法实践上承认它是相对的法人,因为它是独立民事主体。[①] 英美均不承认合伙企业的法人资格,但在某些特定场合也把合伙视为独立于合伙人的一个组织体。故而,无论在大陆法系还是英美法系,不论是否赋予合伙法人资格,合伙均取得了法律上或事实上的主体地位。

(三) 公司

1. 公司的概念。

公司 (corporation) 是目前世界上普遍存在的一种企业组织形式,各国一般均以民商法予以规制。但是,在法律上,关于"公司"一词的含义,不同国家因所属法系不同而有不同表述。英美法系中的公司并非仅指以营利为目的的公司,以营利为目的的公司是商业公司,而非营利性的公司则相当于

---

① 江平. 西方国家民商法概要. 法律出版社, 1984: 232.

大陆法中非营利的社团法人。例如，英国的《伯尔门公司法》一书中认为："公司是依公司法的规定而设立的经济组织体"；《美国标准公司法》第二条给公司下的定义则是："公司是指受本法令管辖之营利公司。"在大陆法系中，公司是指依法定程序设立的，以营利为目的的社团法人。例如，《法国商法典》第一千八百三十二条："公司是由两个或数人通过契约约定共同投资，以分享由此产生的利润和经营所得的利益的营利性组织。"我国《公司法》第2条规定："本法所称公司是指依照本法在中国境内设立的有限责任公司和股份有限公司。"公司是依法设立的，以营利为目的的法人组织。各国法律均规定，公司具有独立的法人资格，有权以自己的名义拥有财产，享受权利和承担义务。公司是一种资本的组合，股东与公司之间相互分离，股东的死亡、退出一般不影响公司的存续，股东对公司债务通常承担有限责任。公司的经营由专门的经营管理人员负责。在现代，以股份有限公司为代表的公司企业已成为国民经济的主要支柱，公司是社会中最重要商事组织，公司法也成为商事组织法乃至整个商法中最核心的法律。

2. 公司的法律特征。

公司作为企业法人（corporate body），与其他经济组织相比，具有以下几个基本的法律特征：

（1）公司具有独立的法人资格。公司是企业法人，享有独立的法人财产，并以其全部财产对公司的债务承担责任。这是区别于前述的独资企业与合伙企业的一大特征。公司的初始财产来源于股东的投资，一旦股东将投资的财产移交给公司，这些财产从法律上便属于公司所有；而股东则丧失了直接支配、使用这些财产的权利，他们所换来的则是按照出资比例享受一系列的权利，如参与股东大会并投票的权利、分取红利的权利等。因此，公司与股东之间的法律人格相互独立，彼此财产有效区隔。

（2）公司是营利性的。"营利"不等于"盈利"，公司以经营管理为目的，并不一定能够赚到钱。这是资本的基本属性，股东是资本投资者，但也并不否定公司的社会责任。

（3）公司股东对公司承担有限责任（limited liability）。[①] 各股东以其认缴的出资额或者认购的股份为限对公司承担有限责任，这是各国公司法的共同规定，也是公司区别于其他企业形式的关键。例如，《美国标准公司法》第

[①] 沈四宝，王军，焦津洪. 国际商法. 对外经济贸易大学出版社，2003：50.

6.22条规定，公司股东就其购买的股份，除了支付发行股份的对价外，或支付其认缴协议中规定的对价外，对公司及其债权人不承担额外的责任。各国公司法把股东对公司的投资风险仅限于其允诺承担的责任（认缴的出资额）之内。因此公司，尤其是股份有限公司，在集聚资本、吸收投资等方面具有良好的先天优势。

（4）公司具有独立性，是具有独立商事主体资格的商主体。当公司与他人发生商业纠纷时，公司有权以自己的名义在法院提出起诉，或进行应诉以行使其诉讼权利，公司以自己的名义享受权利、承担义务。

（5）公司实行法定的集中管理制（centralized management）。在企业组织形式的发展历史上，公司这一组织形态的出现，在很大程度上是为了解决多数人基于实现某一共同事业目的而集合起来的团体性问题；但同时也引发了公司内部的产权多元化如何有效治理公司的问题。因此，公司的经营管理一般由专门的管理人员（董事、经理等）负责，股东大多不直接参与公司的日常经营管理。

（6）公司的永久存在性（perpetual existence or continuity of life），公司的存续期间，在理论上是永存的，一般不受股东变化的影响。相对合伙企业，公司强调的是资本的联合，因此股东股份的转让、股东的死亡或破产都不影响公司企业的存续。在英美法中，公司被认为具有"永续性"。

3. 公司的类型。

不同的分类标准，公司的分类不同。我国《公司法》规定了有限责任公司和股份有限公司两类责任公司。按照法律的规定或学理的标准，可以将公司分为不同的种类，具体有以下几种分类：

（1）以公司资本结构和股东对公司债务承担责任的方式为标准的分类。

第一，有限责任公司。它是指由法律规定的一定人数的股东组成，股东以其认缴的出资额为限对公司的债务承担有限责任，公司以其全部财产对外承担责任的企业法人。有限公司适用于中小规模的企业，强调资合性与人合性。与英国的"Private Company"和美国的"Close-held Company"类似，具有以下特征：①股东人数一般有限制，如我国《公司法》规定了有限公司股东人数上限为50人；②股东出资的非股份性，即公司资产并没有划分为等额股份，这是有限公司区别于股份有限公司的重要特征；③股东的出资证明一般不得流通和随意转让，有限公司具有一定的人合性，股东未经其他股东同意不得将其股份或出资转让给第三人，对于所要转让的股份，其他股东享有优先购买权；④股东对公司债务负有限责任；⑤公司的组织结构设立灵活，设立程序相对简单，公司的财产情况及账目一般不需公开。

第二，股份有限公司。它是指将公司全部资本分为等额股份，股东以其认购的股份为限对公司承担责任，公司以其全部财产对公司的债务承担责任的公司。股份公司是典型的合资公司，适合于规模较大的企业。它的主要特点是：①公司的资本分成等额股份，股东根据所持股份的比例对公司享有权利；②公司向社会公开发行股票，任何人通过购买股票成为公司股东，这也决定了其股东人数的广泛性；③股东股票一般可以随意转让；④公司的经营管理主要由董事会、总经理等专门管理人员负责，股东一般不直接参与管理；⑤公司的设立程序较为复杂，受到较多的法律限制。公司必须将财务账目及年度报告向政府、股东及公众公开。这类公司由于拥有迅速的融资能力，以及独立于股东的科学管理制度，已经成为现代社会的主要公司类型，并对社会经济的发展起到至关重要的推动作用。但是这类公司的股票流通性，尤其是在股票市场上的公开自由流通，使其往往面临巨大的投机风险。

第三，无限责任公司。其是指股东对公司债务负无限责任的公司。这种公司与合伙类似，但具有独立的法人地位。无限责任公司在宣告破产或解散前，其债权人只能对公司起诉而不能向股东个人起诉。无限责任公司的设立和解散的手续简单。

第四，两合公司。其由负无限责任的股东和负有限责任的股东组成。其中，负无限责任的股东对公司债务负连带的无限清偿责任，但他们享有代表和管理公司的权力。两合公司是大陆法国家所特有的，其法律特点与英美法中的"有限合伙"相似，所不同的是两合公司具有法人资格。

（2）以公司组织关系为标准的分类。

第一，母公司和子公司。按公司外部组织关系——控制、依附关系所作的分类，母子公司之间虽然存在控制与被控制的组织关系，但它们都具有法人资格。《公司法》中规定："公司可以设立子公司，子公司具有法人资格，依法独立承担民事责任。"

第二，总公司和分公司。从公司内部组织关系——管辖、隶属关系上进行划分，分公司没有独立的公司名称、章程，没有独立的财产，不具有法人资格，但可领取营业执照，进行经营活动，不过其民事责任由公司承担。

（3）我国公司的分类。

根据《公司法》第2条，承认了两种公司类型，即有限责任公司与股份有限公司,还规定了特殊的有限责任公司——一人有限责任公司。

鉴于前面已有陈述,在此,仅简要比较我国有限责任公司与股份有限公司主要区别(见表6.1)。

表6.1　　　　　　　有限责任公司与股份有限公司主要区别

项目	有限责任公司	股份有限公司
设立方式	只能以发起方式设立	既可以发起设立,也可以募集设立
股东人数	50人以下	发起人为2人以上200人以下,且半数以上的发起人在中国境内有住所
出资证明形式	出资证明书必须采取记名方式	股票既可以采取记名方式,也可以采取无记名方式
股权转让方式	向股东以外的人转让股权,应当经过其他股东过半数同意	以自由转让为原则,以法律限制为例外
注册资本最低限额	一般没有限制	最低限额为人民币500万元
组织机构	可以不设董事会、监事会	必须设置股东大会、董事会、监事会
公司所有权与经营权分离程度	分离程度较低	分离程度较高
信息披露义务	无限制	财务状况和经营情况等要依法进行公开披露

一人有限责任公司是指股东人数为一个自然人或者法人的有限责任公司,是一类特殊的有限公司。其最为重要的特征在于股东人数的单一性,决定了公司内部产权的单一化。因此,依靠一人公司的内在的监督机制难以实现有效监管,只能借助于外在的监督机制。我国《公司法》对此规定:①一个自然人只能设立一个一人有限公司,该一人公司不得衍生设立另外的一人公司;②一人公司须在公司登记中注明自然人独资或法人独资,并标注于公司营业执照;③每一会计年度都须编制财务会计报告并经会计师事务所审计;④股东决议须采用书面形式并由股东签名后置备于公司;⑤实行有条件的有限责任制度,即股东不能证明公司财产独立于股东自己的财产的,应当对公司债务承担连带责任。

三、创业企业组织形式选择

(一)创业企业组织形式选择的考虑因素

创业者创建一个企业时,面临着如何选择一种最适合自己创业预期的企业组织形式。换言之，在选择企业组织形式，需要考虑哪些具体因素？对此，美国公司法教授帕米特（Alan R. Palmiter）认为，在选择企业组织形式时，投资者通常会考虑六个方面的问题：①

1. 企业的存续期间（法人有独立法律人格，理论上永存；而非法人企业，如合伙可能因部分成员退出而散伙）；

2. 投资者对企业利润和资产的权益形式（例如，在独资企业，投资人对企业财产享有完全所有权，而公司投资人将出资部分的所有权转让给公司，换来的是持有公司的股权）；

3. 企业治理结构（例如，较之于独资企业、合伙企业以及有限责任公司，股份有限公司的所有权与经营权分离的现象更加突出，公司的经营管理往往交给经理层负责，管理决策更加科学）；

4. 所有者权益的流动性，即转让权益和退出企业的权利，不同于企业组织形式，其投资权益转让的自由度不同；

5. 企业所有者是否享有有限责任保护；

6. 何种企业形态能够最大限度地降低税负（如有限责任公司、股份有限公司缴纳增值税、消费税以及营业税等之后，还须缴纳企业所得税，股东分红还须缴纳个人所得税；而合伙企业、个人独资企业，经营者是自然人的情形，就只须缴纳增值税、消费税等流转税，经营者无须缴纳企业所得税。

（二）创业企业组织形式的比较分析

1. 个人独资企业与一人有限责任公司。设立个人独资企业，投资人可以对企业的经营管理享有充分的自主权，但对企业债务承担无限责任，创业风险过于集中，同时融资能力受限，适合于小规模创业。同样是独资企业，一人有限公司与个人独资企业相比，风控优势更突出，因为它实行的是有条件的有限责任制度。但是在财务灵活度方面则不如个人独资企业：按照我国《个人独资企业法》规定，个人独资企业依法只须设置会计账簿，但不要求该会计账簿必须经会计事务所审计。在节税优势方面，个人独资企业只交纳个人所得税，而一人有限责任公司的收益除了交纳企业所得税外，投资人的分红还要交纳个人所得税。

2. 合伙企业与公司。普通合伙企业投资人对企业债务承担无限连带责

---

① Alan R. Palmiter. Corporations (8) [M]. Wolters Kluwer, 2015：48 – 55.

任；每个普通合伙人对合伙企业均享有平等的经营管理执行权，对外均能代表合伙企业，因此适合于合伙人具有高度信任关系的创业者，在企业的运营过程中，各合伙人之间能够团结协作、相互包容、损益共担。如果创业者想全面控制合伙企业的经营管理，又希望引入财务投资人，实现资本联合，那么设立有限合伙企业可能就是一个不错的选择。较之于公司，合伙企业在税收方面因免于双重缴纳所得税，因而更具优势。如果创业者拟设立的企业规模不大，既希望更好地获得融资，又希望能够预先将创业风险控制在一个可接受的范围内，那么创业者就可以考虑设立有限公司。有限公司能够为投资人提供有限责任的保护，有利于融资。但是有限公司同样兼具资合性与人合性，也就是说，设立有限公司时，创业者所寻求的合作伙伴也应当要有较高的信任关系。实践中，许多有限公司的股东因公司经营决策产生分歧与矛盾，造成有限公司的运营陷入僵局，造成创业失败。股份公司的资本划分为等额股份，股份转让自由度更高，因而融资能力最优，经营权与所有权分离，往往引入职业经理人参与公司治理，管理决策更加科学，但是设立程序复杂，成本更高，更适合于已具一定规模的成长型企业。作为初创企业，股份公司不是最优的选择。

3. 各个法律组织形式优劣势比较（见表 6.2）。

表 6.2　　　　　　　　　不同法律组织形式优劣势比较

法律形式	优势	劣势
个人独资企业	1. 企业设立手续非常简便、费用低 2. 所有者拥有企业控制权 3. 可以迅速对市场变化做出反应 4. 只需缴纳个人所得税，无须双重课税 5. 在技术和经营上易于保密	1. 创业者承担无限责任 2. 企业成功过多地依赖于创业者个人能力 3. 筹资困难 4. 企业随着创业者的退出而消亡 5. 创业者投资的流动性低
合伙企业	1. 创办比较简单、费用低 2. 经营上比较灵活 3. 企业拥有更多人的技能和能力 4. 资金来源较广、信用度较高	1. 普通合伙创业者承担无限责任 2. 企业绩效依赖于普通合伙人能力，企业规模受限 3. 企业往往因关键合伙人的死亡或退出而解散 4. 合伙人投资的流动性低，产权转让困难
有限责任公司	1. 创业股东只承担有限责任、风险小 2. 公司具有独立性，易于存续 3. 可以纳入多个投资人，促进资本集中 4. 多元化产权结构有利于决策科学化	1. 创业程序比较复杂，创立费用较高 2. 存在双重纳税问题，税收负担较重 3. 不能公开发行股票，筹集资金规模受限 4. 产权不能充分流动，资产运作受限

续表

法律形式	优势	劣势
股份有限公司	1. 创业股东只承担有限责任、风险小 2. 筹资能力强 3. 公司独立性，易于存续 4. 职业经理人进行管理，管理水平较高 5. 产权以股票的形式，进行充分流动	1. 创业程序复杂，创立费用高 2. 存在双重纳税问题，税收负担重 3. 定期报告公司的财务状况 4. 公开自己的财务数据，不便严格保密 5. 政府限制多，法规要求比较严格

总而言之，作为创业者，除了具有创业的勇气、有梦想的伙伴、有成长的项目之外，还需要充分考虑创业企业的权益架构、责任承担，需要围绕责、权、利相一致的原则，解决好资本协同、利益平衡等问题。同时，投资人往往结合员工激励、股权交易、套现以及风险控制等因素考虑，设计股权架构时，往往会综合运用不同的企业组织形式。

第二节 企业的设立条件和程序

企业设立是创业机会开发的结果，设立问题涉及企业注册、命名、选址等问题和流程，熟练掌握一定的法律规范，对于完成企业设立以及企业发展大有裨益。

一、个人独资企业的设立条件和程序

（一）个人独资企业的设立

按照《个人独资企业法》第 8 条的规定，个人独资企业的设立应当具备下列条件：

1. 投资人为一个自然人。个人独资企业中的"人"只能是自然人，自然人之外的法人、其他组织不能投资设立个人独资企业。申请设立个人独资企业的投资人应当具有相应的民事权利能力和民事行为能力。法律、行政法规禁止从事盈利性活动的人，如政府公务员，不得作为投资人申请设立个人独资企业；限制民事行为能力人和无民事行为能力人不得作为投资人申请设立个人独资企业。

2. 有合法的企业名称。企业的名称应当真实地表现企业的组织形式特征，并应符合法律、法规的要求。就个人独资企业而言，其名称不仅应当与公司企业和合伙企业相区别，而且应当与其他的个人独资企业区别开来。因此，个人独资企业名称应与其责任形式及从事的营业相符合。个人独资企业的名称中不得使用"有限""有限责任"或者"公司"字样。

3. 有投资人申报的出资。《个人独资企业法》对设立个人独资企业的出资数额未作限制。根据国家市场监督管理总局《个人独资企业登记管理办法》（国家市场监督管理总局令2019〔14〕号）的规定，设立个人独资企业可以用货币出资，也可以用实物、土地使用权、知识产权或者其他财产权利出资，采取实物、土地使用权、知识产权或者其他财产权利出资的，应将其折算成货币数额。投资人申报的出资额应当与企业的生产经营规模相适应。投资人可以个人财产出资，也可以家庭共有财产作为个人出资。以家庭共有财产作为个人出资的，投资人应当在设立登记申请书上予以明确。

4. 有固定的生产经营场所和必要的生产经营条件。生产经营场所包括企业的住所和与生产经营相适应的处所。住所是企业的主办机构所在地，是企业的法定地址。

5. 有必要的从业人员。即要有与其生产经营范围、规模相适应的从业人员。关于从业人员的人数，法律并没有做出具体规定，由企业视情况而定。

（二）个人独资企业的设立程序

1. 提交设立申请。一般来说，申请设立个人独资企业，应当由投资人或者其委托的代理人向个人独资企业所在地的登记机关提交设立申请书、投资人身份证明、生产经营场所使用证明等文件。委托代理人申请设立登记时，应当出具投资人的委托书和代理人的合法证明。

2. 市场监督管理部门核发营业执照。市场监督管理部门应当在收到设立申请文件之日起十五日内，对符合本法规定条件的，予以登记，发给营业执照；对不符合本法规定条件的，不予登记，并应当给予书面答复，说明理由。个人独资企业的营业执照的签发日期，为个人独资企业成立日期。在领取个人独资企业营业执照前，投资人不得以个人独资企业名义从事经营活动。

二、合伙企业的设立条件和程序

（一）设立条件

任何企业的设立都必须具备相应的设立条件，合伙企业也不例外。我国《合伙企业法》第 14 条规定，合伙企业的设立应当具备下列条件：

1. 有两个以上合伙人。根据我国《合伙企业法》的规定，合伙人既可以是自然人，也可以是法人或其他组织。合伙人为自然人的，应当具有完全民事行为能力。国有独资公司、国有企业、上市公司以及公益性的事业单位、社会团体可以成为有限合伙人，但不得成为普通合伙人。此外，有限合伙企业的合伙人不得超过五十人且其中至少应当有一个普通合伙人，法律另有规定的除外。

2. 有书面合伙协议。合伙协议是指由各个合伙人通过协商，共同决定相互间的权利义务，达成的具有法律约束力的协议。合伙协议依法由全体合伙人协商一致、以书面形式订立，经全体合伙人签名、盖章后生效。按照《合伙企业法》的规定，合伙协议应载明下列事项：合伙企业的名称和主要经营场所的地点；合伙目的和合伙经营范围；合伙人的姓名或者名称、住所；合伙人的出资方式、数额和缴付期限；利润分配、亏损分担方式；合伙事务的执行；入伙与退伙；合伙企业的解散与清算；违约责任。合伙协议还可以载明合伙企业的经营期限和合伙人争议的解决方式。

3. 有合伙人认缴或者实际缴付的出资。合伙人的出资必须是合伙人的合法财产或财产权利，合伙人应当按照合伙协议约定的出资方式、数额和缴付期限，履行出资义务。合伙人不按约定缴纳出资致使合伙无法成立或给其他合伙人造成损失的，应当向其他合伙人承担法律责任。合伙人可以用货币、实物、土地使用权、知识产权或者其他财产权利出资。对货币以外的出资需要评估作价的，可以由全体合伙人协商确定，也可以由全体合伙人委托法定评估机构进行评估。经全体合伙人协商一致，合伙人也可以用劳务出资，其评估办法由全体合伙人协商确定；但有限合伙人则不得以劳务出资。

4. 有合伙企业的名称和生产经营场所。（1）合伙企业名称中不得使用有限、有限责任、公司等字样。合伙只有拥有自己的名称，才能以自己的名义参与民事法律关系，享有民事权利，承担民事义务，并参与诉讼，成为诉讼当事人。（2）经营场所是合伙企业从事生产经营活动的所在地。合伙一般只有一个经营场所，记载企业登记机关登记的营业点。经营场所的法律意义在于确定债务履行地、诉讼管辖、法律文书送达等。从事合伙经营的必要条件是指根据合伙企业的业务性质、规模等因素而需要具备的设施、设备、人员等方面的条件。

5. 法律、行政法规规定的其他条件。

（二）设立登记程序

根据《合伙企业法》和国务院发布的《合伙企业登记管理办法》的规定，合伙企业的设立登记，应按照以下程序进行：

1. 提交设立申请。我国《合伙企业法》规定，申请设立合伙企业应当向企业登记机关提交登记申请书、合伙协议书、合伙人身份证明等文件。此外，合伙企业的经营范围中有属于经批准的项目的，该项经营业务应当依法经过批准，并在登记时提交批准文件。

2. 企业登记机关核发营业执照。申请人提交的登记申请材料齐全、符合法定形式，企业登记机关能够当场登记的，应予当场登记，发给营业执照。除此之外，企业登记机关应当自受理申请之日起二十日内，做出是否登记的决定。予以登记的，发给营业执照；不予登记的，应当给予书面答复，并说明理由。合伙企业的营业执照签发日期，为合伙企业成立日期。合伙企业领取营业执照前，合伙人不得以合伙企业名义从事合伙业务。

三、公司的设立条件和程序

我国《公司法》对于公司的设立采用准则主义，即《公司法》规定了公司的成立要件，当公司的设立者（发起人）根据法律规定准备好相关的法律要件，就可以直接向登记机关申请设立登记。法律或者行政法规明确规定设立公司必须报经批准的（前置审批或前置许可），应当在公司登记前依法办理批准手续。一般来说，公司的设立活动主要包括两个方面：一是形成公司资本，包括认缴、实缴出资、对出自评估作价；二是形成公司组织，包括名称登记、制定章程、设定住所、设立组织机构等。

（一）公司的设立条件

公司的设立，应当具备如下条件：

1. 发起人符合法定的人数。

发起人（股东）是公司的设立主体，是签署公司章程、向公司认购出资或者部分并履行公司设立职责的人。《公司法》对于有限公司（除一人公司外）与股份公司的发起人人数均做了限制性规定。其中，有限公司的发起人必须是2人以上50人以下；设立一人有限公司，只能是一名自然人或者法人；股份公司应是2人以上200人以下。实践中，人们通常会采用职工持股会、代持股份等方式来克服有限公司发起人人数的法律限制。自然人或者法人均可作为公司的发起人，但对于自然人，仅限于完全民事行为能力人。国家党政机关、军队一般不能成为公司发起人和股东，除非法律另有规定，国家公务员、法官、检察官等不得作为公司发起人和有限公司股东；股份公司的发起人须有半数以上在中国境内有住所。

2. 全体股东认缴的出资额和股本总额。

为了确保公司拥有与其生产经营规模相适应的独立财产，并且足以为公司债务提供总担保，我国《公司法》要求设立有限公司，要有符合公司章程规定的全体股东认缴的出资额；设立股份公司，要有符合公司章程规定的全体发起人认购的股本总额或者募集的实收股本总额。换言之，公司设立时，发起人应当在公司章程中明确公司的资本总额，并且必须由全体股东全额认缴，但是注册资本的数额可以由发起人在章程中任意设定，也无须限期缴纳，可以自行决定缴纳的时间和期限。尽管公司法并未强制规定注册资本缴纳的时间和期限，但是发起人协议中对于各投资人具体的出资时间和期限还是必须予以明确约定，以免出现出资违约等纠纷，影响创业公司的后续运营。采用募集设立方式设立股份公司，注册资本是公司登记机关登记的实收股本总额；发起人认购的股份不得少于公司股份总数的35%，法律另有规定的除外。

3. 公司章程。

公司章程是由公司发起人共同制定，记载公司组织与活动自治规则，反映全体股东共同意思表示的一种法律文件。它是公司的自治规则，全面规范公司的组织与经营活动，对内规范公司及其股东、员工的行为，对外表彰公司信用，是确定公司权利义务的基本法律文件，也是公司设立必须提交的法律文件之一。《公司法》规定设立公司必须依法制定公司章程。公司章程对公司、股东、董事、监事、高级管理人员具有约束力。公司章程依法必须记载以下事项：公司名称和住所；公司经营范围；公司注册资本；股东的姓名或名称；股东的出资方式、出资额和出资时间；公司的机构及其产生办法、职权、议事规则；公司法定代表人；以及其他股东会认为需要记载的事项。《公司法》对于章程的制定规定了严格程序。公司章程是在公司设立阶段，由公司最初的全体发起人共同制定的，必须采用书面形式；而采用募集设立的股份公司，还须通过公司创立大会以决议的形式通过；全体发起人应当在章程上进行签名、盖章。

4. 有公司名称和组织机构。

(1) 公司名称。公司名称是指公司在生产经营以及经济往来过程中所使用的商业名称，它表明了公司的独特主体地位，对外表彰公司的经营信用。这是公司设立的必要条件，具体使用规则详见后续内容。

(2) 公司组织机构。公司作为法律上独立享有权利义务的商事主体，需要借助于内部的组织机构来运作，对外实施商业行为。公司法规定的内部组织机构主要包括股东会、董事会和监事会。但是对于有限公司，公司法允许公司股东因地制宜地对组织机构做自行设计和调整，但对于股份公司，则要求必须具备股东会、董事会和监事会。

5. 有公司住所。

(二) 公司设立程序

公司设立的主要程序大体不同，即都要求设立各类公司时，须履行以下手续：(1) 聚齐法定人数的创办人；(2) 拟订公司的章程和内部细则；(3) 组织认购股份；(4) 选举或任命公司的管理人员；(5) 申请注册登记；(6) 主管当局核准登记，领取营业执照。

1. 有限责任公司。

有限公司的设立程序为：发起人发起设立，签订发起人协议；订立公司章程，公司章程须经全体股东同意并签名盖章，公司名称登记[①]；若法律、行政法规规定设立公司必须报经审批的，应当在公司登记前依法办理批准手续；按公司章程规定缴纳出资；申请设立登记；登记机关审查予以登记发给营业执照，公司成立，并须通过企业信息公示系统进行公示 (见图 6.1)。

[①] 根据党的十九大"深化商事制度改革"的要求，名称登记制度进行改革。国家市场监督管理总局根据国务院决定取消了"名称预先核准"的行政许可项目，改由"名称登记"，在名称申报系统为企业提供名称预登记服务，并加强对名称使用的事中事后监管。

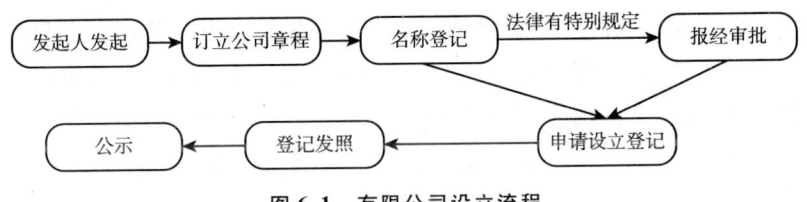

图 6.1 有限公司设立流程

注：在实际操作中，有时名称登记与申请设立一起审核，审核名称是否可用；也有分开申请，即先申请名称登记。

2. 股份公司。

股份公司的设立程序基本与有限公司相同。具体设立流程如下（见图 6.2）：发起人签订发起人协议；若法律、行政法规规定设立公司必须报经审批的，应当在公司登记前依法办理批准手续；制订公司章程，发起人须在章程上签名盖章；公司名称登记；接下来是认购股份。如果采取发起设立，则发起人认购应发行的全部股份，缴纳股款即可；如果采取募集设立，程序较为复杂。具体而言，发起人应认购公司股份总数的 35%，其余部分按照法律规定的条件与程序向社会公开募集资本。依据法律规定，公开募集股份要经过国务院证券监督管理机构核准，制作并公告招股说明书，由证券经营机构承销，并与银行签订代收股款协议。认购股份完成后，需要建立公司组织机

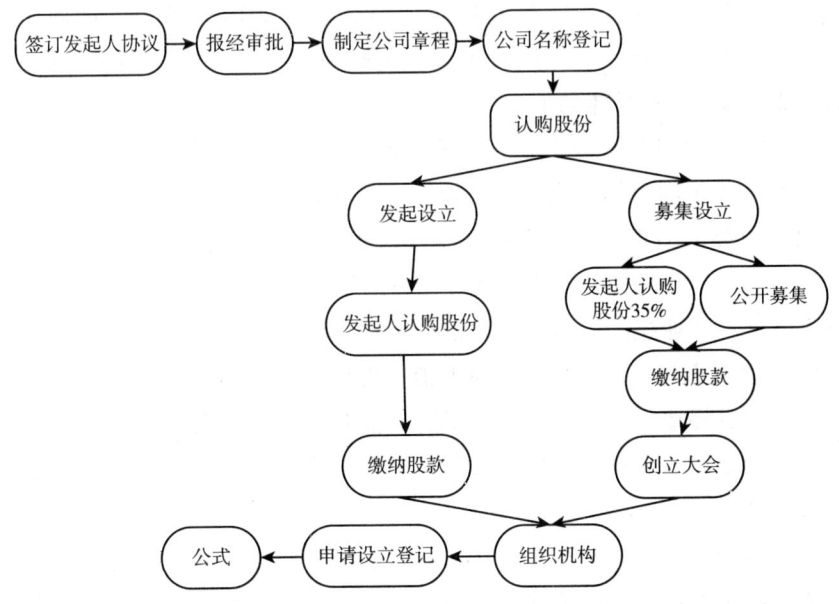

图 6.2 股份公司设立流程

构和申请设立登记。需要注意的是，如果是募集设立股份公司，发起人应当自股款缴足之日起30日内主持召开公司创立大会。公司登记机关审查登记并发给营业执照，最后须通过企业信息公示系统依法公示。由于募集设立涉及向社会不特定人募集资本，因此其融资能力更强，但也受到法律更多的规制。

四、企业注册流程

随着企业商事制度改革，《公司法》实行注册资本认缴制，股东的出资额、公司的实收资本不再作为公司的登记事项，减少了政府部门对市场自治事项的干预。同时为了提高企业注册登记效率，增加了市场主体的活力。"审核合一、一人通办"，即所有登记事项均由同一登记人员负责受理、审查、核准等各环节业务。

（一）企业注册流程的改革

为了降低企业制度性交易成本，进一步破解"准入不准营"问题，激发市场主体活力，加快推进政府职能深刻转变，营造法治化、国际化、便利化的营商环境，在前期试点基础上，2018年9月27日国务院颁布《国务院关于在全国推开"证照分离"改革的通知》（国发〔2018〕35号）明确要求从2018年11月10日起，在全国对第一批106项涉企行政审批事项进行改革，推进"照后减证"。具体如下：

1. 对纳入"证照分离"改革范围的涉企（含个体工商户、农民专业合作社）行政审批事项分别采取以下四种方式进行管理。

（1）直接取消审批。对设定必要性已不存在、市场机制能够有效调节、行业组织或中介机构能够有效实现行业自律管理的行政审批事项，直接取消。市场主体办理营业执照后即可开展相关经营活动。

（2）取消审批，改为备案。对取消审批后有关部门需要及时准确获得相关信息，以更好地开展行业引导、制定产业政策和维护公共利益的行政审批事项，改为备案。市场主体报送材料后即可开展相关经营活动，有关部门不再进行审批。

（3）简化审批，实行告知承诺。对暂时不能取消审批，但通过事中事后监管能够纠正不符合审批条件行为的行政审批事项，实行告知承诺。有关部门要履职尽责，制作告知承诺书，并向申请人提供示范文本，一次性告知申请人审批条件和所需材料，对申请人承诺符合审批条件并提交有关材料的，当场办理审批。市场主体要诚信守诺，达到法定条件后再从事特定经营活动。有关部门实行全覆盖例行检查，发现实际情况与承诺内容不符的，依法撤销审批并予以从重处罚。

（4）完善措施，优化准入服务。对关系国家安全、公共安全、金融安全、生态安全和公众健康等重大公共利益的行政审批事项，保留审批，优化准入服务。要针对市场主体关心的难点痛点问题，精简审批材料，公示审批事项和程序；要压缩审批时限，明确受理条件和办理标准；要减少审批环节，科学设计流程；要下放审批权限，增强审批透明度和可预期性，提高登记审批效率。

2. 统筹推进"证照分离"和"多证合一"改革。

通过"证照分离"改革，有效区分"证""照"功能，让更多市场主体持照即可经营，着力解决"准入不准营"问题。营业执照是登记主管部门依照法定条件和程序，对市场主体资格和一般营业能力进行确认后，颁发给市场主体的法律文件。"多证合一"改革后，营业执照记载的信息和事项更加丰富，市场主体凭营业执照即可开展一般经营活动。许可证是审批主管部门依法颁发给特定市场主体的凭证。这类市场主体需要持营业执照和许可证方可从事特定经营活动。各地要统筹推进"证照分离"和"多证合一"改革。对于"证照分离"改革后属于信息采集、记载公示、管理备查类的事项，原则上要通过"多证合一"改革尽可能整合到营业执照上，真正实现市场主体"一照一码走天下"。

基于此，全国工商和市场监管部门要按照党中央、国务院深化"放管服"改革、转变政府职能的部署，准确把握改革要求，充分发挥市场监管职能，推动改革措施落地生根。以厦门为例，自 2018 年 8 月起，实现企业开办时间压缩至 3.5 天以内，提前完成国务院要求的 2018 年底前压缩至 8.5 天内的目标以及扩大到"三十五证合一"的登记制度改革。

（二）企业注册流程：以选择在厦门注册的公司为例①

自 2015 年 8 月 31 日，厦门启用全程电子化登记系统，推行适用所有企业类型的新版"厦门市商事主体网上审批系统"，2019 年 9 月 1 日又推行无纸化设立登记，实现在"厦门市商事主体网上审批系统"全流程电子化和无

---

① 因个人独资企业和合伙企业注册流程相对简单，因此本节的内容以公司为例进行展开。

纸化设立登记。自此,新建企业的整体流程为选址、名称登记,设立登记,办理经营许可。而在设立登记时,已经精简为企业登记、公章刻制、申领发票三个环节。具体如图6.3所示。

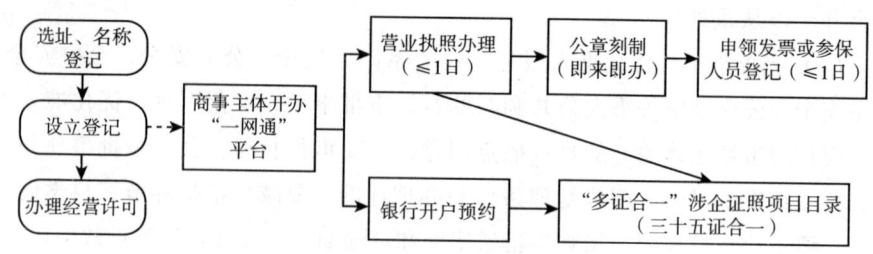

图 6.3 新建企业的整体流程

1. 选址和名称登记,设立登记(含名核)。

2017年率先取消名称预先核准,并进入设立登记环节办理,同时全面开放企业名称库。因此,企业创业者首先登录厦门 http://scjg.xm.gov.cn/,进行实名制注册①。注册登录后通过企业名称库网上"自助查重、自主申报",确定选用的企业名称。

2. 设立登记。

这主要涉及企业营业执照办理、公章刻制、申领发票三个环节。

(1) 企业营业执照办理。鉴于全程无纸化,创业者通过系统提交规范完整材料,市场监督管理局经过审查,确定符合企业登记申请,即发放企业营业执照,并公告企业成立。在此阶段,因推行多证合一,在此阶段,税务登记证、社会保险登记证、机构代码证、银行开户预约服务等一站式办理,大大降低开办成本。

(2) 企业办理注册登记过程中,需要使用图章,因此由公安部门刻出:公章、财务章、法人章、全体股东章、公司名称章等。

(3) 申领发票开业,进入实际公司经营阶段。

3. 办理经营许可。

若是创建企业属于法律规定必须经过许可某些行业,必须由主管部门办理的许可经营的证明,如烟草专卖许可证、药品经营许可证、危险化学品经营许可证等。

---

① 自2019年5月1日起,厦门市市场监管局将在企业(不含农民专业合作社及个体工商户)设立登记环节推行企业登记注册身份实名验证。

第三节 企业名称登记管理

根据党的十九大"深化商事制度改革"的要求,"大众创新、万众创业"热潮不断高涨,企业数量持续大幅增长,企业名称资源日益紧缺,"起名难、效率低"成为困扰企业便捷准入的痛点。为提高企业名称登记便利化服务水平,持续深化商事制度改革,国家工商管理总局、国家市场监管管理总局积极推进企业名称登记管理改革,提高登记效率。

一、企业名称概念和构成要素

(一) 企业名称的概念

企业名称是指企业在生产经营以及经济往来过程中所使用的商业名称,它表明了企业的独特主体地位,对外表彰企业的经营信用。企业名称是一个企业区别于其他企业的文字符号,依次由企业所在地的行政区划、字号、行业或者经营特点、组织形式等四部分组成。按照相关法律规定,企业名称是企业设立必要条件之一。企业只准登记使用一个名称,企业自登记之日起享有名称权,如公司的名称属于一种法人人身权,随法人存在而存在,随法人消亡而消亡。对依法取得的名称享有独占和排他的专用权,是保护工业产权、防止不正当竞争的重要手段。

(二) 企业名称的构成要素

按照《企业名称登记管理规定》《企业名称登记管理条例(征求意见稿)》[①] 的相关规定,企业名称的四项基本构成要素是行政区划、字号、行业或经营特点、组织形式,如厦门/厦门市+字号+行业表述+组织形式。

1. 行政区划。

企业名称中行政区划是指企业所在地县级以上行政区划的名称或地名,市辖区以及经国务院、省级人民政府批准设立的开发区、垦区等区域名称可

---

① 2018年7月9日国家市场监管管理总局发布关于就《企业名称登记管理条例(征求意见稿)》公开征求意见的公告,目前该条例尚未通过。因此,在本节内容综合了《企业名称登记管理规定》《企业名称登记管理条例(征求意见稿)》的相关规定。

以与企业名称的行政区划连用，但不得单独使用。

（1）具备下列条件的企业法人，可以将名称中行政区划可以置于字号之后、组织形式之前：①使用控股企业名称中的字号；②使用外国（地区）出资企业字号的外商独资企业，可以在名称中间使用"（中国）"字样。

（2）国务院批准的；注册资本（或注册资金）不少于5000万元人民币的企业法人；国家市场监督管理总局另有规定的可以使用不含行政区划的企业名称。

2. 字号。

字号（公司的特有名称）是区别不同企业的主要标志。企业名称中的字号应当由2个以上汉字组成，字号应当由2个以上10个以下的汉字组成，可以是字、词或其组合，且应当具有显著性。值得注意的是，县级以上行政区划的地名不得用作字号，但另有其他含义的除外。企业名称不得将行业或者经营特点用作字号，但其具有其他含义或者具有显著性、社会公众可以明确识别的除外。

3. 行业表述。

企业名称中的行业表述应当根据其主营业务，依照国民经济行业分类标准划分的类别，在企业名称中标明所属行业或者经营特点。国民经济行业分类中没有规定的，可以参照政策文件、行业习惯或者专业文献等表述。法律、行政法规以及国务院决定对企业名称所属行业的表述另有规定的，从其规定。行政区划名称或者地名作为行业或者经营特点限定语，应当具有显著性。

企业经营范围分为一般经营项目和行政许可经营项目。对一般经营项目，经登记的商事主体可以直接从事经营活动；行政许可经营项目分为前置审批许可经营项目和后置审批许可经营项目。

4. 组织形式。

企业应当根据其组织结构或者责任形式，依法在企业名称中标明组织形式。法律、行政法规未规定的，应当按照行业习惯标明组织形式且明确易懂，不得引人误解。如依据《中华人民共和国公司法》申请登记的企业名称，其组织形式为有限公司（有限责任公司）或者股份有限公司；依据其他法律、法规申请登记的企业名称，组织形式不得申请为"有限公司（有限责任公司）"或"股份有限公司"，非公司制企业可以申请用"厂""店""部""中心"等作为企业名称的组织形式。

二、企业名称禁限用规则

根据《企业名称登记管理规定》《企业名称禁限用规则》《企业名称相同相近比对规则》（工商企注字〔2017〕133号）以及《企业名称登记管理条例（征求意见稿）》的相关规定，对企业名称做了禁限用规则。

（一）禁止性规定

1. 禁止内容。

企业名称不得含有下列内容和文字：（1）有损于国家、社会公共利益的；（2）外国国家（地区）名称、国际组织名称及其通用简称、特定称谓；（3）政党名称、党政军机关名称、群团组织名称及其简称、特定称谓和部队番号；（4）违背公序良俗或者有其他不良影响的；（5）可能对公众造成欺骗或误解的；（6）法律、行政法规以及国务院决定禁止的。

2. 名称不得相同。

企业名称不得与下列情况的其他企业名称相同：（1）被撤销设立登记、名称变更登记未满1年的；（2）已注销登记或者变更登记未满1年的企业名称；（3）与同一登记机关登记的不使用行业或者经营特点表述的企业名称字号相同；（4）其他已登记或在企业名称保留期内的。

3. 名称不得近似。

（1）企业名称不得与上述名称不得不同所列情况的企业名称近似。

（2）企业名称中不得含有另一个企业名称，不得含有其他法人和非法人组织的名称。

（3）不得擅自将他人注册商标、未注册的驰名商标、有一定影响的社会组织名称（包括简称等）、姓名（包括笔名、艺名、译名等）、网站名称等用作字号，误导公众。

（二）限制性规定

1. 企业名称使用含"中国"字词的情形。

一般来说，企业名称不得使用含"中国"字词，除非具有以下情形：

（1）除国务院批准设立的企业外，企业名称不得冠以"中国""中华""中央""全国""国家""国际"等字词。

（2）在名称中间使用"中国""中华""全国""国家"等字词的，该字词应当是行业的限定语。

2. 使用相同或相近似的企业名称的情形。

（1）企业名称中含有另一个企业名称，需要具有投资关系或者经该企业授权，且使用该企业的简称或者特定称谓。该企业的简称或者特定称谓有其他含义或者指向不确定的，可以不经授权。

（2）企业具有投资关系，企业名称可与同一企业登记机关已登记注册、核准的同行业企业名称近似。

（3）企业受让了已注销登记或者变更登记未满1年的企业名称。

3. 使用其他非营利性法人的名称。

具有投资关系或者经该法人授权，且使用该法人简称或者特定称谓的，企业法人名称中可含有其他非营利法人的名称。该法人的简称或者特定称谓有其他含义或者指向不确定的，可以不经授权。

4. 企业名称不应当或者暗示有超越其经营范围的业务。

企业名称有其他含义或者法律、法规以及国务院决定另有规定的情形，可以明示或者暗示为非营利组织或者超出企业设立的目的。

三、企业名称登记程序

为了加强和完善企业名称的登记管理，保护企业名称所有人的合法权益，维护公平竞争秩序，市场监督管理部门利用现代化信息技术手段，通过全面开放企业名称库，建立完善企业名称比对系统，为申请人提供查询比对服务，通过推行网上办理，简化申请、审核程序、登记程序，进一步提高企业登记管理的信息化、便利化、规范化水平，为改革提供更加有力的技术保障。

（一）企业名称申报登记

根据党的十九大"深化商事制度改革"的要求，对名称登记制度进行改革。国家市场监督管理总局根据国务院决定取消了"名称预先核准"的行政许可项目，推行企业名称自主申报制度。① 即申请人在办理企业登记时可以

---

① 为了进一步推进企业名称核准制度的改革，压缩企业登记的时间，提升企业登记便利化服务，国家市场监督管理总局办公厅近日发布《关于推进企业名称自主申报改革试点工作的通知》（市监企注〔2018〕1号）。

采取下列方式提交拟登记的企业名称：(1) 企业通过系统直接申报，即通过企业名称申报系统提交拟登记的企业名称[①]，电子系统对申请人提交的企业名称进行自动查询比对和筛选，并做出风险提示（见图6.4）。(2) 办理企业登记时直接向企业登记机关提交拟登记的企业名称。(3) 涉及前置许可项目的，企业在市场监督管理部门进行名称预先核准。即法律、行政法规或者国务院决定规定设立企业必须报经批准，或者企业经营范围中属于法律、行政法规或者国务院决定规定在登记前须经批准的项目的，申请人可以预先向企业登记机关提交拟登记的企业名称，企业登记机关应当出具企业名称是否准予登记的审查意见，准予登记的，应当在申请人办理企业登记时直接予以登记。

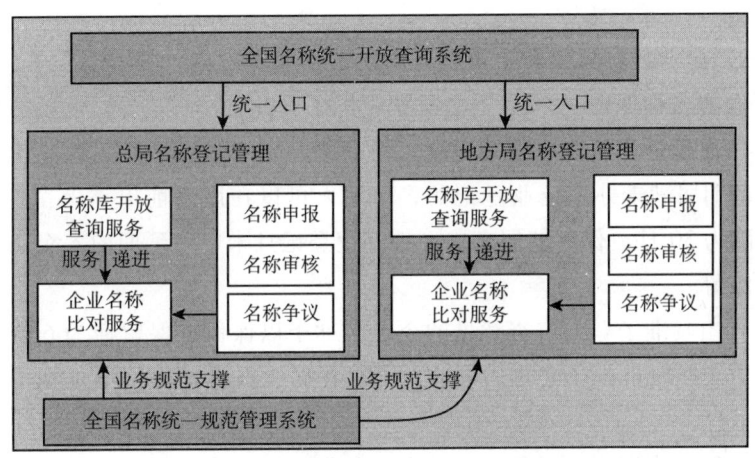

图6.4　全国名称统一开放查询系统

（二）企业名称分级登记管理

按照《中华人民共和国企业法人登记管理条例》规定，企业名称实行分级登记管理。目前，由国家市场监督管理总局主管全国企业名称登记管理工作。各级市场监督管理机关作为企业登记机关，在办理企业登记时依法登记企业名称，监督管理企业名称的使用，处理企业名称争议，保护企业名称权。

1. 国家市场监督管理总局登记管辖范围。

（1）冠以"中国""中华""中央""全国""国家""国际"等字词的；

---

① 在登记企业名称时可以通过名称库开放查询服务进行查验服务。

（2）在名称中间使用"中国""中华""全国""国家"等字词的；

（3）不含行政区划的。

2. 省级市场监督管理局登记管辖范围。

除上述情形之外，其他企业名称通过省级市场监督管理机关的企业名称申报系统提交申请。当前，许多省级地方政府建立全省统一的名称库，企业在申请名称登记时无须在不同名称库中层层比对，申请人只须在名称自主申报系统中一键查重，就能实现名称可否使用零等待。例如，在南京市市场监管局登记的一家企业，需要冠"江苏"行政区划名称，必须先在南京市市场监管局名称库中查重，没有相同名称或近似名称后，再报省市场监管局进行查重，也没有相同名称或近似名称，才可以登记。

（三）企业名称保留和申请在先原则

1. 企业名称保留。

（1）通过企业名称申报系统提交完成的企业名称予以保留，保留期为30天。保留期届满未办理企业登记的，申请人可以在届满前申请保留期延期1次，期限为30日。保留期届满未办理企业登记且未申请延期的，企业名称不再予以保留。

（2）出具准予登记审查意见的企业名称予以保留，保留期为6个月。保留期届满未办理企业登记的，申请人可以在届满前申请保留期延期1次，期限为6个月。

（3）同一出资人在保留期内的企业名称不得超过3个。

（4）企业名称在保留期内，不得用于从事经营活动，不得转让。

2. 申请在先原则。

两个以上申请人向企业登记机关申请登记相同企业名称的，企业登记机关依照申请在先的原则办理登记。

第四节 新建企业常见问题及其防范

新建企业是指创业者利用商业机会通过整合资源所创建的一个新的实体，它能够提供产品或服务，以获利和成长为目标，并能创造价值。因此，创业者在创办企业过程中面临诸多问题。

一、新建企业时面临的法律问题及其防范

(一) 企业设立时的法律问题及其防范

1. 企业法律组织形式选择问题。

当前,设立各类企业基本不存在资金门槛,因此,创业者应根据实际的具体情况,结合各种形式企业的责任承担模式,对拟设立的企业进行充分的法律设计。一般而言,个人创业可以选择的形式主要是设立个人独资企业或设立一人有限责任公司;团队创业则可以选择设立合伙企业、有限责任公司或股份有限公司。这些组织形式各自的优缺点在第一节已经阐述。

2. 设立企业过程中的法律风险防范。

在设立企业的过程中,企业的发起人应对企业设立过程有了充分的认识和计划,是否设置合理的股权结构,是否完全履行了设立企业的出资义务,以及发起人本人是否具有相应的法律资格,这些都直接关系到拟设立企业能否具有一个合法、规范、良好的设立过程。大多数投资者在创业过程对企业财产和私人财产相混合,但是公司是独立于投资人的"法人",尤其在一人有限公司中,股东不能证明公司财产独立于股东自己的财产的,应当对公司债务承担连带责任。如果出现公司财产与个人财产交叉使用的情况,还有可能会涉及挪用资金罪等刑事案件,中式快餐真功夫创始人蔡达标被判职务侵占罪和挪用资金罪便是例证。因此,投资者要把企业独立财产和个人财产分开,设置合理的股权结构,公司加强自身内部的规范化管理,采取各种措施约束和控制高管和员工的行为,避免法律风险。

(二) 合同法律问题及其防范

合同是平等主体的自然人、法人、其他组织之间设立、变更、终止民事权利义务关系的协议。合同作为一种实现合同当事人利益的手段或者工具,具有动态性,双方当事人通过合同确定的权利义务的履行,最终需要确定某种财产关系或者与财产关系相关的状态的变化,得到一种静态财产归属或类似的归属关系。而在实现最终的静态归属过程中,可能有各种因素影响最终归属关系的视线,当合同利益的取得或者实现出现障碍,一种根源于合同利益的损失风险就会显露出来。因此,在创设企业过程中应注意以下几个方面:

1. 审核公司设立协议①。

公司设立协议是出资人为规范公司设立过程中各出资人的权利和义务而签署的协议。设立协议一般包括以下内容：公司的注册资本数额、出资方式和出资时间，出资人在设立过程中的权利和义务，公司设立不成时费用的承担、保密条款等。正因为设立协议主要解决出资人出资问题，因此也常被称为出资协议。在实践中，公司的出资人因较少考虑公司设立过程出现的问题，要么缺乏书面的设立协议，要么约定不当。因此，当公司设立活动出现与预想结果相悖的情况时，纠纷和诉讼可能性增加。

对此，出资人应明确股东之间的权利义务，尤其出现出资人的违约行为时导致公司不能依法成立时，确定违约人的赔偿责任。此外，对具有特定的专利技术、技术秘密，或者具有特殊的经营方式或服务理念的公司，在设立协议中应当明确保密条款。尤其是对公司成立后有部分股东不参与经营管理的公司，设立协议时所约定的保密条款应扩大到公司成立之后。一方面避免股东利用股东身份损害成立后的公司利益；另一方面避免股东利用该公司的信息"另起炉灶"，与公司形成直接竞争关系。

2. 审查签订合同的主体。

在签订合同之前审查合作方的基本情况，了解对方是否具备法人或者代理人资格，有没有签订合同的权利；审查合作方有无相应的从业资格以及商业信誉和履约能力；涉及专利、商标、著作权的需要查看是否为专利、商标、著作权的所有权人。

3. 审查合同各主要条款。

合同的签订最好采用书面形式，做到用词准确，避免产生歧义。对于重要的合同条款，要字斟句酌，对于重要的合同应聘请专业律师审查，以防患于未然。合同的基本条款要具备，尤其是交易的内容、履行方式和期限、违约责任要约定清楚。

4. 运用合同履行抗辩权。

合同履行过程应保留较为完整的书面往来文件并经对方当事人的确认，如开出发票时对方货款未付清，应在发票上予以注明。一旦遇到法定条件（如不可抗力）或者合作方存在违约情形时，可以依法采取中止履行或解除

---

① 创业者创设企业多选择公司形态，在此以公司设立协议为例进行分析，合伙企业协议可以参考此分析，并关注劳务出资的约定问题。

合同的方法，保护企业的权益。

（三）知识产权法律问题及其防范

知识产权是指人们对从事创造性智力劳动而取得的知识、智能性成果享有的权利。知识产权是蕴含创造力和智慧结晶的成果，其客体是一种非物质形态的特殊财产，要求相关法律给予特别规定，往往在有限时间内有效。多数企业没有意识到或没有关注知识产权的深入保护，从法律风险的解决成本看，避免他人制造侵权产品比事后索赔更为经济。

（四）企业税收法律问题及其防范

在企业创设初期，企业法律组织形式所承担的税率差异将会直接关系到新企业能否设立和续存，并影响到投资者的利益，如果税率很高，创业者就只能保留所赚利润的一小部分，导致可获得的潜在利润变得很少，以致不足以抵消创建新企业所带来的风险。

企业税收法律风险指企业的涉税行为因为能正确有效遵守税收法规而导致企业未来利益的可能损失或不利的法律后果，具体表现为企业涉税行为影响纳税准确性的不确定因素，结果就是企业多缴税或少缴税，或者因为涉税行为而承担了相应的法律责任。

（五）人力资源管理的法律问题及其防范

在我国，与人力资源有关的主要是《劳动法》和国务院制定的相关行政法规及部门规章。在企业人力资源管理过程各个环节中，从招聘开始，面试、录用、使用、签订劳动合同、员工的待遇问题直至员工离职这一系列流程中，都有相关的劳动法律法规的约束。因此，企业在人力资源管理需要注意以下问题：

（1）签订书面的劳动合同并依法购买社会保险。按照《劳动合同法》规定，不依法签订劳动合同的，劳动者可以请求支付双倍工资；没有依法为劳动者购买社保的将会受到劳动保障部门的罚款，造成企业非生产成本的增加。同时，签订书面合同时要注意根据企业的情况规定竞业禁止和保密协议的内容。

（2）做好入职审查工作。招聘过程中的入职审查是对入职者的身份、履历进行核实的过程，其重要目的是防止未与原单位解除劳动合同关系的人员或者负有竞业禁止义务的人员进入本企业。《劳动合同法》第91条规定，用人单位招用与其他用人单位尚未解除或者终止劳动合同的劳动者，给其他用人单位造成损失的，应当承担连带赔偿责任。因此企业在新员工入职审查过程中应当要求有工作履历的应聘者提供与原用人单位解除劳动关系的书面证明。此外，在入职审查过程中，身份证明的审查也是非常重要的。公安部有专门的查验公民身份证真实性的平台，企业应当积极运用这一平台查验新入职员工的身份情况。如果新入职员工的身份证丢失，要求新入职的员工提供"无违法犯罪行为证明"也是其中一个办法。

(3) 履行好告知义务。《劳动合同法》规定用人单位应当如实告知劳动者工作内容、工作条件、工作地点、职业危害、安全生产状况、劳动报酬，以及劳动者要求了解的其他情况。用人单位应当将直接涉及劳动者切身利益的规章制度和重大事项决定公示，或者告知劳动者。在实践中，法院审查这一点主要是看是否通过了公示程序。鉴于网站公告、电子邮件传送、宣传栏公告这三种公示方式都不易于举证。所以企业在公示时尽量采取书面形式。

(4) 建立完善的绩效考核制度。《劳动合同法》第39条是关于用人单位单方解除劳动合同的规定，"严重违反公司规章制度"这一法律规定正是企业制定具体考核奖惩办法掌握主动权的源泉。正是因为国家法律法规没有明确具体的规定，就给企业留下了自行制定相应奖惩标准的空间。企业可以结合自身特点，根据企业规模、盈利状况和员工数量自行制定多层次、多档位的考核奖惩办法。

(5) 建立完善的档案管理制度。企业档案是企业在生产、经营活动中形成的对本企业具有保存价值的各种文字、图表、声像等不同形式的资料。档案管理是为了高效、有序地利用档案材料，提高企业工作效率。同时，规范化的档案管理制度对企业在发生劳动争议时，有助于企业规避因不能举证导致的败诉风险。

(六) 企业并购法律问题及其防范

有些投资者通过并购创建新企业。因此，从法律风险的角度看，企业收购并没有改变原企业的资产状态，对收购方而言法律风险并没有变化。因此，企业并购的法律风险主要表现在企业兼并中。企业兼并涉及公司法、竞争法、税收法、知识产权法等法律法规，且操作复杂，对社会影响较大，潜在的法律风险较高。

二、新建企业选址问题

从新建企业来说,选址是关系企业发展成败的关键因素。据香港工业总会和香港总商会统计,在开业不足两年就倒闭的企业中,由于选址不当导致企业失败的数量就占到总量的 50% 以上。

(一) 企业选址的概念及其作用

企业选址是指企业的办公地点、生产地点、销售地点等。鉴于企业竞争力的内容具有复杂性和多层次性,一家新创企业的持续竞争力必然受到该地区商业环境质量的强烈影响。社会治安、企业税率优惠、社区文化等商务环境因素也都深刻地影响着新创企业。从深层次上看,选址对于创业成功的重要性还在于区域的竞争优势的独特性和集聚等效应。

(二) 创业选址考量的因素

从宏观方面主要有五个方面的影响因素。

1. 政治因素。

新企业必须考虑政府对相关产业的政策,将企业建在政府支持该产业的地区,尤其是进行跨国经营时,创业者必须考虑经营所在国的政治环境,评估该环境对企业提供的产品或服务、分销渠道、价格、促销策略等造成的影响。目前,各个地方政府不断优化营商环境,推出吸引新企业入驻的优惠举措,这些举措是创业者创业时应该予以关注和权衡。

2. 经济因素。

一般来说,新企业设立在关联企业和关联机构相对集中的地区就会相对容易获得成功。因此,新企业应考量企业所处产业的上下游产业链条是否予以完善。

3. 技术因素。

由于新技术对于高科技新企业的成功起着关键作用,因此相当多的高科技企业在创业选址时,把企业建在技术研发中心附近或新技术信息传递比较迅速的地区以便在第一时间掌握技术的变化趋势,规避技术进步的不确定性带来的风险。

4. 社会文化因素。

这个主要考虑到顾客的可进入性,因不同地域的社会习俗、文化价值观、生活态度等方面差别很大，社会对安全、健康、营养及环境的关注程度也不尽相同，因此新企业在选址时，如果不考虑上述因素，其所提供的产品或服务就很可能不被其所在地的市场接受。

5. 自然因素。

在新企业选址时，创业者还必须考虑气候变化、地质状况、水资源可利用性等自然因素，这些因素可能影响企业的资源可获得性，如日常生产经营调度、原材料供给、安全生产等方面。

基于上述分析，创设企业若属于零售业和服务业，选址时应更多地考虑商圈大小、客流量、配套设施（如停车场等）因素；工业企业时选址时更多地应考虑交通的便利性、获得资源的便利性、周围环境等因素，选择到经济开发区和保税区将是一个不错的选择。

（三）创业选址的步骤

1. 市场信息的收集和研究。

首先，创业者应考虑从二手资料中收集信息，如商贸杂志、图书馆、政府机构、大学或专门的咨询机构。其次，创业者还应亲自收集新的信息，获取第一手资料。主要通过观察、上网、访谈、聚点小组、试验及问卷等。最后，要对收集到的各方面信息进行汇总、整理（可以对这些数据进行交叉制表分析）。

2. 多个选点的评价。

对市场上各种信息收集研究后，创业者应该得到若干关于新企业厂址的候选地，此时可以借助科学的定量方法进行评价。目前最常用的有关选址的评价方法有量本利分析法、综合评价法、运输模型法、重心法、引力模型法等。

在新店选址上，定性分析更为重要，它是定量分析的前提上进行，主要按照以下思路：

（1）选择符合创业性质的设店区域，如是位于居民区、商店街抑或是繁华商业中心。

（2）分析潜在顾客数量和客流规律。每个人都可以是商店的消费者，因此创业者在选择店址时必须了解当地的人口总数、人口密度、人口增长情况、人口年龄结构等。同时，来往的客流量也是创业者在新店选址时考虑的重点。

（3）分析交通地理条件。商店附近的交通状况会在很大程度上影响商店的经营状况,尤其是住宅区,上班与下班的高峰时间,街道两旁的行人、车辆,可呈现明显的差距,因此创业者一般在商店选址时都会考虑交通路线问题。

(4)分析竞争程度。如果商店经营的是挑选性不强、购买频率较高的日用消费品,在同一地区又有很多同行在恶性竞争,那么势必会影响商店的经济效益,除非新设的商店有特殊的经营风格、能力或不寻常的商品来源,否则很难成功。

(5)分析其他因素。如创业者在进行选址时要清楚城市建设的规划,包括短期规划和长期规划。

3. 确定最终地点。

创业者依据已经汇总整理的市场信息,根据其所要进入的行业特点及自己企业的特征,借助以上的一种或几种方法进行评估,最终完成选址决策,从而迈出创业至关重要的一步。

【案例】

肯德基快餐店选址分析

1986年9月下旬,肯德基快餐店开始考虑打入人口众多的中国市场。它们面临的首要问题是:第一家肯德基店址应当选在何处?这一决策对将来肯德基在中国市场的进一步开拓至关重要。现在有三个地点可供选择:上海、广州、北京。

1. 上海。上海是中国最大的市场,有1100多万居民、19000多家工厂和中国最繁忙的港口,上海是中国最繁荣的商业中心,其优越的经济地位在国内显而易见。上海的明显优势是在这里容易获得合乎质量的充足的肉鸡供应,通过兴办合资企业,泰国的正大集团已经在东南亚地区建立了10个饲料厂和家禽饲养基地,可以为上海供应肉鸡。肯德基的东南亚办公室与正大集团有着良好的关系。虽然上海一向是主要的商业中心,但改革开放初人民收入水平增长不快,能否迅速接受西方快餐文化还是个疑问。而且它的噪声和污染令旅游者感到沮丧,西方游客不多。

2. 广州。广州是可供选择的另一个方案。它位于中国东南部,离香港很近,作为中国14个沿海开放城市之一,广州于1984年成为优惠外资的经济特区,这样,广州在批准外资项目、减免税收和鼓励技术开发方面被授予更多的自主权，而且广州人的收入水平近几年增长很快。广州是西方商人经常光顾的地方，同时也是旅游者从香港出发一日游的好地方。广州与香港相距不到120千米路程，公路铁路交通都很便利。在广州做买卖很容易得到肯德基香港办公室提供的服务。另外，广东地区的中国人也更熟悉西方管理惯例和西方文化。广东和香港讲同样的粤语，差别不大，初步调查表明找到一个充分供应肉鸡的来源也没有什么困难。

3. 北京。北京是中国的政治文化中心，这里有900万居民，人口数量仅次于上海。北京的外来人口数量众多，有潜在的消费群体。北京是中国的教育中心，是高等学府的聚集地，所有这些因素都造成人口大量涌入和人民智力启蒙，这对肯德基人民币销售部分是极为重要的。北京是那些向往故宫、长城、十三陵的西方游客的必到之地，这意味着肯德基将会有一个稳定的外汇收入。因此，如果从北京搞起，无疑将更大地吸引人们的注意力，并且不言而喻地表明政府的赞同态度，这将有助于今后往其他城市的进一步发展。调查也表明，北京城郊有好几个家禽饲养基地。然而，从政治方面说，外商在北京经营更容易招致政府的直接干预。

问题：

1. 肯德基在中国选择第一家店址时主要考虑了哪些因素？

2. 如果你是肯德基的决策者，你会选择哪座城市作为首次进入的目标？为什么？

三、新建企业名称的命名和争议处理问题

（一）企业名称命名应遵行基本准则

1. 强化识别功能，选择能够识别企业产品功能和企业功能的名称；
2. 凸显个性，避免毫无特征的名称；
3. 彰显文化底蕴，命名时注意挖掘企业的历史潜能和当今时代内涵；
4. 注重树立品牌意识，尽量使企业名称与产品商标相统一；
5. 国际性，中英文相一致，且没有歧义，适合国内外人的发音。

（二）企业名称争议处理

企业名称在使用过程中与他人发生争议，既可以向市场监督管理部门申请处理，也可以向人民法院起诉。具体来说，对企业在经营活动中滥用名称

权利，与其他企业名称之间发生的争议，由企业名称核准机关处理；与他人有一定影响的商标等其他商业标识之间的争议，依据《反不正当竞争法》处理。

思考练习题

一、名词

个人独资企业、无限责任、连带责任、合伙协议、公司章程

二、问答题

1. 合伙企业的特征是什么？
2. 公司设立条件主要有哪些？
3. 新建企业面临的法律问题？
4. 企业选址的具体步骤是什么？

第七章 创业企业融资

第一节 融资的基础知识

一、融资的含义

(一) 融资

1. 概念。

融资 (Financing) 是指为支付超过现金的购货款而采取的货币交易手段,或为取得资产而集资所采取的货币手段。融资通常是指货币资金的持有者和需求者之间,直接或间接地进行资金融通的活动。广义的融资是指资金在持有者之间流动以余补缺的一种经济行为,这是资金双向互动的过程,包括资金的融入(资金的来源)和融出(资金的运用);狭义的融资只指资金的融入。

从狭义上讲,融资是一个企业的资金筹集的行为与过程,也就是公司根据自身的生产经营状况、资金拥有的状况以及公司未来经营发展的需要,通过科学的预测和决策,采用一定的方式,从一定的渠道向公司的投资者和债权人去筹集资金,组织资金的供应,以保证公司正常生产需要、经营管理活动需要的理财行为。公司筹集资金的动机应该遵循一定的原则,通过一定的渠道和一定的方式去进行。我们通常讲,企业筹集资金无非有三大目的:企业要扩张、企业要还债以及混合动机(扩张与还债混合在一起的动机)。

从广义上讲,融资也叫金融,就是货币资金的融通,当事人通过各种方式到金融市场上筹措或贷放资金的行为。从现代经济发展的状况看,作为企业需要比以往任何时候都更加深刻、全面地了解金融知识、了解金融机构、了解金融市场,因为企业的发展离不开金融的支持,企业必须与之打交道。如果不了解金融知识,不学习金融知识,作为搞经济的领导干部是不称职的,作为企业的领导人也是不称职的。2019年3月15日,国务院总理李克强在北京人民大会堂十三届全国人大二次会议表示,让小微企业融资成本在2018年的基础上再降低1个百分点。

2. 常见融资方式的分类。

融资方式是指企业融通资金的具体形式。融资方式越多意味着可供企业选择的融资机会就越多。如果一个企业既能够获得商业信用和银行信用,又能够同时通过发行股票和债券直接进行融资,还能够利用贴现、租赁、补偿贸易等方式融资,那么就意味着该企业拥有更多的机会筹集到生产经营所需资金,即企业融资的渠道。

(1) 内源融资和外源融资。

这种分类方式是按照资金是否来自企业内部来进行划分。所谓内源融资是指企业依靠其内部积累进行的融资,具体包括3种方式:资金、折旧基金转化为重置投资、留存收益转化为新增投资。外源融资是指企业通过一定方式从外部融入资金用于投资。一般来说,外源融资通过金融媒介机制形成,以直接融资和间接融资的形式实现。

(2) 短期融资与长期融资。

这种分类是按照资金使用及归还年限进行划分的。短期融资,一般是指融入资金的使用和归还在一年以内,主要用于满足企业流动资金的需求。其包括商业信用、银行短期贷款、票据贴现、应收账款融资、经营租赁等。长期融资,一般是指融入资金的使用和归还在一年以上,主要满足企业购建固定资产、开展长期投资等活动对资金的需求。长期融资方式主要有发行股票、发行债券、银行长期贷款、融资租赁等。

(3) 股权融资和债权融资。

这种分类主要按企业融入资金后是否需要归还来划分。股权融资是指企业融入资金后,无须归还,可长期拥有,自主调配使用,如发行股票筹集资金。其主要包括争取国家财政投资、与其他企业合资、吸引投资基金投资、境内外公开发行股票上市等。债权融资是指企业融入资金是按约定代价和用途取得的,必须按期偿还,如企业通过银行贷款所取得的资金。企业从外部借款,按期还本付息,一般不影响企业的股权结构。其主要包括银行贷款、向亲朋好友借贷、民间借贷和向社会公众发行债券等。

（4）直接融资和间接融资。

这种分类主要按照企业融资时是否借助于金融中介机构的交易活动来进行划分。直接融资是指企业不经过金融中介机构的交易活动，直接与资金供给者协商借款或发行股票、债券等来融资。另外，政府拨款、占用其他企业资金、民间借贷和内部集资等都属于直接融资范畴。间接融资是指企业通过金融中介机构间接向资金供给者融通资金的方式，包括银行借贷、非银行金融机构租赁、典当等。

（二）融资需求和融资成本

1. 融资需求。

资金资源是新创企业成长中最重要的资源。新创企业对于资金的需求可以从以下三个方面来分析：

（1）在企业开办过程中，创业者需要较多的资金；

（2）在市场开拓方面，创业者需要较多的资金；

（3）在产品开发方面，也需要创业者投入较多的资金。

2. 融资成本。

创业者为获取和使用资金而付出的代价，包括资金筹集费用和资金占用费用。

（1）筹集费用。

资金筹集过程中支付的各种费用，如发行股票债券支付的印刷费、律师费、发行手续费、公证费、担保费及广告宣传费等。

（2）占用费用。

因占用他人资金而支付的费用，或者说是资金所有者凭借其对资金所有权向资金占用者索取的报酬，如股东的股息、红利、向债券持有者及银行支付的利息。

二、常用融资方式

（一）融资租赁

中小企业融资租赁是指出租方根据承租方对供货商、租赁物的选择，向供货商购买租赁物，提供给承租方使用，承租方在契约或者合同规定的期限内分期支付租金的融资方式。

想要获得中小企业融资租赁，企业本身的项目条件非常重要，因为融资租赁侧重于考察项目未来的现金流量，所以中小企业融资租赁的成功，主要关心租赁项目自身的效益，而不是企业的综合效益。除此之外，企业的信用也很重要，与银行放贷一样，良好的信用是下一次借贷的基础。

（二）银行承兑汇票

中小企业融资双方为了达成交易，可向银行申请签发银行承兑汇票，银行经审核同意后，正式受理银行承兑契约，承兑银行要在承兑汇票上签上表明承兑字样或签章。这样，经银行承兑的汇票就称为银行承兑汇票，银行承兑汇票具体说是银行替买方担保，卖方不必担心收不到货款，因为到期买方的担保银行一定会支付货款。

银行承兑汇票中小企业融资的好处在于企业可以实现短、平、快融资，可以降低企业财务费用。

（三）不动产抵押

不动产抵押是市场上运用最多的中小企业融资方式。在进行不动产抵押中，企业一定要关注中国关于不动产抵押的法律规定，如《担保法》《城市房地产管理法》等，避免上当受骗。

（四）股权转让

股权转让是指中小企业通过转让公司部分股权而获得资金，从而满足企业的资金需求。中小企业进行股权出让，实际是想引入新的合作者，吸引直接投资的过程。因此，股权出让对对象的选择必须十分慎重而周密，否则企业会失去控制权而处于被动局面，建议企业家在进行股权转让之前，先咨询《公司法》专业人士，并谨慎行事。

（五）提货担保

提货担保的优势主要在于可以把握市场先机，减少企业资金占压，改善现金流量。这种贸易适用于已在银行开立信用证，进口货物已到港口，但单据未到，急于办理提货的中小企业。进行提货担保的中小企业融资企业一定要注意，一旦办理了担保提货手续，无论收到的单据有无不符，企业均不能提出拒付和拒绝承兑。

（六）国际市场开拓资金

这部分资金主要来源于中央外贸发展基金。中小企业如果想通过这个渠道来融资，就要注意市场开拓资金主要支持的内容是：境外展览会、质量管理体系、环境管理体系、软件出口企业和各类产品认证、国际市场宣传推介、开拓新兴市场、培训与研讨会、境外投标等，对面向拉美、非洲、中东、东欧和东南亚等新兴国际市场的拓展活动会优先支持。

（七）互联网金融平台

相比于其他的投资方式，互联网金融平台对申请融资的企业进行资质审核、实地考察，筛选出具有投资价值的优质项目在投融界等投融资信息对接平台网站上向投资者公开；并提供在线投资的交易平台，实时为投资者生成具有法律效力的借贷合同；监督企业的项目经营，管理风险保障金，确保投资者资金安全。一方面利用互联网公开的优势、开放性的优势，另一方面结合传统的金融机构在风险控制、信贷审核等方面的专业度。作为一个投融资的平台，处在中间的结合的地位，两边是投资者和有融资需求的需求方，但是又与第三方的担保机构进行密切合作。对用户的投资进行专业性的担保，同时还与信用评级机构、资产管理机构合作，为用户的投资信息提供全方面的解读，以及对资产处置后续提供保障。

三、融资的意义

资金是企业经济活动的第一推动力、持续推动力。企业能否获得稳定的资金来源、及时足额筹集到生产要素组合所需要的资金，对经营和发展都是至关重要的。但民营企业发展中遇到的最大障碍是融资困境。我国的民营企业以劳动密集型、低技术的行业为主，仅制造业、批发零售餐饮业就集中了民营企业的75%。绝大多数民营企业无论是在其初创期还是发展期，主要是依靠自我积累、自我筹资发展起来的。但是，由于这些企业管理水平低、生产规模小、创利能力弱，要进一步发展，仍受到资金严重不足的制约。民营企业有着巨大的资金需求，然而，从银行所得到的贷款尚不足银行贷款总量的2%；通过发行股票融资的民营企业在我国证券市场的上市公司中只占9%左右，这里还不包括那些以较高昂的代价购买其他上市公司的股份而曲线上市的；在债券市场上占有的份额则几乎为零。民营企业的融资难，突出表现为中小企业难、中西部地区难、小城镇难，而这又恰恰是我们经济发展需要加大支持力度的重要环节。

第二节 创业融资渠道

一、企业不同发展阶段的不同融资需求

每一个创业企业都要根据自身的生产经营状况、资金拥有情况以及公司未来经营发展的需求，来进行融资这一筹集资金的行为与过程。对于新创企业来讲，融资似乎是一件不太容易的事情。仅从企业融资的目的来说，无论是出于扩张还是还债的意图，抑或是一种混合的动机，其复杂性就意味着融资路更是漫漫且修长。

面对融资的复杂性，创业者殊不知，在清楚企业不同发展阶段的不同需求，成功的融资也是有规律可循的。细究新创企业在种子期、创立期、成长期和扩张期的融资需求，不同的阶段企业总会从资金需求与风险、融资方式以及融资决策3个方面呈现出不同的需求特征。

（一）企业发展种子期的融资需求特征

1. 资金需求与风险。

在这一时期，创业者将会需要投入相当的资金数来开发自己的企业产品，从而来验证自己创业创意的可行性。由于此时的企业还处于孕育阶段，因此就不具备相应的法人结构等，对资金的需求也仅会体现在企业的开办费用、可行性研究费用、一定程度的技术研发费用上。总的来说，这一阶段的企业发展，对资金的需求量并不是很高。在企业发展种子期，由于公司暂时没有销售收入，因此现金便只见流出不见流入，加之创业产品和创新理念均处在起步设计阶段，还未经受市场的检验。在这一发展阶段，产品开发风险较大，创业企业能否成功也具有很大的不确定性。

2. 融资方式。

对于多数种子期的创业企业来说，暂时的无盈利状态，使其承担风险的能力也极为有限，因此，依靠创业者自身或是亲友相助，以及私人的股权资

本（承担高风险，追求高收益），成为这一阶段创业企业最为青睐的融资方式。此外，还有一部分新创企业也会在企业发展种子期采取负债融资的方式进行融资。

3. 融资决策。

在这一阶段中，创业者首先要根据内外发展的情况选择适合自己的资本提供者，进而向这类投资者传递信息，制定出详尽的商业计划书。在确定好自己的融资策划内容之后，创业者便可以与风险投资家进行接触，提前为企业发展下一阶段所需的资金供应做准备。

（二）创立期的融资需求特征

1. 资金需求与风险分析。

在这个时期里，企业产品研发成功，企业运营对于资金的需求量也会加大，但是相应的销售收入现金回流也十分有限。资产规模小，但对于资金的需求又极为迫切，企业能否获得足够的资金来占领市场充满了不确定性，这一状况就决定了在创立期企业所面临的各种风险较大，其抵御风险的能力也较低。

2. 融资方式。

创立期，大多数创业公司会选择风险投资机构来进行融资。与此同时，在这一时期，由于公司未来发展依旧存在许多不确定因素，创业者也无法对现金流预计做到精准估计，因此投融资双方对企业的价值在很多情况下会出现分歧，对于股权比例的争夺也较为激烈。

3. 融资决策。

创业者根据企业的发展情况和市场的实际情况修订相应的商业计划书。除了确定本轮融资的相关事宜外，在这一发展阶段，企业还会对下轮及多轮融资进行筹划。

（三）企业发展成长期的融资需求特征

1. 资金需求与风险分析。

成长期，企业销售规模迅速扩大，创业及管理队伍也已经成型，公司在生产、销售、服务方面也有了十足的把握。在这一阶段，创业者往往会抱有扩充队伍、扩大生产线的愿景，以进一步开拓出企业发展的市场。要实现规模效益就决定了在该阶段企业会对外部资本产生较大需求。同时，在成长期，由于技术和市场的不确定性依旧很大,因此创业企业仍旧面临着诸多风险。但是相较于前两个阶段,其风险性正在逐步降低。

2. 融资方式。

在这一阶段,由于享有一定的商誉,拥有一定的资产可以抵押或者关联企业的担保,因此该时期的融资渠道也会变得较为通畅。除了股权融资以外,企业也可选择债务融资等进行融资。

3. 融资决策。

在这一时期,融资决策主要包含未来企业的发展模式。企业在处于快速发展的阶段,自身商誉也得到了一步步的提升,因此便有能力来获得其他金融机构的支持。

(四) 企业发展扩张期的融资需求特征

1. 资金需求与风险分析。

企业进入稳步发展的阶段,虽然现金流已经能够满足公司发展的大部分需求,但新的机会仍旧在不断出现。因此,在扩张期企业还是需要外部资金来实现自身的高速发展,直至发展成为一个成熟企业。从风险的角度看,随着企业资产规模的迅速扩大,其面临的风险也会大大降低,与此同时,企业的盈利与抵押能力的提升也增强了其抗风险的能力。

2. 融资方式。

进入扩张期,企业的市场前景相对比较明朗,因此专为创业企业融资提供服务的创业板市场便会自愿提供支持。在进入创业板市场之后,创业企业即有望成为公众公司,在公众市场上筹集进一步发展所需的资金。

3. 融资决策。

企业处于高利润阶段,具有一定的商誉,有能力获得其他金融机构的支持。

综上所述,创业企业在成长过程中,往往会带有这样一种融资需求规律:

(1) 风险与资金需求量的反向运动规律。从种子期到扩张期资金需求量越来越大,而风险则相对越来越小;到成熟以后,资金需求量越来越小,而风险则相对越来越大。

(2) 内部融资需求与企业发展阶段规律。从种子期到扩张期,内部融资需求率依次呈现出增长、降低、再增长的趋势。

掌握以上的企业融资需求规律,对于不同发展期自身不同的融资需求进行合理与科学的预判,这都将有利于创业企业作出最佳的融资决策。不同的发展时期,面对不同的融资需求,遵循科学的需求规律,对于新创企业来说,不乏为一种成功获得融资的好方式。

二、新创企业融资方式

目前各地实行和创新出来的新创企业融资方式主要有以下几种。

(一)综合授信

即银行对一些经营状况好、信用可靠的企业,授予一定时期内一定金额的信贷额度,企业在有效期与额度范围内可以循环使用。综合授信额度由企业一次性申报有关材料,银行一次性审批。企业可以根据自己的营运情况分期用款,随借随还,企业借款十分方便,同时也节约了融资成本。银行采用这种方式提供贷款,一般是对有工商登记、年检合格、管理有方、信誉可靠、与银行有较长期合作关系的企业。

(二)信用担保贷款

目前在全国 31 个省区市中,已有 100 多个城市建立了中小企业信用担保机构。这些机构大多实行会员制管理的形式,属于公共服务性、行业自律性、自身非营利性组织。担保基金的来源,一般是由当地政府财政拨款、会员自愿交纳的会员基金、社会募集的资金、商业银行的资金等组成。会员企业向银行借款时,可以由中小企业担保机构予以担保。另外,中小企业还可以向专门开展中介服务的担保公司寻求担保服务。当企业提供不出银行所能接受的担保措施时,如抵押、质押或第三方信用保证人等,担保公司却可以解决这些难题。因为与银行相比而言,担保公司对抵押品的要求更为灵活。当然,担保公司为了保障自己的利益,往往会要求企业提供反担保措施,有时担保公司还会派员到企业监控资金流动情况。

(三)买方贷款

如果企业的产品有可靠的销路,但在自身资本金不足、财务管理基础较差、可以提供的担保品或寻求第三方担保比较困难的情况下,银行可以按照销售合同,对其产品的购买方提供贷款支持。卖方可以向买方收取一定比例的预付款，以解决生产过程中的资金困难。或者由买方签发银行承兑汇票，卖方持汇票到银行贴现。

（四）异地联合协作贷款

有些中小企业产品销路很广，或者是为某些大企业提供配套零部件，或者是企业集团的松散型子公司。在生产协作产品过程中，需要补充生产资金，可以寻求一家主办银行牵头，对集团公司统一提供贷款，再由集团公司对协作企业提供必要的资金，当地银行配合进行合同监督；也可由牵头银行同异地协作企业的开户银行结合，分头提供贷款。

（五）项目开发贷款

一些高科技中小企业如果拥有重大价值的科技成果转化项目，初始投入资金数额比较大，企业自有资本难以承受，可以向银行申请项目开发贷款。商业银行对拥有成熟技术及良好市场前景的高新技术产品或专利项目的中小企业以及利用高新技术成果进行技术改造的中小企业，将会给予积极的信贷支持，以促进企业加快科技成果转化的速度。对于同高等院校、科研机构建立稳定项目开发关系或拥有自己研究部门的高科技中小企业来说，银行除了提供流动资金贷款外，也可办理项目开发贷款。

（六）出口创汇贷款

对于生产出口产品的企业，银行可根据出口合同，或进口方提供的信用签证，提供打包贷款；对有现汇账户的企业，可以提供外汇抵押贷款；对有外汇收入来源的企业，可以凭结汇凭证取得人民币贷款；对出口前景看好的企业，还可以商借一定数额的技术改造贷款。

（七）自然人担保贷款

自然人担保可采取抵押、权利质押、抵押加保证三种方式。可作抵押的财产包括个人所有的房产、土地使用权和交通运输工具等；可作质押的个人财产包括储蓄存单、凭证式国债和记名式金融债券；抵押加保证则是指在财产抵押的基础上，附加抵押人的连带责任保证，如果借款人未能按期偿还全部贷款本息或发生其他违约事项，银行将会要求担保人履行担保义务。

（八）个人委托贷款

中国建设银行、民生银行、中信实业银行等相继推出了一项融资业务新品种——个人委托贷款。即由个人委托提供资金，由商业银行根据委托人确定的贷款对象、用途、金额、期限、利率等，代为发放、监督、使用并协助收回的一种贷款。办理个人委托贷款的基本程序是：由委托人向银行提出放款申请；银行根据双方的条件和要求进行选择配对，并分别向委托方和借款方推介；委托人和借款人双方直接见面，就具体事项和细节如借款金额、利率、贷款期限、还款方式等进行洽谈协商并作出决定；借贷双方谈妥要求条件之后，一起到银行并分别与银行签订委托协议；银行对借贷人的资信状况及还款能力进行调查并出具调查报告，然后借贷双方签订借款合同并经银行审批后发放贷款。

（九）无形资产担保贷款

依据《中华人民共和国担保法》的有关规定，依法可以转让的商标专用权、专利权、著作权中的财产权等无形资产都可以作为贷款质押物。

（十）票据贴现融资

票据贴现融资，是指票据持有人将商业票据转让给银行，取得扣除贴现利息后的资金。在我国，商业票据主要是指银行承兑汇票和商业承兑汇票。这种融资方式的好处之一是银行不按照企业的资产规模来放款，而是依据市场情况（销售合同）来贷款。企业收到票据至票据到期兑现之日，往往是少则几十天，多则300天，资金在这段时间处于闲置状态。企业如果能充分利用票据贴现融资，远比申请贷款手续简便，而且融资成本很低。票据贴现只须带上相应的票据到银行办理有关手续即可，一般在3个营业日内就能办妥，对于企业来说，这是"用明天的钱赚后天的钱"，这种融资方式值得中小企业广泛、积极的利用。

（十一）金融租赁

金融租赁在经济发达国家已经成为设备投资中仅次于银行信贷的第二大融资方式。金融租赁是一种集信贷、贸易、租赁于一体，以租赁物件的所有权与使用权相分离为特征的新型融资方式。设备使用厂家看中某种设备后，即可委托金融租赁公司出资购得,然后再以租赁的形式将设备交付企业使用。当企业在合同期内把租金还清后,最终还将拥有该设备的所有权。通过金融租赁,企业可用少量资金取得所需的先进技术设备,可以边生产边还租金,对于资金缺乏的企业来说,金融租赁不失为加速投资、扩大生产的好办法;对某些产品积压的企业来说,金融租赁不失为促进销售、拓展市场的好手段。

(十二) 典当融资

典当是以实物为抵押,以实物所有权转移的形式取得临时性贷款的一种融资方式。与银行贷款相比,典当贷款成本高、贷款规模小,但典当也有银行贷款无法相比的优势:第一,与银行对借款人的资信条件近乎苛刻的要求相比,典当行对客户的信用要求几乎为零,典当行只注重典当物品是否货真价实。而且一般商业银行只做不动产抵押,而典当行则可以动产与不动产质押二者兼为。第二,到典当行典当物品的起点低,千元、百元的物品都可以典当。与银行相反,典当行更注重对个人客户和中小企业服务。第三,与银行贷款手续繁杂、审批周期长相比,典当贷款手续十分简便,大多立等可取,即使是不动产抵押,也比银行便捷许多。第四,客户向银行借款时,贷款的用途不能超越银行指定的范围。而典当行则不问贷款的用途,钱使用起来十分自由,周而复始,大大提高了资金使用率。

(十三) 天使投资

"天使投资"是指具有一定净财富的有钱个人,对具有巨大发展潜力的初创企业进行早期的直接投资,属于一种自发而又分散的民间投资方式。在欧美,它已经成为一种较为成熟的投资模式,但在我国,由于观念等因素的影响致使"天使投资"发展缓慢。我国国内存在着巨额的民间游资,天使投资具有发展潜力。因此,要改变观念,有效利用民间资本,拓宽中小企业融资渠道。我国经济发展具有区域性,东西部发展不平衡,政府部门可以通过优惠政策,鼓励东部游资向西部流动,促进西部经济的发展。

三、创业融资选择的策略

(一) 遵循先"内部融资"后"外部融资"的优序理论

在市场经济中,企业融资方式总的来说可以分为两种:一种是内源融资,即将企业的留在收益和折旧转化为投资的过程；另一种是外源融资，即吸收其他经济主体的储蓄，以转化为自己投资的过程。在企业的进步和生产规模扩大过程中，单纯依靠内源融资是很难满足企业的资金需求的，企业获得资金在很大程度上靠的是外源融资。内源融资资金产自企业内部，不需要实际对外支付利息或者股息，不会减少企业的现金流量；不需要融资费用，使内源融资的成本要远远低于外源融资，并可以有效控制财务风险，保持稳健的财务状况。因此，它是企业首选的一种融资方式。企业内源融资能力的大小取决于企业的利润水平、净资产规模和投资者预期等因素，只有当内源融资无法满足企业资金需要时，企业才会转向外源融资。

企业的外源融资由于受不同融资环境的影响，其选择的融资方式也不尽相同。但是可以遵循先选择低风险类型的债务融资，后选择发行新的股票这样的顺序。采用这种顺序选择融资方式的原因有：

（1）负债比率尤其是高风险债务比率的提高会加大企业的财务风险和破产风险。

（2）企业的股权融资偏好易导致资金使用效率降低，一些公司将筹集的股权资金投向自身并不熟悉且投资收益率并不高的项目，有的上市公司甚至随意改变其招股说明书上的资金用途，并且不能保证改变用途后资金使用的获利能力。在企业经营业绩没有较大提升的前景下，进行新的股权融资会稀释企业的经营业绩，降低每股收益，损害投资者利益。此外，在我国资本市场制度建设趋向不断完善的情况下，企业股权再融资的门槛会提高，再融资成本会增加。

我国多数上市公司的融资顺序首先是将发行股票放在最优先的位置，其次考虑债务融资，最后是内部融资。这种融资顺序易造成资金使用效率低下、财务杠杆作用弱化、助推股权融资偏好的倾向。

（二）考虑实际情况，选择合适的融资方式

企业应根据自身的经营及财务状况，并考虑宏观经济政策的变化等情况，选择较为合适的融资方式。

（1）考虑经济环境的影响。经济环境是指企业进行财务活动的宏观经济状况，在经济增速较快时期，企业为了跟上经济增长的速度，需要筹集资金用于增加固定资产、存货、人员等，企业一般可通过增发股票、发行债券或向银行借款等融资方式获得所需资金，在经济增速开始出现放缓时，企业对

资金的需求降低，一般应逐渐收缩债务融资规模，尽量少用债务融资方式。

（2）考虑融资方式的资金成本。资金成本是指企业为筹集和使用资金而发生的代价。融资成本越低，融资收益越好。由于不同融资方式具有不同的资金成本，为了以较低的融资成本取得所需资金，企业自然应分析和比较各种筹资方式的资金成本的高低，尽量选择资金成本低的融资方式和融资组合。

（3）考虑融资方式的风险。不同融资方式的风险各不相同，一般而言，债务融资方式因其必须定期还本付息，所以可能产生不能偿付的风险，融资风险较大。而股权融资方式由于不存在还本付息的风险，因而融资风险小。企业若采用了债务筹资方式，由于财务杠杆的作用，一旦当企业的息税前利润下降时，税后利润及每股收益下降得更快，从而给企业带来财务风险，甚至可能导致企业破产的风险。美国几大投资银行的相继破产，就是与滥用财务杠杆、无视融资方式的风险控制有关。因此，企业务必根据自身的具体情况并考虑融资方式的风险程度选择适合的融资方式。

（4）考虑企业的盈利能力及发展前景。总的来说，企业的盈利能力越强，财务状况越好，变现能力越强，发展前景良好，就越有能力承担财务风险。当企业的投资利润率大于债务资金利息率时，负债越多，企业的净资产收益率就越高，对企业发展和权益资本所有者就越有利。因此，当企业正处盈利能力不断上升、发展前景良好时，债务筹资是一种不错的选择。而当企业盈利能力不断下降、财务状况每况愈下、发展前景欠佳时，企业应尽量少用债务融资方式，以规避财务风险。当然，盈利能力较强且具有股本扩张能力的企业，若有条件通过新发或增发股票方式筹集资金，则可用股权融资或股权融资与债务融资两者兼而有之的融资方式筹集资金。

（5）考虑企业所处行业的竞争程度。企业所处行业的竞争激烈，进出行业也比较容易，且整个行业的获利能力呈下降趋势时，则应考虑用股权融资，慎用债务融资。企业所处行业的竞争程度较低，进出行业也较困难，且企业的销售利润在未来几年能快速增长时，则可考虑增加负债比例，获得财务杠杆利益。

（6）考虑企业的控制权。中小企业融资中常会使企业所有权、控制权有所丧失，而引起利润分流，使企业利益受损。例如，房产证抵押、专利技术公开、投资折股、上下游重要客户暴露、企业内部隐私被明晰等，都会影响企业稳定与发展。要在保证对企业相当控制力的前提下，既达到中小企业融资目的，又要有序让渡所有权。发行普通股会稀释企业的控制权，可能使控制权旁落他人，而债务筹资一般不影响或很少影响控制权的问题。

四、融资过程

第一轮融资（种子轮或天使轮）对每个初创企业和创业团队都具有重要意义。对于初创企业和初创团队来说，要获得第一轮融资，他们还需要经历一些流程和程序。

一般而言，风险投资和私募股权投资交易的主要程序是：
（1）准备融资所需的商业计划书；
（2）寻找和谈判投资人；
（3）与投资人确认投资意见，并且签署投资条款清单；
（4）投资人对公司的业务、财务、技术和法律方面等方面进行调查；
（5）重组和建设公司结构和业务（如果需要）；
（6）谈判并签署投资交易文件；
（7）投资交割（即交易成交）。

（一）准备融资商业计划书

一旦有融资计划就需要一种方法和方法向潜在投资者介绍和展示团队和产品，以便潜在投资者了解团队和产品。融资业务计划是实现这一目标的一种方式。融资商业计划书通常是投资者了解团队和产品的第一道渠道或首选材料。融资业务计划通常在很大程度上决定了投资者对团队和产品的第一印象，甚至决定了投资。

（二）寻找和接洽投资人

初创企业和创业团队在准备商业计划书后，通过自我推荐或通过熟人介绍等不同渠道，将能够获得投资人的关注，并且能与有意向的投资者进行进一步沟通。一些初创企业或创始团队将参加由一些知名早期投资机构组织的"创业大赛"或"融资路演"，以展示和推广其产品和团队。

（三）与投资者确定投资意向并签署投资条款清单

初创公司、创业团队通过各种渠道联系不同的投资者，最终找到对其产品和团队感兴趣的投资者，并进一步与感兴趣的投资者沟通。在了解、沟通、分析初创公司产品（或服务）及其模型、方向和前景后，投资者将确定其投资意图，并与初创公司和团队讨论，用以确定投资条款清单（条款清单）。一旦条款清单签署，初创企业和团队将处于排他期，在排他期结束前不得就融资事宜咨询其他投资者，也不会接受其他投资者的投资要求。

投资条款清单将规定投资的主要条款和条件，如公司的估值、投资金额、权益比率、员工激励权益金额和来源、投资者的优先权等。这是起草下一份投资文件的基础和依据。在很大程度上，它是条款清单，而不是交易文件，决定了投资者与公司和创始股东之间的权利和义务。因此，企业家的朋友需要重视正规的投资交易文件。

（四）投资者在商业和商业业务中对技术和法律尽职调查

在投资者、初创企业和团队签署条款清单后，他们将组织相关专业组织从商业、财务、技术和法律方面，对商业和团队进行全面而详细的尽职调查，并将调查情况报告给投资者的投资决策委员会，投资决策委员会根据调查决定是否继续推进项目投资。对于初创企业来说，幸运的是，只要历史清白，团队、商业模式和技术就会得到投资者的认可，其他方面一般不会成为阻碍融资的问题。

（五）谈判和签署的投资交易协议

在商业模式、财务、技术和法律的调查结果令投资者满意后，投资者将与初创企业和创始团队签署正式的投资交易文件。一般地，为了节省时间，投资交易文件的起草和谈判通常与尽职调查工作同时进行。投资文件的起草和谈判往往是初创企业和投资者的律师领导和推进。

（六）投资交割（即交易成交）

在签署正式投资交易文件后，初创公司和创业团队完成交付投资者投资文件的前提条件，交付条件全部达到（或由投资者豁免）后完成交割交易：投资者将投资资金汇给初创企业，初创企业向投资者发行股票。值得注意的是，在某些项目中，除了上述步骤外，公司可能需要进行结构重组或重建，此步骤通常在签名或交付之前完成。

第三节 创业融资租赁

一、融资租赁

(一) 融资租赁的概念

融资租赁是指出租方根据承租方对供货商、租赁物的选择,向供货商购买租赁物,提供给承租方使用,承租方在契约或者合同规定的期限内分期支付租金的融资方式。融资租赁通过融资与融物的结合,兼具金融与贸易的双重职能,对提高企业的筹资融资效益,推动与促进企业的技术进步,有着十分明显的作用。融资租赁有直接购买租赁、售出后回租以及杠杆租赁。此外,还有租赁与补偿贸易相结合、租赁与加工装配相结合、租赁与包销相结合等多种租赁形式。融资租赁业务为企业技术改造开辟了一条新的融资渠道,采取融资融物相结合的新形式,既提高了生产设备和技术的引进速度,还可以节约资金使用,提高资金利用率。

"融资租赁"又称"金融租赁",是由出租方根据承租方的请求,按双方的事先合同约定,向承租方指定的出卖方购买承租方指定的固定资产,在出租方拥有该固定资产所有权的前提下,以承租方支付所有租金为条件,将一个时期的该固定资产的占有、使用和收益权让渡给承租方。它是一种集信贷、贸易、租赁于一体,以租赁物件的所有权与使用权相分离为特征的新型融资方式。金融租赁解决了中小企业资金短缺而又急需相关物资设备的难题。通过金融租赁,中小企业可以在没有足够资金的条件下获得所需的物资设备而投产经营,再利用所得收入支付租金。这样,中小企业可以在资金匮乏的初创期有更新设备的能力,并且将有限的资金用于其他所需之处,提高资金的使用率。同时,金融租赁融资的限制条件少,手续简便,还款方便,可以降低中小企业的融资成本。

要加快金融租赁的发展,就需要我国政府的支持,通过制定法律来规范金融租赁业的秩序,创造良好的发展环境,争取降低金融租赁公司的经营风险,提高利润率,增强金融租赁公司的实力,更好地服务于中小企业。

（二）与传统租赁的区别

融资租赁和传统租赁一个本质的区别就是：传统租赁以承租人租赁使用物件的时间计算租金，而融资租赁以承租人占用融资成本的时间计算租金。融资租赁是市场经济发展到一定阶段而产生的一种适应性较强的融资方式，是 20 世纪 50 年代产生于美国的一种新型交易方式，由于它适应了现代经济发展的要求，因此 60~70 年代迅速在全世界发展起来，当今已成为企业更新设备的主要融资手段之一，被誉为"朝阳产业"。我国 80 年代初引进这种业务方式后，三十多年来得到迅速发展，但相比于发达国家，租赁的优势还远未发挥出来，市场潜力很大。

（三）与分期付款的区别

1. 分期付款是一种买卖交易，买者不仅获得所交易物品的使用权，而且获得物品的所有权。而融资租赁则是一种租赁行为，尽管承租人实际上承担了由租赁物引起的成本与风险，但从法律上讲，租赁物所有权名义上仍归出租方所有。

2. 融资租赁和分期付款在会计处理上也有所不同。融资租赁中租赁物所有权属出租方所有，租赁物作为长期应收款；承租方计入固定资产，进行计提折旧。分期付款购买的物品归买主所有，因而列入买方的资产负债表并由买方负责摊提折旧。

3. 前面两条导致两者在税务待遇上也有区别。融资租赁中的出租方可将摊提的折旧从应计收入中扣除，而承租方则可将摊提的折旧费从应纳税收入中扣除，在分期付款交易中则是买方可将摊提的折旧费从应纳税收入中扣除，买者还能将所花费的利息成本从应纳税收入中扣除，此外，购买某些固定资产在某些西方国家还能享受投资免税优惠。

4. 在期限上，分期付款的付款期限往往低于交易物品的经济寿命期限，而融资租赁的租赁期限则往往与租赁物品的经济寿命相当。因此，同样的物品采用融资租赁方式较采用分期付款方式所获得的信贷期限要长。

5. 分期付款不是全额信贷，买方通常要即期支付贷款的一部分；而融资租赁则是一种全额信贷，它对租赁物价款的全部甚至运输、保险、安装等附加费用都提供资金融通。虽然融资租赁通常也要在租赁开始时支付一定的保证金，但这笔费用一般较分期付款交易所需的即期付款额要少得多（例如，在进出口贸易中买方至少需现款支付 15% 的货款）。因此，同样一件物品，采用融资租赁方式提供的信贷总额一般比分期付款交易方式所能够提供的要大。

6. 融资租赁与分期付款交易在付款时间上也有差别。前者一般在每期期末，通常在分期付款之前还有一个宽限期，分期付款一般没有宽限期，交易开始后就需要支付租金，因此，分期款支付通常在每期期初。

7. 融资租赁期满时租赁物通常留有残值，承租方一般不能对租赁物任意处理，需办理交换手续或购买等手续。而分期付款交易的买者在规定的分期付款后即拥有了所交易物品，可任意处理之。

8. 融资租赁的对象一般是寿命较长、价值较高的物品，如机械设备等。

（四）融资租赁的特征

融资租赁的特征一般归纳为五个方面：

1. 租赁物由承租方决定，出租方出资购买并租赁给承租方使用，并且在租赁期间内只能租给一个企业使用。

2. 承租方负责检查验收制造商所提供的租赁物，对该租赁物的质量与技术条件出租方不向承租方做出担保。

3. 出租方保留租赁物的所有权，承租方在租赁期间支付租金而享有使用权，并负责租赁期间租赁物的管理、维修和保养。

4. 租赁合同一经签订，在租赁期间任何一方均无权单方面撤销合同。只有租赁物毁坏或被证明为已丧失使用价值的情况下方能中止执行合同，无故毁约则要支付相当重的罚金。

5. 租期结束后，承租方一般对租赁物有留购和退租两种选择，若要留购，购买价格可由租赁双方协商确定。

（五）融资租赁的功能

1. 融资功能。融资租赁从其本质上看是以融通资金为目的，它是为解决企业资金不足的问题而产生的。需要添置设备的企业只须付少量资金就能使用到所需设备进行生产，相当于为企业提供了一笔中长期贷款。

2. 促销功能。融资租赁可以用"以租代销"的形式，为生产企业提供金融服务。一是可避免生产企业存货太多，导致流通环节的不畅通，有利于社会总资金的加速周转和国家整体效益的提高；二是可扩大产品销路，加强产品在国内外市场上的竞争能力。

3. 投资功能。租赁业务也是一种投资行为。租赁公司对租赁项目具有选择权,可以挑选一些风险较小、收益较高以及国家产业倾斜的项目给予资金支持。同时,一些拥有闲散资金、闲散设备的企业也可以通过融资租赁使其资产增值。而融资租赁作为一种投资手段,使资金既有专用性,又改善了企业的资产质量,使中小企业实现技术、设备的更新改造。

4. 资产管理功能。融资租赁将资金运动与实物运动联系起来。因为租赁物的所有权在租赁公司,所以租赁公司有责任对租赁资产进行管理、监督,控制资产流向。随着融资租赁业务的不断发展,还可利用设备生产者为设备的承租方提供维修、保养和产品升级换代等特别服务,使其经常能使用上先进的设备,降低使用成本和设备淘汰的风险,尤其是对于售价高、技术性强、无形损耗快或利用率不高的设备有较大好处。

二、融资租赁的分类

1. 简单融资租赁。

简单融资租赁是指由承租人选择需要购买的租赁物件,出租方通过对租赁项目风险评估后出租租赁物件给承租方使用。在整个租赁期间承租方没有所有权但享有使用权,并负责维修和保养租赁物件。出租方对租赁物件的好坏不负任何责任,设备折旧在承租方。

2. 回租融资租赁。

回租融资租赁是指设备的所有者先将设备按市场价格卖给出租方,然后又以租赁的方式租回原来设备的一种方式。回租融资租赁的优点在于:一是承租方既拥有原来设备的使用权,又能获得一笔资金;二是由于所有权不归承租方,租赁期满后根据需要决定续租还是停租,从而提高承租方对市场的应变能力;三是回租融资租赁后,使用权没有改变,承租方的设备操作人员、维修人员和技术管理人员对设备很熟悉,可以节省时间和培训费用。设备所有者可将出售设备的资金大部分用于其他投资,把资金用活,而少部分用于缴纳租金。回租融资租赁业务主要用于已使用过的设备。

3. 杠杆融资租赁。

杠杆融资租赁的做法类似银团贷款,是一种专门做大型租赁项目的有税收好处的融资租赁,主要是由一家租赁公司牵头作为主干公司,为一个超大型的租赁项目融资。首先，成立一个脱离租赁公司主体的操作机构——专为本项目成立资金管理公司提供项目总金额20%以上的资金，其余部分资金来源则主要是吸收银行和社会闲散游资，利用100%享受低税的好处"以二博八"的杠杆方式，为租赁项目取得巨额资金。其余做法与融资租赁基本相同，只不过合同的复杂程度因涉及面广而随之增大。由于可享受税收好处、操作规范、综合效益好、租金回收安全、费用低，一般用于飞机、轮船、通讯设备和大型成套设备的融资租赁。

4. 委托融资租赁。

第一种方式是拥有资金或设备的人委托非银行金融机构从事融资租赁，第一出租方同时是委托方，第二出租方同时是受托方。这种委托租赁的一大特点就是让没有租赁经营权的企业，可以"借权"经营。电子商务租赁即依靠委托租赁作为商务租赁平台。

第二种方式是出租方委托承租方或第三人购买租赁物，出租方根据合同支付货款，又称委托购买融资租赁。

5. 项目融资租赁。

承租方以项目自身的财产和效益为保证，与出租方签订项目融资租赁合同，出租方对承租方项目以外的财产和收益无追索权，租金的收取也只能以项目的现金流量和效益来确定。出卖方（即租赁物品生产商）通过自己控股的租赁公司采取这种方式推销产品，扩大市场份额。通讯设备、大型医疗设备、运输设备甚至高速公路经营权都可以采用这种方法。其他还包括返还式租赁，又称售后租回融资租赁；融资转租赁，又称转融资租赁等。

6. 经营性租赁。

在融资租赁的基础上计算租金时留有超过10%以上的余值，租期结束时，承租方对租赁物件可以选择续租、退租、留购。出租方对租赁物件可以提供维修保养，也可以不提供，会计上由出租方对租赁物件提取折旧。

7. 国际融资转租赁。

租赁公司若从其他租赁公司融资租入的租赁物件，再转租给下一个承租方，这种业务方式称为融资转租赁，一般在国家与国家之间进行。此时业务做法与简单融资租赁无太大区别。出租方从其他租赁公司租赁设备的业务过程，由于是在金融机构间进行的，在实际操作过程中，只是依据购货合同确定融资金额，在购买租赁物件的资金运行方面始终与最终承租方没直接的联系。在做法上可以很灵活，有时租赁公司甚至直接将购货合同作为租赁资产签订转租赁合同。这种做法实际是租赁公司融通资金的一种方式，租赁公司作为第一承租方不是设备的最终用户，因此也不能提取租赁物件的折旧。转租赁的另一功能就是解决跨境租赁的法律和操作程序问题。

三、创业融资租赁风险

1. 产品市场风险。

在市场环境下，不论是融资租赁、贷款或是投资，只要把资金用于添置设备或进行技术改造，首先应考虑用租赁设备生产的产品的市场风险，这就需要了解产品的销路、市场占有率和占有能力、产品市场的发展趋势、消费结构以及消费者的心态和消费能力。若对这些因素了解得不充分、调查得不细致，就有可能加大市场风险。

2. 金融风险。

因融资租赁具有金融属性，金融方面的风险贯穿于整个业务活动之中。对于出租方来说，最大的风险是承租方还租能力，它直接影响租赁公司的经营和生存，因此，对还租的风险从立项开始，就应该备受关注。货币支付也会有风险，特别是国际支付，支付方式、支付日期、时间、汇款渠道和支付手段选择不当，都会加大风险。

3. 贸易风险。

因融资租赁具有贸易属性，贸易方面的风险从订货谈判到试车验收都存在着风险。由于商品贸易在近代发展得比较完备，社会也相应建立了配套的机构和防范措施，如信用证支付、运输保险、商品检验、商务仲裁和信用咨询都对风险采取了防范和补救措施，但由于人们对风险的认识和理解的程度不同，有些手段又具有商业性质，加上企业管理的经验不足等因素，这些手段未被全部采用，使贸易风险依然存在。

4. 技术风险。

融资租赁的好处之一就是先于其他企业引进先进的技术和设备。在实际运作过程中，技术的先进与否、先进的技术是否成熟、成熟的技术是否在法律上侵犯他人权益等因素，都是产生技术风险的重要原因，严重时，会因技术问题使设备陷于瘫痪状态。其他还包括经济环境风险、不可抗力等。此前融资租赁标的物多为大型商品，资金成本较高、租金高、成本大，一般的企业难以承受。现该融资方式逐渐走向中小企业融资领域,广大中小企业应该加大关注力度,了解其特点,为自己的融资多加一条道路。

第四节 创业风险投资

风险投资(Venture Capital,VC)简称风投,又译称为创业投资,主要是指向初创企业提供资金支持并取得该公司股份的一种融资方式。风险投资是私人股权投资的一种形式。风险投资公司为一专业的投资公司,由一群具有科技及财务相关知识与经验的人所组合而成,经由直接投资获取投资公司股权的方式,提供资金给需要资金者(被投资公司)。风投公司的资金大多用于投资新创事业或是未上市企业(虽然现今法规上已大幅放宽资金用途),并不以经营被投资公司为目的,仅是提供资金及专业上的知识与经验,以协助被投资公司获取更大的利润为目的,所以是一追求长期利润的高风险、高报酬事业。

风险投资在我国是一个约定俗成的、具有特定内涵的概念,其实把它翻译成创业投资更为妥当。广义的风险投资泛指一切具有高风险、高潜在收益的投资;狭义的风险投资是指以高新技术为基础,生产与经营技术密集型产品的投资。根据美国全美风险投资协会的定义,风险投资是由职业金融家投入新兴的、迅速发展的、具有巨大竞争潜力的企业中一种权益资本。从投资行为的角度来讲,风险投资是把资本投向蕴藏着失败风险的高新技术及其产品的研究开发领域,旨在促使高新技术成果尽快商品化、产业化,以取得高资本收益的一种投资过程。从运作方式来看,是指由专业化人才管理下的投资中介向特别具有潜能的高新技术企业投入风险资本的过程,也是协调风险投资家、技术专家、投资者的关系,利益共享,风险共担的一种投资方式。

风险投资之所以被称为风险投资,是因为在风险投资中有很多的不确定性,给投资及其回报带来很大的风险。一般来说,风险投资都是投资于拥有高新技术的初创企业,这些企业的创始人都具有很出色的技术专长,但是在公司管理上缺乏经验。另一点就是一种新技术能否在短期内转化为实际产品并为市场所接受,这也是不确定的。还有其他的一些不确定因素导致人们普遍认为这种投资具有高风险性,但不容否认的是风险投资的高回报率。

也许最被人们熟悉但却也最不被人理解的一种投资风险是市场风险。在一个高度流通的市场,例如,在世界各地的股票交易市场,股票的价格取决于供求关系。假设对于一个特定的股票或者债券,如果它的需求上升,价格会随之上调,因为每个购买者都愿意为股票付出更多。风险投资家既是投资者又是经营者,其一般都有很强的技术背景,也拥有专业的经营管理知识,这样的知识背景帮助其能够很好地理解高科技企业的商业模式,并且能够帮助创业者改善企业的经营和管理。

一、风险投资的历史

风险投资的起源可以追溯到 19 世纪末期,当时美国一些私人银行通过对钢铁、石油和铁路等新兴行业进行投资,从而获得了高回报。1946 年,美国哈佛大学教授乔治·多威特和一批新英格兰地区的企业家成立了第一家具有现代意义的风险投资公司——美国研究发展公司(AR&D),开创了现代风险投资业的先河。但是由于当时条件的限制,风险投资在 20 世纪 50 年代以前发展得比较缓慢,真正的兴起是从 70 年代后半期开始的。1973 年,随着大量小型合伙制风险投资公司的出现,全美风险投资协会宣告成立,为美国风险投资业的蓬勃发展注入了新的活力。目前,美国的风险投资机构已接近 2000 家,投资规模高达 600 多亿美元,每年约有 10000 个高科技项目得到风险资本的支持。

风险投资在美国兴起之后,很快在世界范围内产生了巨大影响。1945 年,英国诞生了全欧洲第一家风险投资公司——工商金融公司。但英国风险投资业起步虽早,发展却很缓慢,直至 20 世纪 80 年代英国政府采取了一系列鼓励风险投资业发展的政策和措施后,风险投资业在英国才得以迅速发展。其他一些国家如加拿大、法国、德国的风险投资业随着新技术的发展和政府管制的放松,也在 80 年代有了相当程度的发展。日本作为亚洲的经济"领头羊",其风险投资业也开展得如火如荼。到 1996 年,日本的风险投资机构就有 100 多家,投资额高达 150 亿日元以上。但与美国不同的是,日本的风险投资机构中有相当一部分是由政府成立的,这些投资机构也大多不是从事股权投资,而是向高技术产业或中小企业提供无息贷款或贷款担保。

我国的风险投资业是在 20 世纪 80 年代才姗姗起步。1985 年 1 月 11 日,我国第一家专营新技术风险投资的全国性金融企业——中国新技术企业投资公司在北京成立。同时,通过"火炬"计划的实施,我国又创立了 96 家创业中心、近30家大学科技园和海外留学人员科技园,它们都为我国的风险投资事业做出了巨大贡献。1986年,政协"一号提案"为我国的高科技产业和风险投资发展指明了道路,为我国的风险投资业又掀开了新的一页。

风险投资在培育企业成长,促进一国的经济乃至全球经济的发展过程中都起着十分重要的作用。它可以推动科技成果尽快转化为生产力,促进技术的创新,促进管理和制度的创新。除此之外,风险投资机构还可以为被投资公司提供高水平的咨询、顾问等服务。风险投资业自乔治·多威特开创以来,数十年长盛不衰,就是因其在现代经济中显示出了强大的生命力和先进性。

二、风险投资的六要素

风险资本、风险投资人、投资对象、投资期限、投资目的和投资方式构成了风险投资的六要素。

1. 风险资本。

风险资本是指由专业投资人提供的快速成长并且具有很大升值潜力的新兴公司的一种资本。风险资本通过购买股权、提供贷款或既购买股权又提供贷款的方式进入这些企业。

风险资本的来源因时因国而异。在美国,1978年,全部风险资本中个人和家庭资金占32%;其次是国外资金,占18%;再次是保险公司资金、年金和大产业公司资金,分别占16%、15%和10%。到了1988年,年金比重迅速上升,占了全部风险资本的46%;其次是国外资金、捐赠和公共基金以及大公司产业资金,分别占14%、12%和11%;个人和家庭资金占的比重大幅下降,只占到了8%。与美国不同,欧洲国家的风险资本主要来源于银行、保险公司和年金,分别占全部风险资本的31%、14%和13%,其中,银行是欧洲风险资本最主要的来源,而个人和家庭资金只占到2%。而在日本,风险资本主要来源于金融机构和大公司资金,分别占36%和37%;其次是国外资金和证券公司资金,各占10%;而个人与家庭资金只占7%。按投资方式分,风险资本分为直接投资资金和担保资金两类。前者以购买股权的方式进入被投资企业,多为私人资本;而后者以提供融资担保的方式对被投资企业进行扶助,并且多为政府资金。

2. 风险投资人。

风险投资人大体可以分为以下四类:

(1) 风险资本家。他们是向其他企业家投资的企业家,与其他风险投资人一样,他们通过投资来获得利润。但不同的是风险资本家所投出的资本全部归其自身所有,而不是受托管理的资本。

(2) 风险投资公司。风险投资公司的种类有很多种,但是大部分公司通过风险投资基金来进行投资,这些基金一般以有限合伙制为组织形式。

(3) 产业附属投资公司。这类投资公司往往是一些非金融性实业公司下属的独立风险投资机构,它们代表母公司的利益进行投资,这类投资人通常主要将资金投向一些特定的行业。与传统风险投资一样,产业附属投资公司也同样要对被投资企业递交的投资建议书进行评估,深入企业做尽职调查并期待得到较高的回报。

(4) 天使投资人。这类投资人通常投资于非常年轻的公司以帮助这些公司迅速启动。在风险投资领域,"天使投资人"这个词指的是企业家的第一批投资人,这些投资人在公司产品和业务成型之前就把资金投入进来。

3. 投资目的。

风险投资虽然是一种股权投资,但投资的目的并不是获得企业的所有权,不是控股,更不是经营企业,而是通过投资和提供增值服务把投资企业做大,然后通过公开上市(IPO)、兼并收购或其他方式退出,在产权流动中实现投资回报。

4. 投资期限。

风险投资人帮助企业成长,但他们最终寻求渠道将投资撤出,以实现增值。风险资本从投入被投资企业起到撤出投资为止所间隔的时间长短就称为风险投资的投资期限。作为股权投资的一种,风险投资的期限一般较长。其中,创业期风险投资通常在 7~10 年内进入成熟期,而后续投资大多只有几年的期限。

5. 投资对象。

风险投资的产业领域主要是高新技术产业。以美国为例,1992 年对电脑和软件的投资占 27%;其次是医疗保健产业,占 17%;再次是通信产业,占 14%;而生物科技产业占 10%。

6. 投资方式。

从投资性质看,风险投资的方式有三种:一是直接投资;二是提供贷款或贷款担保;三是提供一部分贷款或担保资金同时投入一部分风险资本购买被投资企业的股权。但不管是哪种投资方式,风险投资人一般都附带提供增值服务。风险投资还有两种不同的进入方式：第一种是将风险资本分期分批投入被投资企业，这种情况比较常见，既可以降低投资风险又有利于加速资金周转；第二种是一次性投入，这种方式不常见，一般风险资本家和天使投资人可能采取这种方式，一次投入后，也很难不愿提供后续资金支持。

三、风险投资进入企业的四个阶段

一项高新技术的产业化，通常划分为四个阶段：技术酝酿与发明阶段、技术创新阶段、技术扩散阶段和工业化大生产阶段。每一阶段的完成和向后一阶段的过渡，都需要资金的配合，而每个阶段所需资金的性质和规模都是不同的。

（一）风险投资的投入：种子期（Seed Stage）

种子期是指技术的酝酿与发明阶段，这一时期的资金需要量很少，从创意的酝酿，到实验室样品，再到粗糙样品，一般由科技创业家自己解决，有许多发明是工程师、发明家在进行其他实验时的"灵机一动"，但这个"灵机一动"在原有的投资渠道下无法变为样品，并进一步形成产品，于是发明人就会寻找新的投资渠道。这个时期的风险投资称作种子资本（Seed Capital），其来源主要有：个人积蓄、家庭财产、朋友借款、申请自然科学基金，如果还不够，则会寻找专门的风险投资家和风险投资机构。要得到风险投资家的投资，仅凭一个"念头"是远远不够的，最好能有一个样品。然而，仅仅说明这种产品的技术如何先进、如何可靠、如何有创意也是不够的，必须对这种产品的市场销售情况和利润情况进行详细调查、科学预测，并形之成文，将它交给风险投资家。一个新兴企业的成功不能仅凭聪明的工程师、睿智的发明家，而且必须懂得管理企业，并对市场营销、企业理财均有相当的了解。经过考察，风险投资家同意出资，就会合建一个小型股份公司。风险投资家和发明家各占一定股份，合作生产，直至形成正式的产品。这种企业面临三大风险：一是高新技术的技术风险；二是高新技术产品的市场风险；三是高新技术企业的管理风险。风险投资家在种子期的投资在其全部风险投资额的比例是很少的，一般不超过10%，但却承担着很大的风险。这些风险有：一是不确定性因素多且不易测评；二是离收获季节时间长，因此也就需要有更高的回报。

（二）风险投资的投入：导入期（Start-up Stage）

导入期（创建阶段）是技术创新和产品试销阶段。这一阶段，完成企业规划与市场分析，产品原型在测试中进一步解决技术问题，排除技术风险；企业管理机构组成；产品进入市场试销，听取市场意见，但产品试销仍未有收益；开始构思产品原型。这一阶段的资金称作创业资金，所需资金投入显著增加。由于在这一阶段虽已完成了产品原型和企业经营计划，但产品仍未批量上市，管理机制尚不健全。因此，风险投资公司主要考察风险企业经营计划的可行性，以及产品功能与市场竞争力。如果风险投资公司觉得投资对象具有相当的存活率，同时在经营管理与市场开发上也可提高有效帮助，则会进行投资。这一阶段风险主要是技术风险、市场风险和管理风险。

（三）风险投资的投入：成长期（Expansion Stage）

成长期是指技术发展和生产扩大阶段。这一阶段的资本需求相对前两阶段又有增加，一方面是为扩大生产，另一方面是开拓市场、增加营销投入，最后企业达到基本规模。这一阶段的资金称作成长资本（Expansion Capital），其主要来源于原有风险投资家的增资和新的风险投资的进入。另外，产品销售也能回笼相当的资金，银行等稳健资金也会择机而入。这也是风险投资的主要阶段，这一阶段的风险主要已不是技术风险，因为技术风险在前两阶段应当已基本解决，但市场风险和管理风险加大。由于技术已经成熟，竞争者开始仿效，会夺走一部分市场。企业领导多是技术背景出身，对市场营销不甚熟悉，易在技术先进和市场需要之间取舍不当。企业规模扩大，会对原有组织结构提出挑战。如何既保持技术先进又尽享市场成果，这都是市场风险和管理风险来源之所在。为此，风险投资机构应积极评估风险，并派员参加董事会，参与重大事件的决策，提供管理咨询，选聘更换管理人员等并以这些手段排除、分散风险。这一阶段的风险相比前两阶段而言已大大减少，但利润率也在降低，风险投资家在帮助增加企业价值的同时，也应着手准备退出。

（四）风险投资的投入：成熟期（Mature Stage）

成熟期是指技术成熟和产品进入大工业生产阶段，这一阶段的资金称作成熟资本（Mature Capital）。该阶段资金需要量很大，但风险投资已很少再增加投资了。一方面，因为企业产品的销售本身已能产生相当的现金流入；另一方面，因为这一阶段的技术成熟、市场稳定，企业已有足够的资信能力去吸引银行借款、发行债券或发行股票。更重要的是，随着各种风险的大幅降低，利润率已不再是诱人的高额，对风险投资不再具有足够的吸引力。成熟阶段既是风险投资的收获季节，也是风险投资的退出阶段，风险投资家可以拿出丰厚的收益回报给投资者。风险投资在这一阶段退出，不仅因为这一阶段对风险投资不再具有吸引力，而且也因为这一阶段对其他投资者，如银行、一般股东具有吸引力，风险投资可以以较好的价格退出，将企业的"接力棒"交给其他投资者。风险投资的退出方式有多种，可以选择，但必须退出，不可犹疑。

由此看来，风险投资的投入有四个阶段：种子期的小投入、导入期的大投入、成长期的大投入及成熟期的部分投入。它们分别对应着产品成长的四个过程。而实际上，这四个阶段之间并无那么明显的界限。企业成长的四个过程是产品生命周期理论的观点，较常用的区分四个过程的方法是根据销售增长率的变化。

四、风险投资的运作程序

风险企业要成功获取风险资本，首先要了解风险投资公司的基本运作程序。一个典型的风险投资公司会收到许多项目建议书，如美国"新企业协进公司"每年接到二三千份项目建议书；经过初审筛选出二三百家后，经过严格审查，最终挑出二三十个项目进行投资，可谓百里挑一。这些项目最终每10个平均有5个会以失败告终，3个不赔不赚，2个能够成功。成功的项目为风险资本家赚取年均不低于35%的回报（按复利计算）。换句话说，风险投资公司接到的每一项目，平均只有1%的可能性能得到认可，最终成功机会只有0.2%。

风险投资家寻找能使他们获得高额回报（35%以上的年收益率）的公司或机会。有时，要在尽可能短的时间内实现这一目标，通常是3~7年。成功的风险投资家有许多宝贵的经验，包括选择投资对象，落实投资，对该公司进行监督，带领公司成长，驾驭公司顺利通过难关，促使公司快速发展。

虽然每一个风险投资公司都有自己的运作程序和制度，但总的来讲包括以下步骤。

（一）初审

风险投资家所从事的工作包括筹资、管理资金、寻找最佳投资对象、谈判并投资，对投资进行管理以实现其目标，并力争使其投资者满意。以前风险投资家用60%左右的时间去寻找投资机会，如今这一比例已降低到40%。其他大部分时间用来管理和监控已投资的资金。风险投资家在拿到经营计划和摘要后，往往只用很短的时间走马观花地浏览一遍，以决定在这件事情上花时间是否值得，如果有吸引他的东西才会花时间仔细研究，因此第一感觉特别重要。

（二）风险投资家之间的磋商

在大的风险投资公司，相关的人员会定期聚在一起，对通过初审的项目建议书进行讨论，决定是否需要进行面谈，或者回绝。

（三）面谈

如果风险投资家对企业家提出的项目感兴趣，他就会与企业家接触，直接了解其背景、管理队伍和企业，这是整个过程中最重要的一次会面。如果进行得不好，交易便告失败。如果面谈成功，风险投资家会希望进一步了解更多的有关企业和市场的情况，或许他还会动员可能对这一项目感兴趣的其他风险投资家。

（四）责任审查

如果初次面谈较为成功，风险投资家接下来便开始对企业家的经营情况进行考察以及尽可能多地对项目进行了解。他们通过审查程序对意向企业的技术、市场潜力和规模以及管理队伍进行仔细的评估，这一程序包括与潜在的客户接触、向技术专家咨询并与管理队伍举行几轮会谈。它通常包括参观公司，与关键人员面谈、对仪器设备和供销渠道进行估价，还可能包括与企业债权人、客户、相关人员以前的雇主进行交谈。这些人会帮助风险投资家做出关于企业家个人风险的结论。

风险投资对项目的评估是理性与灵感的结合。其理性分析与一般的商业分析大同小异，如市场分析、成本核算的方法以及经营计划的内容等与一般企业基本相同。所不同的是灵感在风险投资中占有一定比重，如对技术的把握和对人的评价。

(五) 条款清单

审查阶段完成后,如果风险投资家对所申请的项目前景看好,那么便可开始进行投资形式和估价的谈判。通常,企业家会得到一个条款清单,概括出涉及的内容。这个过程可能要持续几个月,因为企业家可能并不了解谈判的内容,他将付出多少,风险投资家希望获得多少股份,还有谁参与项目,对他以及现在的管理队伍会发生什么。对于企业家来讲,要花时间研究这些内容,尽可能将条款减少。

(六) 签订合同

风险资本家力图使他们的投资回报与所承担的风险相适应。根据切实可行的计划,风险资本家对未来3~5年的投资价值进行分析,首先计算其现金流或收入预测,而后根据对技术、管理层、技能、经验、经营计划、知识产权及工作进展的评估,决定风险大小,选取适当的折现率,计算出其所认为的风险企业的净现值。基于各自对企业价值的评估,投资双方通过谈判达成最终成交价值。影响最终成交价值的因素包括以下内容。

1. 风险资金的市场规模。风险资本市场上的资金越多,对风险企业的需求越迫切,会导致风险企业价值向上攀升。在这种情况下,风险企业家能以较小的代价换取风险投资家的资本。

2. 退出战略。市场对上市、并购的反应直接影响风险企业的价值。研究表明,上市与并购均为可能的撤出方式,这比单纯地以并购撤出的方式更有利于提高风险企业的价值。

3. 风险大校通过减少在技术、市场战略和财务上的风险与不确定性,可以提高风险企业的价值。

4. 资本市场时机。一般情况下,股市走势看好时,风险企业的价值也看好。通过讨价还价后,双方进入签订协议的阶段,签订代表企业家和风险投资家双方愿望和义务的合同。关于合同内容的备忘录,美国东海岸、西海岸以及其他国家不尽相同,在美国西海岸,内容清单便是一个较为完整的文件,而在东海岸还要进行更为正规的合同签订程序。一旦最后协议签订完成,企业家便可以得到资金,以继续实现其经营计划中拟订的目标。在多数协议中,还包括退出计划,即简单概括出风险投资家如何撤出其资金以及当遇到预算、重大事件和其他目标没有实现的情况下将如何处理。

（七）投资生效后的监管

投资生效后，风险投资家便拥有了风险企业的股份，并在其董事会中占有席位。多数风险投资家在董事会中扮演着咨询者的角色，他们通常同时介入好几个企业，所以没有时间扮演其他角色。作为咨询者，他们主要就改善经营状况以获取更多利润提出建议，帮助企业物色新的管理人员（经理），定期与企业家接触以跟踪了解经营的进展情况，定期审查会计师事务所提交的财务分析报告。由于风险投资家对其所投资的业务领域了如指掌，因此其建议会很有参考价值。为了加强对企业的控制，在合同中通常加有可以更换管理人员和接受合并、并购的条款。

（八）其他投资事宜

一些风险投资公司有时也以可转换优先股形式入股，有权在适当时期将其在公司的所有权扩大，且在公司清算时，有优先清算的权力。为了减少风险，风险投资家们经常联手投资某一项目，这样每个风险资本家在同一企业的股权额在20%~30%，一方面减少了风险，另一方面也为风险企业带来了更多的管理和咨询资源，而且为风险企业提供了多个评估结果，降低了评估误差。如果风险企业陷入困境，风险投资家就可能被迫着手干预或完全接管，他可能不得不聘请其他的能人取代原来的管理班子，或者亲自管理风险企业。

思考练习题

一、名词

融资、股权融资、融资租赁、综合授信

二、问答题

1. 常见的融资方式有哪些？
2. 企业在不同发展阶段面临哪些融资需求？
3. 选择融资方式时应考虑哪些因素？

第八章 创业企业人力资源管理

对于新创企业来说,资金和市场是创业者最大的担忧和最为关注的焦点,因而,许多新创企业将大量的精力都投在了融资、市场开拓、控制成本等方面上,而忽略了企业人力资源管理体系建设。相当一部分新创企业主要靠同学圈、朋友圈、家族成员来构建创业团队或核心员工队伍,在管理中借助亲情、友情来维系。随着新创企业的快速发展,越来越多的员工加盟新创企业,原有粗放式的人力资源管理手段和方法的弊端会逐步显露出来。它不仅影响新创企业的正常发展,严重的还将威胁新创企业的生存。

第一节 创业企业人力资源管理概述

一、人力资源和人力资源管理的概念

广义的人力资源,是指以人的生命为载体的社会资源,凡是智力正常的人都是人力资源。狭义的人力资源是指智力和体力劳动能力的总称。一般认为,人力由体质、智力、知识、技能四部分组成,这四者的不同配比组合,形成了丰富的人力资源。

人力资源是进行社会生产最基本最重要的资源,与其他资源相比较,它具有以下特点:(1)能动性。劳动者总是有目的、有计划地运用自己的劳动能力。有目的的活动,是人类劳动与其他动物本能活动的根本区别。劳动者按照在劳动过程开始之前已确定的目的,积极、主动、创造性地进行活动。(2)双重性。人力资源既是投资的结果,同时又能创造财富,也可以说人力资源既具有生产性,也具有消费性。(3)再生性。从劳动者个体来说,他的劳动能力在劳动过程中消耗之后,通过适当的休息和补充需要的营养物质,

劳动能力又会再生产出来;从劳动者的总体来看,随着人类的不断繁衍,劳动者又会不断地再生产出来。因此,人力资源是取之不尽用之不竭的资源。(4) 时效性。作为人力资源的劳动能力只存在于劳动者个体的生命周期之中。开发和利用人力资源要讲究及时性,以免造成浪费。(5) 社会性。由于每个民族(团体)都有自身的文化特征,每种文化都是一个民族(团体)的共同的价值取向。但这种文化特征是通过人这一载体而表现出来的。由于每个人受自身民族文化和社会环境的影响不同,其个人的价值观也不相同,他们在生产经营活动、人与人交往等社会活动中,其行为可能与民族(团体)文化所倡导的行为准则发生矛盾,可能与他人的行为准则发生矛盾,这就需要人力资源管理注重团队的建设,注重人与人、人与群体、人与社会的关系及利益的协调与整合,倡导团队精神和民族精神。

人力资源管理是指通过不断地获取对组织有用的人力资源,并且用现代化的科学方法对其进行培训、组织与调配,同时对人的思想、行为进行适当的诱导、激励和控制,使他们充分发挥主观能动性,使组织中人尽其才、事得其人的各种管理活动的总称。

企业人力资源管理部门的作用有:招聘人才、培训员工、绩效考核、员工激励、员工沟通、培养企业文化与团队精神。

二、创业企业人力资源管理的特点

对于新创企业来说,是否拥有优秀的人才是企业能否创业成功的关键因素之一。但企业创立之初具有人才资源极为有限、工作千头万绪、经营业务不稳定、内外部环境变化较快等特点,给人力资源管理带来较大难题。而创立初期的人力资源风险容易导致企业的经营管理与创业目标相偏离,甚至会导致创业失败。因此,新创企业的人力资源管理具有明显的特殊性。

1. 人力资源管理的战略意义。

从现代企业管理实践的发展来看,人力资源在组织制度建设中的职能和作用至关重要,因此,管理学家和管理实践者将人力资源管理、市场管理、财务管理和生产管理视为企业的四大运营职能。对于新创企业来说,人力资源管理尤为重要。创业活动的首要元素是人,只有人员配置得当,创业活动才有源源不断的推动力量,因此针对人力资本的管理活动是创业活动中的重要管理活动。人力资源管理的意义应该提升到企业发展的战略意义的高度,由此，在新创企业内部，人力资源开发与管理部门的地位应当得到提升，甚至可以放置于组织战略的高度，并能够在一定程度上参与或影响组织的决策。

2. 人力资源管理主体的多元化。

在成熟企业的人力资源管理中，人力资源部门是人力资源管理的主体。在新创企业中，人力资源部门可能尚未建立起来，此时创业者可能要担负起人力资源管理工作。为了使人力资源工作推进得更为顺利，创业者可能搜寻外部的咨询顾问共同参与到人力资源规划中。为了保证人力资源能够在各个层面都得到较好的执行，高层管理团队成员、企业的一般员工都应当积极地参与到人力资源工作中，这样充分避免了可能的企业内部人员对于人力资源工作的对立，有助于建立起真正适用于企业实际情况的人力资源制度。

3. 人力资源管理过程的循序渐进性。

对于新创企业来说，人力资源管理工作可以说是建立起系统规范的组织制度的开端。在创业的初期，由于创业生存的压力非常大，即使组织结构不尽完善，企业仍能够排除困难，团结企业上下，去完成企业发展的目标。随着企业的发展，特别是需要吸收新员工来完成新的管理任务时，创业者就发现了人力资源管理制度建设的必要性，但这种人力资源管理工作几乎是从零基础开始的。因此，在建设人力资源系统时，不可希望一口气就能搭建起系统的管理制度，必须通过循序渐进的过程来完成。

4. 人力资源管理内容的广泛性。

这是与一般企业人力资源工作的发展趋势相适应的。随着时代的发展和管理实践的发展，人力资源开发与管理的范围日趋扩大。现代组织的人力资源范畴包括相当广泛的内容，除去传统的人事管理内容，企业内部把与"人"有关的内容都被纳入其中。在创业领域，人力资源工作内容同样非常广泛，创业者更要借助人力资源管理工作的契机，建设起一整套系统的企业组织制度和管理机制。因此，从某种意义上说，人力资源管理工作涉及了新创企业成长阶段企业内部管理工作的方方面面。

三、人力资源管理的主要目标

1. 实现组织目标。

通过取得人力资源使用效用的最大化来实现组织利润的最大化，使人的使用价值达到最大。人力资源开发与管理就是通过提高适用率、发挥率和有效率，达到人尽其才，才尽其能，最终实现企业利润最大化的目标，增强企业的竞争力，获取竞争优势。

2. 充分调动员工的工作积极性。

充分、全面、有效地开发人力资源，充分发挥员工的主观能动性，是企业实现组织目标、获取竞争优势的有效手段。

3. 促进员工的全面发展。

通过不断地对所获得的人力资源进行整合、调控及开发，促进员工的全面发展，把个人的需要和组织的需要有机结合起来。

4. 增加人力资本投入。

扩展组织人力资本，增大人力资本的存量，成为企业人力资源开发与管理的一大目标。

第二节 创业企业人力资源管理的内容

人力资源管理服务于企业的总体战略目标，是一系列管理环节的综合体。人力资源管理的主要内容包括工作分析、人力资源规划、招聘与配置、培训与开发、绩效考评和薪酬管理等方面。

一、工作分析

工作分析是人力资源工作的起点，它通过对企业内部的工作岗位进行全面评估，使创业者对于企业内部的工作流程可以被全面地把握，在此基础上，无论是后续的人力资源工作，还是企业的其他战略行动，都将有所依据。

在创业之初，为了在市场中生存下来，企业员工比较少，此时工作分析并没有太大的必要，只有到了企业初步获得发展需要进一步吸收新的员工、企业内部需要为之建立规范的管理制度时，工作分析就必不可少了。此时，工作分析为企业规范化管理提供了一个良好的开端。

一般来说，工作分析是一个较为烦琐的过程，一些企业甚至可能寻找外部的咨询公司来进行工作分析。当然，为了节省资金资源，创业者也可以自己组织相应人员进行工作分析。

1. 工作分析的内容。

工作分析又称职务分析,是根据工作的性质、繁简难易、责任轻重,执行工作应具备的知识(专业知识与广度知识)与技能、经验,进而制定担任工作所必需的任职资格条件。创业者需要认真对待职务分析,新创企业绝不能在用人上犯错误(特别是关键岗位),否则,将导致创业失败,工作分析是采用科学的方法或技术,全面了解一项工作或提供关于一项工作对某特定工作的全面信息活动。人力资源管理的直接和首要目标是人的工作,而不是人;工作分析是人力资源管理其他工作的前提和依据;工作分析有利于提高部门和员工的工作效率;工作分析可以做到人尽其才;工作分析可以科学评价员工绩效。工作分析主要有以下内容:

(1) 工作要素分析。工作要素分析一般来说有:什么职务?做什么?如何做?为什么做?何时完成(什么时候做)?为谁做?需要什么知识与技能经验?

(2) 工作说明书。工作说明书就是对与工作岗位有关的工作范围、目标、职责、权利、方法、工作环境、工作联系、工作团队、沟通方式、直接上级、直接下级、任职条件等做出说明。

(3) 工作规范。工作规范是指完成一项工作所需的技能、知识以及职责、程序的具体说明。工作规范一般列入工作手册中。只有明确了某一职位的任职条件,才能招聘胜任的人才。

2. 工作分析的步骤。

通常,工作分析的步骤有以下几步。

(1) 确定工作分析信息的用途。正式的工作分析信息将直接用于员工的招募聘用、培训、绩效考核等工作中。

(2) 搜集与工作有关的背景信息。相关的工作分析资料包括现有的公司章程、组织结构、生产状况、工作流程、办事细则等。很多时候,新创企业已有的资料往往非常粗糙,或者根本谈不上有什么成型的书面材料。因此,创业者可以借助这一机会,帮助工作分析人员进行有效的职位调查,对组织的各个职位进行全方面的了解。在收集资料过程中,需要注意的是,创业者必须对企业内部重要的工作岗位,如高科技企业内部地方技术研发岗位,或者市场开拓部门的岗位倾注更多的精力,这些岗位对于企业战略的支持作用更为显著,创业者应当把相应的岗位分析做得更精细些。

(3) 选择有代表性的工作进行分析。

(4) 搜集工作分析的信息。在工作分析中要求对每个岗位的分析细化到每一个具体的方面。

（5）反馈给在职人员以及主管人员。信息整理结果也应当及时反馈给在职人员以及主管人员进行核对，一方面可以减少可能出现的偏差，另一方面也有助于获得员工对工作分析结果的理解和接受。

（6）编写工作说明书和工作规范。这是将相关信息整理归纳之后得到的正式岗位分析结果。在大多数情况下，在完成了工作分析之后都要编写工作说明书和工作规范。有时，工作说明书和工作规范分成两份文件来写，有时也合并在一份工作说明书中。工作说明书应当撰写规范，以便于未来的工作中参考。

工作说明书（也称职位说明书）是关于工作执行者实际在做什么、如何做以及在什么条件下做的一份书面文件。工作说明书的编写并没有一个标准化的格式，但大多数的工作说明书（也称职位说明书）都包括以下几项内容：基本资料职务名称（直接上级职位、所属部门、工资等级、工资水平、所辖人员、定员人数、工作性质等）；工作描述（工作概要、工作活动内容、活动内容、时间百分比、权限、工作职责、工作结果）；工作关系（受谁监督，监督谁，可晋升、可转换的职位及可升迁至此的职位，与哪些职位有联系）；工作人员运用设备和信息说明；任职资格说明（最低学历、所需培训的时间和科目、从事本职工作和其他相关工作的年限和经验）；一般能力（兴趣爱好、个性特征、性别、年龄特征）；体能要求；工作环境等。

3. 搜集工作分析信息的方法。

在进行工作分析时，收集工作分析信息的方法有观察法、面谈法、问卷法、工作实践法、典型事例法等。每种方法都有自己的优缺点。任何一种方法都不能提供所需要的足够完整的信息，因此必须交错使用这些方法。

二、人力资源规划

人力资源规划也称人力资源计划，是指为实施企业的发展战略，完成企业的生产经营目标，根据企业内外环境和条件的变化，通过对企业未来的人力资源的需要和供给状况的分析及估计，运用科学的方法进行组织设计，对人力资源的获取、配置、使用、保护等各个环节进行职能性策划，制订企业人力资源供需平衡计划，以确保组织在需要的时间和需要的岗位上获得各种必需的人力资源，保证事（岗位）得其人、人尽其才，从而实现人力资源与其他资源的合理配置、有效激励、开发员工的规划。

1. 人力资源规划要点。

新创企业需要合理开发与利用人力资源，否则，既可能造成某些人员的富余，又可能造成某些需要的人才严重短缺，从而使创业过程中人力资源成本增大，工作效率降低，严重时甚至会造成企业夭折。因此，创业初期的人力资源规划需要抓住几个核心要点：企业业务定位、企业规模、企业发展计划、人力资源运行模式。

（1）创业初期的人力资源规划，应该主要从业务开展的层面（包含技术、生产、营销等几个主要方面）以及企业整体运营来进行思考，同时结合企业的长远发展来进行规划。

（2）就人力资源规划的角度而言，企业要建立一个比较完善的薪酬分配制度，即利益分配机制，这是最基本的游戏规则，先有规则再请人。也就是说，这里有个前提，就是要设什么部门，设什么岗位，这个岗位的职责是什么，请来的人需要完成哪些基本目标或任务等。这些问题明确了，再谈分配制度就顺理成章了。

（3）人力资源规划方面需要考虑的一个重要因素是企业的业务规模的定位问题。提前预估企业生产能力和销售前景是比较关键的。如果预估失准，要么会造成人力资源的浪费，要么会造成人员的紧缺。

（4）关于企业的战略定位，就整体而言，企业人力资源的规划也肯定受其影响。可能受制于多方面的因素，很多新创办的企业开始往往没有战略规划；如果有战略，人力资源规划就肯定是企业整体战略的部分。

2. 人力资源规划程序。

编制人力资源规划可以分为三个具体的步骤：评估现有的人力资源；评估未来所需的人力资源；制订一套相适应的计划，以确保未来的人力资源供需的匹配。

（1）评估现有的人力资源状况。

这一步是通过工作分析法检查现有人力资源状况，并制订工作说明书和工作规范。前者说明了员工应做哪些工作，如何做，为什么这样做，反映出工作的内容、工作环境以及工作条件等；后者说明了某种特定工作至少需要具备哪些知识和技能。

（2）评估未来人力资源状况。

组织的目标与战略决定了对人力资源的未来需求。要使战略规划转化成具体的、操作性较强的人力资源计划，组织就必须根据组织内外资源的情况对未来人力资源状况进行预测，找出各时期各类人员的余缺分布。

（3）制订一套相适应的人力资源计划。

对现状和未来人力资源需求做出评估之后，管理者就可以制订一套与组织战略目标及其环境相适应的人力资源计划。当然，组织还必须对此计划进行跟踪、监督和调整，正确引导当前和未来的人才需求。另外，这一计划还需要与组织中的其他计划相互衔接。

三、招聘与配置

员工的招聘与配置是企业管理中最为重要的工作之一。要做好新创企业员工的招聘与配置工作，就需要从企业的实际发展情况出发，做出有针对性的招聘与配置。

1. 招聘。

招聘是指组织为了发展的需要，根据人力资源规划和工作分析的要求，采取一些科学的方法，寻找、吸引那些具备资格的有能力、有兴趣到本组织来任职的人员，并从中选出适宜人员予以录取和聘用的过程。招聘是现代管理过程中一项重要的、具体的、经常性的工作，也是人力资源管理活动的基础和关键环节之一，它直接关系到组织中各级人员的质量和各项工作的顺利开展。

（1）招聘的原则。

虽然目前人才市场上求职者的绝对数量从不缺乏，但要招聘到适合的人才并非一件容易的事情。创业企业要想招聘到能用又能留下的员工，必须首先在观念上有所突破，不能停滞于传统惯性的招聘思维模式。为此，要遵循以下几个原则。

①适用原则。不一定非要追求学历等硬性指标，只要能胜任某个职位，完成某项任务就可以了，其他方面就可以放宽要求。总之，弄清楚自己需要什么样的人是最重要的，创业企业讲究精打细算，在人力成本上更应该如此，而人才需求分析是控制人力成本开支的基础，是关键的第一步。创业者必须清楚企业中哪些岗位一定要设置，这些岗位分别设置多少人，这些人应当有哪些责权等，这是很重要的一点。如果连要什么人、做什么事都没有规划好，即便是招聘到优秀人才，也只能放在企业里面大材小用，甚

至成"无用之才"。

②按需招聘原则。新创企业要按照企业的实际需要招聘员工。总的来说，新创公司需要的是一专多能的多面手员工，最看重的就是员工的灵活性、创造性。例如，销售这个岗位，大公司的销售比较单纯，负责行业的就找大客户，负责消费的就找经销商，分工、职责都很明确。而新创企业则做不到这一点，一个销售人员可能所有的客户类型都需要接触，还有可能售后服务不到位需要销售人员兼一部分售后服务的职责，总之，事情多且杂，需要招聘有创造性的员工，随机应变。

③全面考核原则。所谓全面考核，就是对应聘者的德、智、体等各个方面进行综合考察和测验。

④公平、公正原则。招聘要公平对待所有的应聘者，应当一视同仁，使其凭本身的能力和条件竞争。在竞争中杜绝"拉关系""走后门"和贪污受贿等腐败现象发生。同时，不得人为制造各种不平等的限制，不能设置一些不合理的、不一致的标准要求。公正就是要择优录取，就是根据应聘者的考核成绩，从中选择优秀者录用。择优录取是招聘成败的关键。择优的依据是对应聘者的全面考核结论和录用标准。

⑤守法原则。在员工招聘过程中，一切与国家法律、法规相违背的活动都是无效的，甚至要受到法律的制裁。

（2）招聘的来源。

一般来讲，新创企业可以通过以下几种渠道来获取必要的人力资源。

①广告应聘者。通过广播、报纸、电视等传媒渠道发布用人信息广告是最常用的招聘方式。应聘者可以根据自己的情况选择自己适合的职业，减少盲目应聘，组织也可以通过此办法集中挑选需要的人员。一般而言，组织中空缺职位越高或者所需具备的技能越强，广告的辐射范围就应该越广。

②员工或关联人员推荐。研究表明，组织对经内部员工或关联人员推荐的人员的满意度要比对广告等其他形式招募来的人员的满意度高，因为做这样的推荐事关推荐人的名声，并且本人对组织也比较了解，容易形成凝聚力；另外，也可以省去部分招聘成本。

③职业介绍机构推荐。对于新创企业而言，职业介绍机构能使企业以较低的成本找到职位应聘者。当然，大规模组织也可以求助于此类机构，因为这类机构拥有的专业技术可能会比组织的人事部门强。职业介绍机构有三种类型：第一种是公营的机构，该类机构所雇用的职员不必具备太强的技术或

受过太多的培训，因此收费较低；第二种是私营机构，这类机构介绍的职位较高，提供的服务也较为全面，因此收费较高；第三种是管理顾问公司，也称"猎头公司"，这种公司收费最为昂贵，主要推荐的是中层至高层管理人员，它比上述两类机构服务更周全、信息更完整，因此成功率也更高。

④其他来源。除了上述机构之外，许多高中、大专院校都有职业介绍的服务。用人单位可以向这些学校征求所需人才。同时还有很多专业组织也能够提供职业介绍的服务。

2. 配置。

员工的配置是将招聘来的员工合理地分配到岗位上，让员工可以展示自己的才能，企业可以实现人力资源最优化管理。

人员配置分析涉及人与事的关系、人自身的状况等要素，具体包括以下五个方面的内容，即人与事总量配置分析、人与事结构配置分析、人与事质量配置分析、人员的工作负荷是否合理分析、人员使用效果分析。

（1）人与事总量配置分析。人与事总量配置分析涉及人与事的数量关系是否对应，享有多少事，就要有多少人去做。当然，这种数量关系不是绝对的，而是随着社会的发展不断变化的。人浮于事或者有事没人做，都是组织不希望存在的现象。

（2）人与事结构配置分析。人与事的结构配置是指事情总是多种多样的，应该根据同性质、特点的事，选拔有相应专长的人去完成。组织人员配置的一个重要原则是把各类人员分配在最佳发挥其专长的岗位上，做到人尽其才、才尽其用。

（3）人与事质量配置分析。人与事的质量配置是指人与事之间的质量关系，即事的难易程度与人的能力水平之间的关系。组织应该根据事的难易繁简程度，选拔具有相应能力水平的人去承担。人与事的质量配置不合理主要有两种情况：一是现有人员素质低于现任岗位的要求，可考虑采用职业培训或降职等方法来进行调节；二是现有人员素质高于现任岗位的要求，可考虑将其提升到更高的岗位，以发挥其最大的潜力。

（4）人员的工作负荷是否合理分析。人与事的关系还体现在事的数量是否与人的承受能力相适应，使人员能够保持身心健康上。因此，组织的各项活动是一个相互联系、相互依赖、前后衔接的有机整体，每个部门的人力资源配置都应与其所承担的工作量相适应，使工作负荷与人的承受能力相适应。如果工作负荷过重，则应减轻其工作负担，或新设一个岗位来分担原岗位的工作;如果工作负荷不足,则应考虑合并岗位,或增加该岗位的工作内容。

(5) 人员使用效果分析。人与事的配置分析最终还是要看岗位上人力资源的使用效果,这是动态衡量人与事关系的重要内容。

四、培训与开发

从泰勒的科学管理理论创立开始,企业就开始通过科学的培训来提高员工技能,从而满足劳动分工的需要。新创企业不仅需要通过培训来满足员工当前工作的需要,而且还要通过培训增强组织的应变能力,并不断地提高员工的个人素质、知识和技能,从而提高劳动生产率,防止员工技能退化,也有利于员工个人的发展。组织中人员的聘用、选拔、晋升等工作,都离不开培训和开发,所以说,培训与开发是人力资源管理的一项最基本的任务。

对创业企业来说,如何把握和开发人力资源这种关键资源,这对其人力资源的管理提出了更高的要求。新创企业必须树立强烈的"人尽其才、人事相宜"的用人理念,重视人才的培养和开发,在人力资源的激烈竞争中,保持自身的竞争优势。

1. 培训与开发的意义。

新创企业之所以会重视员工的培训与开发工作,是因为它具有非常重要的作用和意义,主要表现在以下几个方面:

第一,培训与开发有助于改善新创企业的绩效。新创企业绩效的实现是以员工个人绩效的实现为前提和基础的,有效的培训与开发工作能够帮助员工提高他们的知识、技能,改变他们的态度,增进他们对企业的战略、经营目标、规章制度以及工作标准等的理解,从而有助于改善他们的工作业绩,进而改善企业的绩效,这可以说是培训与开发最为重要的意义,尤其是在员工个人的工作绩效低于达标水平时,这种意义就更为突出。

第二,增强员工对新创企业的归属感和凝聚力。新创企业的人才队伍建设一般有两种:一是靠引进,二是靠自己培养。新创企业应不断地进行员工培训,向员工灌输企业的价值观,养成良好的行为规范,使员工能够自觉地按惯例工作,从而形成良好、融洽的工作氛围。通过培训,可以增强员工对组织的认同感,增强员工与员工、员工与管理人员之间的凝聚力及团队精神。就企业而言,对员工培训得越充分,对员工越具有吸引力,越能发挥人力资源的高增值性,从而为企业创造更多的效益。培训不仅提高了职工的技能,还提高了职工对自身价值的认识，对工作目标有了更好的了解。

第三，满足员工实现自我价值。通过培训可以使员工更好地胜任现有的工作，提高员工对自身价值的认识，对工作目标有更深的理解。更能使员工接受具有挑战性的工作和任务，实现自我价值，感受到企业对员工的重视，满足成就感，员工能长久留任企业的部分原因就是企业带给了他们想要的成就感。

第四，服务于企业战略规划。培训与开发工作不仅是关注眼前问题，更是立足于新创企业的长远发展。从未来发展的角度出发进行员工培训与开发，储备和培养适合企业未来发展的人才，保证了培训与开发工作的积极性、主动性。

2. 培训与开发的方法。

新创企业应根据不同的培训对象、不同的客体、不同的培训方式，选择不同的培训方法，培训方法的选择要讲求实用、效率、方便实施。

组织培训的方法有多种，如讲授法、演示法、案例法、讨论法、视听法、角色扮演等。各种培训方法都有其自身的优缺点，为了提高培训质量，达到培训目的，往往需要各种方法配合起来灵活使用。下面着重介绍讲授法、工作轮换法、案例研究法等常用培训方法。

（1）讲授法。

讲授法属于传统的培训方式，是指培训师通过语言表达，系统地向受训者传授知识，期望这些受训者能记住其中的重要观念与特定知识。

要求：培训师应具有丰富的知识和经验；讲授要有系统性，条理清晰，重点、难点突出；讲授时语言清晰，生动准确；必要时运用板书；应尽量配备必要的多媒体设备，以加强培训的效果；讲授完应安排适当的时间让培训师与学员进行沟通，用问答方式获取学员对讲授内容的反馈。

优点：运用方便，可以同时对许多人进行培训，经济高效；有利于学员系统地接受新知识；容易掌握和控制学习进度；有利于加深理解难度大的内容。

缺点：学习效果受培训师讲授水平的影响；由于主要是单向性的信息传递，缺乏教师和学员间必要的交流和反馈，学过的知识不易被巩固，故常被运用于一些理念性知识的培训。

（2）工作轮换法。

这是一种在职培训的方法，是指让受训者在预定的时期内变换工作岗位，使其获得不同岗位的工作经验,一般主要用于新进员工。现在很多新创企业也进行工作轮换,是为了培养新进入企业的年轻管理人员或有管理潜力的未来管理人员。

要求:在为员工安排工作轮换时,要考虑培训对象的个人能力以及他的需要、兴趣、态度和职业偏好等,从而选择与其合适的工作;工作轮换时间长短取决于培训对象的学习能力和学习效果,而不是机械地规定某一时间。

优点:工作轮换能丰富培训对象的工作经历;工作轮换能识别培训对象的长处和短处,企业可以通过工作轮换了解培训对象的专长和兴趣爱好,从而更好地开发员工的潜能;工作轮换能增进培训对象对各部门管理工作的了解,拓展员工的知识面,对受训对象以后完成跨部门、合作性的任务打下基础。

缺点:如果员工在每个轮换的工作岗位上停留时间太短,会导致所学知识不精;由于此方法鼓励"通才化",适合于一般直线管理人员的培训,不适用于新创企业的职能管理人员。

(3)案例研究法。

案例研究法是指为参加培训的学员提供员工或组织如何处理棘手问题的书面描述,让学员分析和评价案例,提出解决问题的建议和方案的培训方法。案例研究法为美国哈佛管理学院所推出,目前广泛应用于新创企业管理人员(特别是中层管理人员)的培训。目的是训练他们具有良好的决策能力,帮助他们学习如何在紧急状况下处理各类事件。

要求:案例研究法通常是向培训对象提供一个描述完整的经营问题或组织问题的案例,案例应具有真实性,不能随意编造;案例要与培训内容相一致,培训对象组成小组来完成对案例的分析,做出判断,提出解决问题的方法;随后,在集体讨论中发表自己小组的看法,同时听取别人的意见。讨论结束后,公布讨论结果,并由教员再对培训对象进行引导分析,直至达成共识。

优点:学员参与性强,变学员被动接受为主动参与;将学员解决问题能力的提高融入知识传授中,有利于学员参与企业实际问题的解决;教学方式生动具体,直观易学;容易使学员养成积极参与和向他人学习的习惯。

缺点:案例的准备时间较长,且对培训师和学员的要求都比较高;案例的来源往往不能满足培训的需要。

3. 培训与开发的内容。

培训内容主要为组织理念与文化的塑造和素质训练。创业企业的人员培训对象是老员工和新员工。对老员工主要是传授新知识、新技能,适应企业的发展变化。对新员工的培训包括对组织理念与文化的培训、上岗前的专门培训、上岗后的跟踪培训、离岗技能培训等。

(1) 组织理念与文化的塑造。

通过培训,建立起员工对组织理念与文化的认同,培养员工对企业的忠诚,培养员工应具备的工作态度,增强员工的主人翁精神。

(2) 素质训练。

通过培训,应该使员工具备完成本职工作所必需的基本知识,使员工掌握完成本职工作所必备的技能和素质,如谈判技能、操作技能、处理人际关系的技能等,以此也能够培养、开发员工的潜能。

五、绩效考评和薪酬管理

在创业初期,对于员工的绩效管理可能并非很严格,创业者或者高层管理团队成员可能根据自身的主观感受,对员工的绩效状况进行考评。随着企业的进一步发展,企业的管理事务不断复杂化,员工的管理也必须走上正轨。如何正确地评价员工成为员工考核、激励的重要依据,也是影响企业内在凝聚力的重要因素。

1. 绩效考评。

绩效考评就是对员工的工作行为加以测量的过程。它是提高企业管理效率及改进工作的重要手段,是员工改善工作及谋求发展的重要途径。

绩效考评的过程一般包括四个步骤:第一,建立绩效考评标准。这是绩效考评时避免主观随意性的前提条件。绩效考评标准必须以职务分析中制定的职务说明书与职务规范为依据,因为那是对员工所应尽职责的正式要求。第二,确定绩效考评的内容。一般来说,员工绩效考评的内容主要侧重于工作实绩和行为表现两个方面。第三,实施绩效考评。由有关人员对被考评员工的实际成绩和表现做客观的记录,并确定在不同的指标上的成绩水平。根据考评的目的,绩效考评可以是全面的或局部的。第四,确定评语及改进措施。该阶段对被考评员工工作综合评定,确定最后的评价等级,并指出其优缺点和制订改进方案。

绩效考评方法有传统方法和现代方法两大类。传统的绩效考评方法主要有:个人自我评价法、小组评议法、工作标准法、业绩表评估法、排列评估法、平行对比评估法等。现代的绩效考评更多采用目标管理法。在传统的绩效考评方法中,组织往往更多地把员工的个人品质作为主要的业绩评判标准,同时也过多地掺杂了考评者的个人偏好和主观意见。而目标管理法则把考评的重点放在员工的贡献上,通过管理者与员工共同建立目标的方式,实现了双方工作态度的彻底转变。共同建立目标的方式使管理者由评判人转变为工作顾问,而员工也由消极的旁观者变为过程的积极参与者,双方将始终保持密切的合作和联系。这样,在绩效考评的每一个阶段,双方都会努力解决存在的问题,并为下一个评价期建立更为积极的目标。

2. 薪酬管理。

薪酬管理,是指一个组织针对所有员工所提供的服务来确定他们应当得到的报酬总额以及报酬结构和报酬形式的过程。在这个过程中,企业就薪酬水平、薪酬体系、薪酬结构、薪酬构成以及特殊员工群体的薪酬做出决策。同时,作为一种持续的组织过程,企业还要持续不断地制订薪酬计划,拟订薪酬预算,就薪酬管理问题与员工进行沟通,同时对薪酬系统的有效性做出评价并不断予以完善。

(1) 薪酬管理特性。

相比人力资源管理中的其他工作而言,薪酬管理有一定的特殊性,具体表现在三个方面。

①敏感性。薪酬管理是人力资源管理中最敏感的部分,因为它牵扯到公司每一位员工的切身利益。特别是在人们的生存质量还不是很高的情况下,薪酬直接影响他们的生活水平;另外,薪酬是员工在公司工作能力和水平的直接体现,员工往往通过薪酬水平来衡量自己在公司中的地位。所以每一位员工对薪酬问题都会很敏感。

②特权性。薪酬管理是员工参与最少的人力资源管理项目,它几乎是公司老板的一个特权。老板包括企业管理者,认为员工参与薪酬管理会使公司管理增加矛盾,并影响投资者的利益。所以员工对于公司薪酬管理的过程几乎一无所知。

③特殊性。由于敏感性和特权性,每个公司的薪酬管理差别会很大。另外,由于薪酬管理本身就有很多不同的管理类型,如岗位工资型、技能工资型、资历工资型、绩效工资型等,所以不同公司之间的薪酬管理几乎没有可参考性。

(2) 薪酬管理体系。

新创企业意味着企业刚刚开始进入初创领域,一般来说,最主要的目标就是完善企业制度和行为规范，形成良好的企业文化，积累现金流，用较少的人力成本吸引和保留有能力的员工等。因此，新创企业应当根据其主要目标制订企业战略，建立一套薪酬管理体系来保障企业战略的实施。合理的薪酬管理不仅可以节约人力成本，利用较少的资金吸引核心员工与企业一起创业，还可以激励员工，使员工为企业创造利润而努力工作。换句话说，与企业战略相匹配的薪酬管理才可以将薪酬的作用发挥出来。

一般来说，新创企业主要的成长目标还是很确定的，但是由于企业本身资源和能力有限，销售渠道不健全或不完善，因而新创企业会将主要的资源和能力集中在主营业务当中。具体来说，新创企业应当有一个主要经营方向和竞争模式，创业者希望通过集中式的发展，利用有限的资源发展主营业务，通过这个业务获得一定的市场份额。完整的薪酬管理体系由薪酬目标、薪酬政策和实现薪酬目标与政策的薪酬技术所构成。

薪酬目标表明薪酬管理想要达到什么样的目的，一般来说，企业薪酬目标是公平和合法的，确保薪酬管理体系对所有员工都公平，不仅要结果公平，还要过程公平；企业在薪酬管理过程中，要遵守全国性和地方性的法律法规。企业有这三个基本目标作为薪酬目标，才能有合理合法的薪酬管理体系。

薪酬政策主要包括确定员工的薪酬标准，设计薪酬结构和形式。薪酬政策是根据企业战略所制定的，并服务于企业战略。新创企业具有不同于成熟企业的企业战略，也应当具有符合自己战略的薪酬政策。

薪酬技术是实现薪酬目标和政策的途径，正确运用薪酬技术，可以保证薪酬目标和薪酬政策的实现。

第三节　创业企业人力资源管理的挑战

新企业成长的最大挑战是管理能力。企业的管理结构包含对企业成长至关重要的两种能力：创业能力和管理能力。创业能力产生新市场、新产品和新服务创意，而管理能力则主要管理企业日常活动并确保新机会变得有利可图。然而，引入新产品创意需要管理能力，旨在确保其被恰当地执行和管理。如果企业没有充足的管理能力来确保创意实施正确，就不可能仅通过迅速雇用新的管理人员来弥补这个缺陷。雇用新员工的成本很高，并且新的管理人员要适应企业文化，掌握企业特殊技能和知识，以及赢得企业其他员工信任都需要很长时间。当企业管理资源不足以利用新产品和服务机会时,随之而来的"瓶颈"就是管理能力问题。

管理能力是成长局限问题的本质,但提高管理服务的能力并非轻而易举,它涉及如何招聘到合适的员工、如何激励创业者和管理者等复杂问题。

企业在创立之初,以业务为战略核心是生存所必须的,因此企业将主要精力集中于开拓市场、发展业务,而人力资源管理则处于起步阶段,基础薄弱,经验缺乏,尚未建立起规范的管理体系,因此在管理上存在不少问题。

一、人力资源管理的问题

1. 企业对人力资源管理不重视。

新创企业在企业运作的初期,由于主要精力放在市场开拓上,对人力资源管理无暇顾及。表现在缺乏专业的人力资源管理人员上,有的连人力资源管理的职能都缺失,员工薪酬管理也比较混乱,在人力资源管理工作上财力的投入也往往不足。这使企业在资源的分配中弱化了对人力资源的投入,甚至产生诸如责权利不清楚、劳资关系不明晰、缺乏有效的绩效管理等问题,成为影响企业未来发展的重要障碍。

2. 人力资源管理规范化程度低。

新创企业一般不设立正式的人力资源管理部门,也很少有正式的绩效评价和与之相匹配的统一的薪酬制度,甚至连基本的岗位职责的界定都极不规范。在进行人员招聘时,新创企业更倾向于采用一些非正规的简单方式,员工入职阶段和成长过程中也缺乏系统的培训,大多数新创企业多采用一种非正式的和不太规范的所谓灵活方式来进行人力资源管理。规范化管理对新创企业的发展犹如地基对楼房:楼层越高,对地基的要求就越严格。规范化管理可以促使企业的经营行为更多地具有理智的特点,借助扎实的基础管理工作强化成本核算,通过管理制度建设构建基本的管理工作秩序,进而提高工作效率。规范化管理也可以说是企业长期健康发展的保证。管理不规范是导致大多数创业企业失败的主要原因之一。企业成立之初的管理往往不规范,随着企业的不断发展,管理水平跟不上企业发展的要求,如果没有及时地对企业管理进行规范,就会导致企业管理效率的下降,出现许多不合理的现象,导致企业的产品品种、质量、服务、利润等受到不利影响,使企业的发展受到制约。

3. 缺乏关键核心人才。

新创企业在外部市场竞争的压力下,出于对成长与发展的迫切需要,必须对产品、市场、技术、管理等方面进行系统化设计和高效运作。而新创企业由于缺乏企业知名度以及产品的品牌形象、技术资金实力以及缺少稳定的发展前景,使其与成熟的大企业相比在关键人才的引进上缺乏吸引力。为此,有些新创企业可能会通过虚拟公司的外资背景、夸大公司实力与业绩、给予求职者过高的承诺等不规范的手段来吸引人才,不惜以牺牲企业的信用为代价。这种短视行为将给企业人才流失埋下隐患。

4. 缺乏对员工的有效激励机制。

新创企业由于管理基础比较薄弱,薪酬管理制度不健全,加上企业的知名度不高,企业未来发展的愿景也不明确,员工在缺乏共同目标的情况下,只能单纯地完成工作,无法将自己的职业生涯规划与企业的发展联系起来,缺乏长期的激励因素。员工个人为达到短期目标的利己行为,不仅不能形成新创企业发展的合力,反而会产生背道而驰的阻力,动摇处于创业初期的企业根本。

5. 员工流动频率过快。

新创企业成立时间短,与成熟的大中型企业相比,具有薪酬待遇较差、员工归属感不强以及发展前景不确定等劣势,导致其员工将新创企业当成获得经验的"跳板",人员流动十分迅速,破坏了员工队伍的稳定性。特别是拥有专门技术、掌握核心业务、控制关键资源、具有特殊经营才能等关键员工的离职,容易造成核心技术和商业机密的外泄、客户资源的流失、企业日常运作的停滞等严重损失,极大地削弱了企业的核心竞争力。

二、人力资源管理策略

与成熟企业相比,新创企业虽然谈不上科学的人力资源管理,但为了长远的发展,企业必须有合理规划的人力资源管理来保证现在和将来有足够合格的人力资源。因此,对于新创企业而言,塑造一个以人为本的内部环境,构建共创未来的愿景与机制,使人力资源在动态使用过程中,实现其自身价值,这是决定创业成功的关键要素。只有建立一套行之有效的人力资源管理机制,选任、培养、激励、留住人才,才能促进新创企业不断成长。

1. 做好规划，建立制度。

创业初期的人力资源规划需要考虑的一个重要因素就是企业业务规模的定位问题，这就应该从业务开展的层面（包括技术、生产、营销等主要方面）以及企业整体运营的层面来进行思考，同时结合企业的长远发展来进行规划。如果对企业生产能力和销售前景的预估失准，要么会造成人力资源的浪费，要么会造成人员的紧缺。

一个新创企业，制度并非大而全就是好，但一些关键性的制度却不能少。例如，（1）薪酬分配制度，即利益分配机制，这是一个最基本的游戏规则，先有规则再请人；（2）考勤制度；（3）人员招聘制度；（4）奖惩制度。

2. 专业规范，提高效率。

企业可以根据自身的实际情况，通过在企业内部设立专人专职或者采取人力资源管理外包方式灵活实现企业的规范化人力资源管理。这两种方式都能确保管理的规范性，由于专业人员对人力资源管理相关法律法规、人力资源管理工具和方法把握得较为准确，制订的人力资源计划以及日常工作中都能够符合本企业的利益，通过适时的人力资源管理诊断，能及时地在日常管理中发现问题和解决问题。

3. 有效激励，吸引人才。

新创企业根据自身所处行业的特点以及战略发展定位，明确企业的竞争优势，确定关键人才的类型与稀缺程度，设计有效的激励政策，如采用高额的远期风险收入吸引人才。新创企业由于资金资源的限制可能导致企业的薪酬水平不具有较强的竞争力，那么可考虑通过风险收入和远期收入来吸引人才，如可通过投资入股、给予股票期权等形式。同时，充分挖掘和利用感情留人、事业留人的激励政策的潜力，增强企业的和谐文化，注重关键核心人才的职业生涯发展，建立关键核心人才的归属感和成就感。

4. 明确岗位设置，选任合适的人才。

在企业中没有什么比将合适的人放在合适的岗位上更重要的，当然也没有什么比将不合适的人放在不合适的岗位上对企业和个人造成的浪费和伤害更大的。世界五百强之一的美国通用电器公司前总裁韦尔奇说，他常常把70%以上的时间用来研究公司中人力资源的使用配置情况，以形成高效率的经营团队。因此，新创企业首先要将岗位设置制度化、规范化，对人力资源配置进行谋篇布局，并在此基础上知人善任。一是根据节约高效的原则设计岗位分工。新创企业资金有限，讲究精打细算，在人力资源上更应该如此，而人才需求分析是控制人力资源成本开支的基础，是关键的第一步。创业者必须清楚企业中哪些岗位一定要设置，设置多少人，应当赋予哪些责权等。新员工进入企业后，需要了解的第一件事就是企业的组织架构是什么，我在哪个岗位做什么，我与其他人怎样配合。二是根据德才兼备的原则选任合适人才。最优秀的人才不一定是最合适的人才，只有根据岗位需求，选择能力和品德与之匹配的员工，才能在促进企业发展的同时，保证员工忠诚度，减少人才流失率，否则会出现将低能力的人配置到高位置上，造成执行力低下、工作上错漏频出的问题。

5. 衡量培训成本，培养优秀的人才。

长期、持续、有计划的员工培训，是企业运行和发展的重要保障，也是吸引优秀人才的有效手段之一。新创企业要以承受能力为基础，从长远发展需要出发，建立全面性、全员性的培训体系，即培训贯穿员工职业生涯的全过程，涵盖从业技能和综合素质的各方面，覆盖到从高层领导到一线员工的每个人。

第一，营造奋发向上、不断进取的学习氛围。据世界经理人文摘网站进行的一次网上调查显示，在企业所提供的七项福利（医疗保险、退休保障、住房及补贴、带薪休假、业务用车、进修和培训机会、子女教育津贴）中，43%的人首先选择了进修和培训。进修和培训已经成为许多员工重视的一个条件。对于高素质的关键员工而言，不仅仅是为了赚钱，他们更希望通过工作得到发展和提高。因此，创业者要带头转变观念纠正对员工培训的认识偏差，营造员工愿意学、主动学、坚持学的良好氛围，杜绝部分员工对培训持有逃避或无所谓的心态。

第二，分层次有重点地制订全员培训计划。全员培训不是所有员工在同一时期内都要参加培训，而是根据员工个人职业生涯规划和企业战略需要，通过培训需求评估，对不同层次的员工各有侧重地制订针对性的培训计划。在培训内容的选择上，对创业者的培训着重于企业家才能，对中层管理者的培训集中于共同愿景的形成和执行力的提高，对一线基层员工进行自我管理、团队精神以及从业技能等方面的培训。在培训时间的选择上，对重要的培训要未雨绸缪，对急迫的培训要快速启动，各种培训之间合理衔接有条不紊地组成系统。

第三，在实际工作中科学地衡量培训效果。培训上的投入带来的产出难以量化，可以从对实际工作的针对性和及时性两个角度加以考察。针对性是指培训要有目的，根据新创企业的发展规划，对员工欠缺的知识和能力进行培训，消除现实工作需要和员工知识能力存在差距的矛盾。及时性是指培训的内容能马上运用到工作中，让员工在"做"中进行消化和检验，让培训转化为现实生产力，以人力资源的发展带动新创企业突破发展"瓶颈"。

6. 完善考核机制，激励有为的人才。

绩效考核是人力资源发展的基本保证，既可以对员工进行甄选区分，也可以保障企业目标的实现。一方面，绩效考核与薪酬、职务晋升、福利待遇等紧密挂钩，可以为员工的晋升与发展提供公平竞争的平台，消除新创企业由于"家族色彩"带来的任人唯亲的弊端。另一方面，绩效考核对员工个人目标进行正确引导，使之与企业整体目标契合，通过员工不断努力提高绩效，达到提高企业整体绩效水平的目的。因此，必须建立健全科学的绩效考核机制，使德才兼备的员工得到与之相匹配的待遇，激活员工队伍的能动性和创造性。

第一，厘清考核指标，设定相应的权重。在考核内容上，对德、能、勤、绩的全面考核与突出考核重点并重，指标的设计要体现企业现阶段的主要导向。根据新创企业的特点，业务类"硬"指标的权重相对较大，综合素质类"软"指标的权重相对较小。在考核方式上，与自己比发展、与别人比业绩、与别人比贡献三位一体，横向与纵向考核双向并行。

第二，建立以奖为主、以罚为辅的奖惩机制。绩效考核也需要提高执行力，承诺要准确、及时地兑现，能使员工得到最大化的现实收益和心理满足，发挥最大的激励效用。而新创企业的市场拓展能力较弱，风险防御能力较低，业绩受市场变化的影响较大，对员工的考核结果不应过于苛刻，否则当员工的切身利益得不到保障或者时刻处于可能被淘汰的风险时，员工会受到打击，缺乏安全感，人心惶惶，使企业失去了凝聚力。

第三，畅通双向沟通渠道，增强双赢共识。为防止对员工考核的片面化，持续的双向沟通应贯穿绩效考核的全过程。在制订考核指标时，需要与员工就目标设定达成共识，同时体现企业对员工的期望与员工对企业的承诺。在考核实施中，畅通的沟通渠道保障员工享有申诉说明的权利，有利于纠正考核偏差，使考核结果获得员工的认同。在考核反馈阶段，动态的沟通能促使企业和员工就如何改进不足、怎样提升绩效以及下一个绩效目标达成共识。

7. 培育企业文化，留住最好的人才。

企业文化是员工在长期的工作中，经过凝聚提炼形成的共同价值标准、理想信念和行为准则，它能营造出良好的企业内部环境和团队精神，使员工在工作过程中完成自身发展的定位。良好的企业文化，在薪酬留人和契约留人双保险的基础上，加上了文化留人的第三重保险。

第一，将共同愿景作为吸引员工的根本。共同愿景是企业上下由心认同、齐心共筑的未来景象，是看得见的"好处"，也是潜在的长期收益。人失去理想，就会无所事事，企业也一样，没有长远目标和规划，就会人心涣散，失去凝聚力，难以留住人才。让员工看到企业的宏伟蓝图，看到企业的未来愿景，使有抱负的雇员产生向往和期待，可以减少新创企业由于待遇较低所带来的负面影响，对员工产生长期的吸引力和内驱力。

第二，将人本主义作为管理员工的准则。把员工当成"物"来管理，必然忽略个人的需求、愿望，当然也留不住人才。将员工看作企业的主体，强调员工对管理的参与，从感情上与员工建立心理契约，最大限度地关心人、依靠人、培养人和造就人，才能充分激发员工的热情和进取心，使之从内心深处产生对企业强烈的归属感和责任感，并真正把个人的前途和企业的命运联系在一起。

第三，将团队精神作为凝聚员工的动力。团队精神使员工产生归属感，愿意把自己的命运和荣辱与团队的发展前途联系在一起，团队成员之间相互信任、帮助扶持、共同进步，融洽的工作氛围和强烈的责任感，使员工对企业产生较高的忠诚度。

思考练习题

一、名词

人力资源规划、绩效考评

二、问答题

1. 创业企业人力资源管理的特点？
2. 人力资源管理的主要目标？
3. 创业企业人力资源管理的内容？
4. 招聘的方式及渠道有哪些？
5. 创业企业在人力资源管理上可能出现的问题？

第九章 创业企业营销管理

第一节 目标市场定位及企业生存目的

一、寻找目标市场

(一) 市场细分

1. 市场细分的概念。

市场细分（market segmentation）的概念是美国市场学家温德尔·史密斯（Wendell R. Smith）于20世纪50年代中期提出的。市场细分是指营销者通过市场调研，依据消费者的需要和欲望、购买行为和购买习惯等方面的差异，把某一产品的市场整体划分为若干消费者群的市场分类过程。每一个消费者群就是一个细分市场，每一个细分市场都是具有类似需求倾向的消费者构成的群体。

2. 市场细分的作用。

细分市场不是根据产品品种、产品系列来进行的，而是从消费者（指最终消费者和工业生产者）的角度进行划分的，是根据市场细分的理论基础，即消费者的需求、动机、购买行为的多元性和差异性来划分的。通过市场细分对企业的生产、营销起着极其重要的作用。

(1) 有利于选择目标市场和制订市场营销策略。

(2) 有利于发掘市场机会，开拓新市场。

(3) 有利于集中人力、物力投入目标市场。

(4) 有利于企业提高经济效益。

(二) 如何进行市场细分

1. 市场细分的步骤。

市场细分程序可通过以下例子看出：

一家航空公司对从未乘过飞机的人很感兴趣（细分标准是顾客的体验）。而从未乘过飞机的人又可以细分为害怕飞机的人、对乘飞机无所谓的人以及对乘飞机持肯定态度的人（细分标准是态度）。在持肯定态度的人中，又包括高收入有能力乘飞机的人（细分标准是态度）。于是这家航空公司就把力量集中在开拓那些对乘飞机持肯定态度，只是还没有乘过飞机的高收入群体。

可见，市场细分包括以下步骤：

（1）选定产品市场范围。公司应明确自己在某行业中的产品市场范围，并以此作为制订市场开拓战略的依据。

（2）列举潜在顾客的需求。可从地理、人口、心理等方面列出影响产品市场需求和顾客购买行为的各项变数。

（3）分析潜在顾客的不同需求。公司应对不同的潜在顾客进行抽样调查，并对所列出的需求变数进行评价，了解顾客的共同需求。

（4）制订相应的营销策略。调查、分析、评估各细分市场，最终确定可进入的细分市场，并制订相应的营销策略。

2. 市场细分的程序。

市场细分作为一个比较、分类、选择的过程，应该按照一定的程序来进行，通常有这样几步：

（1）正确选择市场范围。企业根据自身的经营条件和经营能力确定进入市场的范围，如进入什么行业、生产什么产品、提供什么服务。

（2）列出市场范围内所有潜在顾客的需求情况。根据细分标准，比较全面地列出潜在顾客的基本需求，作为以后深入研究的基本资料和依据。

（3）分析潜在顾客的不同需求，初步划分市场。企业将所列出的各种需求通过抽样调查进一步搜集有关市场信息与顾客背景资料，然后初步划分出一些差异最大的细分市场，至少从中选出三个分市场。

（4）筛选。根据有效市场细分的条件，对所有细分市场进行分析研究，剔除不合要求、无用的细分市场。

（5）为细分市场定名。为便于操作，可结合各细分市场上顾客的特点，用形象化、直观化的方法细分市场，如某旅游市场分为商人型、舒适型、好奇型、冒险型、享受型、经常外出型等。

（6）复核。进一步对细分后选择的市场进行调查研究，充分认识各细分市场的特点，本企业所开发的细分市场的规模、潜在需求，还需要对哪些特点进一步分析研究等。

（7）决定细分市场规模，选定目标市场。企业在各子市场中选择与本企业经营优势和特色相一致的子市场，作为目标市场。没有这一步，就没有达到细分市场的目的。

经过以上七个步骤，企业便完成了市场细分的工作，就可以根据自身的实际情况确定目标市场并采取相应的目标市场策略。

3. 市场细分的有效性判断。

企业进行市场细分的目的是通过对顾客需求差异予以定位来取得较大的经济效益。众所周知，产品的差异化必然导致生产成本和推销费用的相应增长，所以企业必须在市场细分所得收益与市场细分所增成本之间做一权衡。由此，我们得出有效的细分市场必须具备以下特征：

（1）可衡量性。指各个细分市场的购买力和规模能被衡量的程度。如果细分变数很难衡量的话，就无法界定市场。

（2）可盈利性。指企业新选定的细分市场容量足以使企业获利。

（3）可进入性。指所选定的细分市场必须与企业自身状况相匹配，企业有优势占领这一市场。可进入性具体表现在信息进入、产品进入和竞争进入。考虑市场的可进入性，实际上是研究其营销活动的可行性。

（4）差异性。指细分市场在观念上能被区别并对不同的营销组合因素和方案有不同的反应。

（5）相对稳定性。指细分后的市场有相对应的时间稳定。细分后的市场能否在一定时间内保持相对稳定，直接关系到企业生产营销的稳定性。特别是大中型企业以及投资周期长、转产慢的企业，更容易造成经营困难，这严重影响企业的经营效益。

二、确定产品定位

（一）产品定位

企业要找准产品定位必须首先找准消费者及其需求特征，以突出产品（服务）的特色为定位的出发点，以恰如其分地满足消费者的需求为定位的归宿。一般来说，产品定位包括：质量定位、功能定位、体积定位、色彩定位、造型定位和价格定位。

1. 质量定位。

质量是产品的主要衡量标准，质量的好坏直接影响到企业的产品在市场上的竞争力。因此,企业在研发、生产产品时,应该根据市场需求的实际状况确定产品的质量水平。

一般的观点认为,产品质量越高越好,质量越高,价值就越高,但事实上,这种观点并不一定是正确的。一方面,质量的衡量标准是很难量化的,即使通过某些质量标准,如 ISO 质量系列的认证,说明你的产品质量比其他企业高,但在市场上,尤其消费者的认同并不一定与这些标准相符合,消费者对质量的认识往往包含个人的因素;另一方面,市场上并不一定都需要高质量的产品,在许多区域市场,尤其是发展中国家市场,消费者往往更青睐于质量在一定档次上但价格更便宜的产品。

因此,企业在进行产品定位上应该能够正确认识质量的位置。消费者对于市场上产品质量的要求是怎样、消费者对质量的认识水平、市场上同类产品的质量标准等都应该成为企业质量定位的重要考核因素。在进行质量定位上,还应该考察质量的边际效益,即质量的边际投入和边际收益应相等。也就是说,花在质量提高上的最后一元钱要收到相同价值的收益。这个提高了质量档次的产品,在市场上销售肯定比其他产品有更高的价格,当高价售出产品后产生的增值大于为提高档次所投入的费用时,把产品定位在高质区就是正确的。如果产品质量继续提高,产品成本继续增加,当为提高质量所投入的成本与获得的收益相等时,就到了质量定位点。低于这个点,产品还有潜力可挖;高于这个点,企业则得不偿失。

2. 功能定位。

在市场竞争中,企业在比较同类产品的优劣时往往提及性能价格比(性价比),性价比往往能够左右消费者做出购买决策,同时,性能也是考核产品的一个重要指标。从某种意义上说,性能指的是产品的功能。功能是产品的核心价值,功能定位直接影响产品的最终使用价值。

影响企业产品的功能定位因素是多方面的,有企业自身实力因素、市场需求因素、地域市场因素、消费者因素等。在进行功能定位过程中,企业要综合考虑这些因素,并且能够明确哪些因素是决定性的。功能定位一般分为单一功能定位和多功能定位。定位于单一功能,则造价低,成本少,但不能适应消费者多方面的需要;定位于多功能,则成本会相应地提高,然而能够满足客户很多方面的需要。同时,我们也能看到,不同的行业对于产品功能定位有着天壤之别,如房地产与服装。房地产功能定位往往着重于绿色、人性化、科技化等多方面,而服装的功能定位往往比较单一。

当然，产品功能定位策略除了看企业自身的发展需要外，还得契合市场的需求。

3. 体积定位。

产品丰富以后，产品的体积大小也是企业在产品定位时考虑的热门问题。在这方面，电器设备、通讯产品和电脑产品尤其明显，消费者越来越青睐质量相当但体积更小的产品。正是在这种消费需求的影响下，超薄笔记本电脑、掌中电脑、商务通、微型手机、超小型家用电器等被推向市场。

体积定位更多地表现为企业参与竞争的一种营销手段。

4. 色彩定位。

从黑白电视到彩色电视、纯平彩电，再到背投、等离子等，反映出消费者对于产品色彩的日益重视。在产品处于同一水平线时，如果企业能够率先对产品色彩进行重新定位，同样能够在市场上树立鲜明的产品形象，给消费者留下深刻的印象。对产品色彩多样化的追求反映了消费者更注重需求的个性化。时尚产品采用色彩定位往往会取得很好的营销效果。与体积定位一样，色彩定位更多地表现为企业参与竞争的一种营销手段。

5. 造型定位。

消费者个性化需求的发展直接导致了产品造型的不断更新，企业产品采取什么样的造型或款式，是产品定位的关键内容之一。一个恰到好处的造型定位可在营销上一举成功，而一个蹩脚的造型定位则可能使产品在营销上一败涂地。

除了基础产品（如钢铁、光缆）和生活必需品（如大米、玉米）外，其他任何产品都可以采用造型定位参与市场竞争。别出心裁的产品造型在市场竞争中能起到传递信息、树立优势的作用。例如，我国某地区有农民企业家一改用玻璃瓶装酒的惯例，改用葫芦装酒，这种新包装的酒一上市就备受消费者的欢迎，产品供不应求。在未来的营销中，造型定位还将会大有可为，也会成为更多企业参与市场竞争的"武器"。

6. 价格定位。

价格定位是产品定位中最令企业难以琢磨的。一方面，价格是企业获取利润的重要指标，最终会直接影响企业的盈利水平；另一方面，价格也是消费者衡量产品的一个主要因素，对价格的敏感度将直接决定消费者的最终消费方向。另外，企业对价格的把握也很难全面，很容易陷入"价格陷阱"。

现代企业的价格定位是与产品定位紧密相连的，价格定位主要有三种：

（1）高价定位。实行产品高价定位策略，产品的优势必须明显，使消费者能实实在在地感觉到。行业领导者的产品、高端产品等都可以采用高价定位策略，而日常消费品则不宜采用高价定位策略，否则很容易影响产品的销售。

采用高价定位策略应该考虑价格的幅度、企业成本、产品的差异、产品的性质以及产品可替代性等因素。如果不考虑这些因素的影响，盲目采用高价定位策略，则失败是不可避免的。

（2）低价定位。在保证商品质量、企业一定的获利能力的前提下，采取薄利多销的低价定位策略容易进入市场，而且在市场竞争中的优势也会比较明显。采用定价定位而取得成功的企业很多，美国零售巨头沃尔玛就是最典型的例子，在同类产品中，沃尔玛的售价是最低的，这是吸引众多消费者最有力的"武器"。在我国，格兰仕同样也是采用低价定位策略进入家用电器市场并获得成功的。

低价定位策略也可成为攻坚的"武器"，在残酷的营销竞争中，价格或者成为一些企业的"屠刀"，或者成为企业取得优势的撒手锏。现代市场上的价格大战实质上就是企业之间价格定位策略的博弈。

（3）中价定位。介于高价和低价之间的定价策略称为中价定位。在目前市场全行业都流行减价和折扣等价格或者高价定位策略时，企业采用中价定位，也可以在市场中独树一帜，吸引消费者的注意。

企业管理者应该明确，企业的价格定位并不是一成不变的，在不同的营销环境下，在产品的生命周期的不同阶段，在企业发展的不同历史阶段，价格定位可以相应地灵活变化。

（二）如何进行产品定位

1. 产品定位的策略。

所谓产品定位，是指确定企业的产品在消费者心目中的位置。每一企业的产品都有其特定的市场定位，如奥迪品牌汽车定位于高档车市场，桑塔纳品牌汽车定位在中档车市场，而夏利品牌汽车则定位在低档车市场。具体而言，产品定位策略主要有以下几种：

（1）产品专门化策略。即产品组合单一，在产品组合坐标系中，该产品处于原点位置——坐标。像可口可乐公司在相当长的时间里实行的是产品专门化策略，以统一产品、统一包装、统一的价格、统一的宣传推广向全世界的消费者提供相同的可口可乐。这种策略在一定程度上视消费者的需求为无差异。

（2）产品差异化策略。即企业通过自己的营销努力使产品组合向深度、广度发展。例如，同样是可口可乐公司，在满足消费者多样化需求的前提下，生产了雪碧、健怡可乐、芬达、酷儿等产品，从更多的角度满足了消费者的需求。

（3）产品边缘化策略。即指产品组合由深度向关联度发展。以金利来为例，其产品组合最初只是生产各种档次、规格、系列的男性领带，现在其产品涉及男女用钱包、箱包、服装等多个领域，从多方面满足了男性和女性的生活需要。

（4）产品多角化策略。产品多角化策略是指产品组合由关联度向广度发展，或由深度向广度发展。以海尔为例，海尔最初是靠做冰箱起家的，如今，经过几十年的创业发展，海尔拥有40多大类，包括冰箱、彩电、洗衣机、空调、电脑、手机等在内的大小家电800多个项目的产品，其洗衣机就有神童五、丽达、小神功、小丽人、小神童、小小神童、小丽泡等多个品种。海尔很好地实现了产品组合由关联度向广度及由深度向广度的发展，实现了企业在生产经营方面的战略转移。同样今天，海尔的产品成功地走向了世界，并在一些国家实现了本地化生产。

2. 影响产品定位的因素。

影响产品定位的因素包括：

（1）消费者心理，即消费者关注的焦点和对产品属性重视程度，特别要注意消费者的情感利益——身份、名誉、地位等。

（2）市场竞争，即竞争者是如何定位的？如何与竞争者不一样？

（3）产品本身的因素，即从产品本身去寻找可作为定位的依据，当然这些依据必须是消费者所关注的，如产品的品质、质量、工艺、技术、功能、历史、产地、价格、包装、服务等。

（4）广告，即通过广告将产品定位的诉求传达给消费者，从而影响消费者的心理。

三、目标市场的选择

所谓目标市场，就是企业在市场细分的基础上，从满足显在的或潜在的目标顾客的需求出发,并依据企业自身经营条件而为自己选定的一个或为数很少的特定市场。一言以蔽之,目标市场,就是指企业产品和劳务的消费对象。

(一) 有一定的规模和发展潜力

企业进入某一市场是期望能够有利可图,如果市场规模狭小或者趋于萎缩状态,企业进入后就难以获得发展,此时,应审慎考虑,不宜轻易进入。当然,企业也不宜以市场吸引力作为唯一取舍,特别是应力求避免"多数谬误",即与竞争企业遵循同一思维逻辑,将规模最大、吸引力最大的市场作为目标市场。大家共同争夺同一个顾客群的结果是:造成过度竞争和社会资源的无端浪费,同时使消费者的一些本应得到满足的需求遭受冷落和忽视。现在国内很多企业动辄将城市尤其是大中城市作为其首选市场,而对小城镇和农村市场不屑一顾,很可能就会步入误区,如果转换一下思维角度,一些目前经营尚不理想的企业说不定就会出现"柳暗花明"的局面。

(二) 细分市场结构的吸引力

细分市场可能具备理想的规模和发展特征,然而从盈利的观点来看,它未必有吸引力。波特认为有五种力量决定整个市场或其中任何一个细分市场的长期的内在吸引力。这五个群体是:同行业竞争者、潜在的新参加的竞争者、替代产品、购买者和供应商。他们具有以下五种威胁性:

1. 细分市场内激烈竞争的威胁。

如果某个细分市场已经有了众多的、强大的或者竞争意识强烈的竞争者,那么该细分市场就会失去吸引力。如果出现该细分市场处于稳定或者衰退,生产能力不断大幅度扩大,固定成本过高,撤出市场的壁垒过高,竞争者投资很大,那么情况就会更糟。这些情况常常会导致价格战、广告争夺战,新产品推出,并使公司要参与竞争就必须付出高昂的代价。

2. 新竞争者的威胁。

如果某个细分市场可能吸引会增加新的生产能力和大量资源并争夺市场份额的新的竞争者,那么该细分市场就会没有吸引力。问题的关键是新的竞争者能否轻易地进入这个细分市场。如果新的竞争者进入这个细分市场时遇到森严的壁垒,并且遭受到细分市场内原来的公司的强烈报复,他们便很难进入。保护细分市场的壁垒越低,原来占领细分市场的公司的报复心理越弱,这个细分市场就越缺乏吸引力。某个细分市场的吸引力随其进退难易的程度而有所区别。根据行业利润的观点,最有吸引力的细分市场应该是进入的壁垒高、退出的壁垒低的市场。在这样的细分市场里,新的公司很难打入,但经营不善的公司可以安然撤退。如果细分市场进入和退出的壁垒都高,那里的利润潜量就大,但也往往伴随较大的风险,因为经营不善的公司难以撤退,必须坚持到底。如果细分市场进入和退出的壁垒都较低,公司便可以进退自如,然而获得的报酬虽然稳定,但不高。最坏的情况是进入细分市场的壁垒较低,而退出的壁垒却很高。于是在经济良好时,大家蜂拥而入;但在经济萧条时,却很难退出。其结果是大家都生产能力过剩,收入下降。

3. 替代产品的威胁。

如果某个细分市场存在替代产品或者有潜在替代产品,那么该细分市场就失去吸引力。替代产品会限制细分市场内价格和利润的增长。公司应密切注意替代产品的价格趋向。如果在这些替代产品行业中技术有所发展,或者竞争日趋激烈,这个细分市场的价格和利润就可能会下降。

4. 购买者讨价还价能力加强的威胁。

如果某个细分市场中购买者的讨价还价能力很强或正在加强,该细分市场就没有吸引力。购买者便会设法压低价格,对产品质量和服务提出更高的要求,并且使竞争者互相斗争,所有这些都会使销售商的利润受到损失。如果购买者比较集中或者有组织,或者该产品在购买者的成本中占较大比重,或者产品无法实行差别化,或者顾客的转换成本较低,或者由于购买者的利益较低而对价格敏感,或者顾客能够向后实行联合,购买者的讨价还价能力就会加强。销售商为了保护自己,可选择议价能力最弱或者转换销售商能力最弱的购买者。较好的防卫方法是提供顾客无法拒绝的优质产品供应市场。

5. 供应商讨价还价能力加强的威胁。

如果公司的供应商——原材料和设备供应商、公用事业、银行等,能够提价或者降低产品和服务的质量,或减少供应数量,那么该公司所在的细分市场就会没有吸引力。如果供应商集中或有组织,或者替代产品少,或者供应的产品是重要的投入要素,或转换成本高,或者供应商可以向前实行联合,那么供应商的讨价还价能力就会较强大。因此,与供应商建立良好关系和开拓多种供应渠道才是防御上策。

(三) 符合企业目标和能力

某些细分市场虽然有较大吸引力，但不能推动企业实现发展目标，甚至分散企业的精力，使之无法完成其主要目标，这样的市场应考虑放弃。另外，还应考虑企业的资源条件是否适合在某一细分市场经营。只有选择那些企业有条件进入、能充分发挥其资源优势的市场作为目标市场，企业才会立于不败之地。

在现代市场经济条件下，制造商品牌和经销商品牌之间经常展开激烈的竞争，也就是所谓品牌战。一般来说，制造商品牌和经销商品牌之间的竞争，本质上是制造商与经销商之间实力的较量。在制造商具有良好的市场声誉、拥有较大市场份额的条件下，应多使用制造商品牌，无力经营自己品牌的经销商只能接受制造商品牌。相反，当经销商品牌在某一市场领域中拥有良好的品牌信誉及庞大的、完善的销售体系时，利用经销商品牌也是有利的。因此，在进行品牌使用者决策时，要结合具体情况，充分考虑制造商与经销商的实力对比，以求客观地做出决策。

第二节 创业企业顾客服务策略

一、顾客细分

(一) 客户细分的概念

客户细分是 20 世纪 50 年代中期由美国学者温德尔·史密斯提出的，其理论依据主要有以下两点。

1. 顾客需求的异质性。

并不是所有顾客的需求都相同，只要存在两个以上的顾客，需求就会不同。由于顾客需求、欲望及购买行为是多元的，因而顾客需求满足呈现差异化。

2. 企业有限的资源和有效的市场竞争。

任何一个企业不能单凭自己的人力、财力和物力来满足整个市场的所有需求，这不仅缘于企业自身条件的限制，而且从经济效应方面来看也是不足取的。因为，企业应该分辨出它能有效为之服务的最具有吸引力的细分市场，集中企业资源,制订科学的竞争策略,以取得和增强竞争优势。

客户细分是指根据客户属性划分的客户集合。它既是客户关系管理（Customer Relationship Management，CRM）的重要理论组成部分,又是其重要的管理工具。它是分门别类地研究客户、进行有效客户评估、合理分配服务资源、成功实施客户策略的基本原则之一,为企业充分获取客户价值提供理论和方法指导。顾客细分理论的原理是:每类产品的顾客群不是一个群体,根据顾客群的文化观念、消费收入、消费习俗、生活方式的不同细分新的类别,企业根据消费者的不同制订品牌推广战略和营销策略,将资源针对目标顾客集中使用。

（二）顾客细分的必要性

顾客天生就存在差异,大量营销策略在实际世界里根本就不适用,因为并不是每一个顾客都适于成为某品牌的忠诚者。如果企业要最大化地实现可持续发展和长期利润,就要明智地关注正确的顾客群体,企业要获得每一位顾客,先前都要付出一定的投入,这种投入只有在你能赢得顾客的忠诚后才能得到补偿。因此,要通过价值营销来获得品牌忠诚重要的一步就是对客户进行细分,找寻到哪些顾客是能为企业带来盈利的,哪些顾客不能,并锁定那些高价值顾客。只有这样企业才能保证其在培育顾客忠诚的过程中所投入的资源得到回报,企业的长期利润和持续发展才能得到保证。

（三）顾客细分的方法

1. 根据人口特征和购买历史细分。

在消费者研究中,一般通过人口特征和购买历史的调研可以找到顾客忠诚的蛛丝马迹。一般而言,通过别人推荐而购买的顾客比因广告影响而购买的人要更忠诚;以标准价格购买的顾客比以促销价格购买的人更忠诚;有家的人、中年人和乡村人口更忠诚,而高流动人口忠诚度低。找到了目标消费群就可以知道企业要把价值给谁,以及到底要给什么价值。例如,美国USAA保险公司的顾客保留率达98%,简直高得不可想象,正是因为该公司有一个稳定的顾客群:军官。虽然军官保险的利润不是很高,但由于公司满足了这一群体的特定需求,使顾客保留率很高,维护的成本很低,公司的利润也就很可观。

2. 根据顾客对企业的价值细分。

我们有必要根据顾客对企业的价值来细分顾客。衡量顾客对企业的价值可以有很多方法，计算顾客的终身价值是一个切实可行的方法。所谓顾客终身价值是指顾客作为企业顾客的周期内为企业的利润的贡献的折现总和。影响顾客终身价值的最重要的两个因素是计算周期和贴现率。一般而言，在贴现率不变的情况下，顾客成为企业顾客的周期越长，那么纳入计算的顾客价值就越多，顾客的终身价值就越大；计算周期一定的情况下，贴现率越高，未来的收益就越不值钱，则顾客终身价值就越小。

顾客终身价值的计算比较复杂，需要获得以下信息：

（1）顾客作为某品牌的顾客的时间周期；

（2）企业的贴现率；

（3）每个时间周期内顾客购买某种品牌的频数；

（4）顾客购买该品牌产品的平均贡献；

（5）顾客购买该品牌的概率；

（6）其他一些信息。

随着数据库技术的发展，尤其是数据挖掘和数据仓储技术的发展，使顾客价值评估成为可能。相比较而言，金融服务部门、电信服务部门根据顾客价值进行市场细分的可能性就大一些。

一般来说，细分可以根据三个方面的考虑来进行：

1. 外在属性。

如客户的地域分布，客户的产品拥有，客户的组织归属——企业用户、个人用户、政府用户等。通常，这种分层最简单、直观，数据也很容易得到。但这种分类比较粗放，我们依然不知道在每一个客户层面，谁是"好"客户，谁是"差"客户。我们能知道的只是某一类客户（如大企业客户）较之另一类客户（如政府客户）可能消费能力更强。

2. 内在属性。

内在属性行为客户的内在因素所决定的属性，如性别、年龄、信仰、爱好、收入、家庭成员数、信用度、性格、价值取向等。

3. 消费行为分类。

在不少行业对消费行为的分析主要从三个方面考虑，即所谓 RFM：最近消费、消费频率与消费额。这些指标都需要在账务系统中得到，但并不是每个行业都能适用。在通信行业，对客户分类主要依据这样一些变量：话费量、使用行为特征、付款记录、信用记录、维护行为、注册行为等。

按照消费行为来分类，通常只能适用于现有客户，对于潜在客户，由于消费行为还没有开始,当然分层无从谈起。即使对于现有客户,消费行为分类也只能满足企业客户分层的特定目的,如奖励贡献多的客户。至于找出客户中的特点为市场营销活动制订确定对策,则要做更多的数据分析工作。

二、顾客服务

(一)顾客服务的概念

顾客服务(customer servicing)又称客户服务,作为市场营销第五个因素的服务,其从产品的整体概念中延伸出来,服务的对象和内容出现了新的变化。它不仅包括对现实顾客的服务,而且也包括对潜在顾客的服务;不仅要提高顾客的现实的(售后的)满意程度,还要提高预期的(售前的)满意程度。把服务作为第五个因素,进一步体现了市场营销的核心思想,即以消费者为中心。服务可以使企业创立个性,增加竞争优势,有效地增加企业的新销售和再销售的实现概率。

服务作为第五个因素的导入为市场营销提供了一个新的杠杆支点,为市场细分及市场定位等开辟了一条新路。

在矩阵图中显示了一种新的战略构想,为企业在市场竞争中取得优势提供了很大的帮助。

1. 价格导向型。

象限 A 中的企业依靠产品的价格优势与竞争者较量,期望通过低价吸引消费者,保持一定的市场占有率。在这种情况下,除非企业能保持住极低的生产成本优势,否则要想维持一个长期的较高的市场占有率是非常困难的。当今世界,劳动力成本、天然资源等直接成本占产品总成本的比重变小,其重要性也开始减弱,所以纯粹价格导向型的企业将越来越难于在市场上站住脚。

2. 产品导向型。

象限 B 中的企业谋求以技术优势向顾客提供更高的使用价值及满意度,从而争取顾客并赢得顾客。在某些场合,只要产品的性能及质量保持优势,顾客可以容忍服务方面的某些不足。例如,豪华型高性能轿车的购买者一般可以承受由于零配件的昂贵价格及维修网点不足带来的不便,只要能充分享受一流的驾驶乐趣及显示与众不同的社会地位。产品导向从根本上讲是违背以消费者为中心的市场营销观念,因而最终也难以在激烈的市场竞争中获胜。

3. 服务导向型。

象限 C 中的企业由于企业经营资源有限，不能保证其产品在技术上长期领先，因而试图通过刻意增加额外的服务来建立起竞争优势。在此种场合，购买者只要能从所信赖的厂家获得各种优势服务，他们仍然会对质量、性能一般的产品感到满意。这种策略的弱点在于与技术个性相比，企业的服务个性很容易被其他企业所模仿，一旦被人模仿，企业的优势与就荡然无存。

4. 关系导向型。

象限 D 中的企业既向顾客提供优质的产品，又向顾客提供一流的服务。在这种情况下，企业不仅赢得和保住了顾客，而且在顾客的期望与信赖的基础上，与顾客建立起牢固的合作伙伴关系。这种策略真正体现了以消费者为中心的营销观念，把生产者与消费者之间的买卖关系演化成合作伙伴关系。

美国的 IBM（国际商用机器公司）已开始在运用这一策略，IBM 把售出商品看作是建立维持长期合作伙伴关系的开端，并且要让顾客明白，"产品的优异质量仅是冰山的一角"。营销人员为每一客户建立了详尽的档案，定期与顾客保持联系。为了确保产品的正常运行，其向顾客不断提供有价值的信息。当顾客有了新的需求时，IBM 公司不是用促使顾客购买新产品的办法，而是尽可能地利用现有产品为其开发新程序，或提供新的应用软件。用 IBM 公司的巴克·罗杰斯（Buck Rodgers）的话来说，IBM "出售宁静的心情和每夜的安眠"。

（二）服务顾客的内容

顾客服务的内容很多，并且范围还在不断扩大。主要内容有下列几个方面。

1. 接待顾客和访问顾客。

对顾客的接待和访问是企业和顾客直接联系的主要方式，它可以及时了解顾客的要求和意见，是收集技术、经济信息的主要渠道之一。接待顾客主要包括来访接待、来信、来电的处理，访问顾客是企业每年有计划、有针对性地组织对顾客的拜访，访问方式可分为访调结合、访销结合、访修结合等。

2. 咨询服务。

咨询服务指企业运用各种专业知识为用户提供智力服务，包括业务咨询服务和技术咨询服务。业务咨询服务是根据顾客选购产品时的各种要求，向顾客介绍本企业的各种业务情况，解答用户提出的各种问题，以帮助选购。技术咨询服务是指详细介绍产品质量、性能情况以及主要技术参数，向顾客提供样本、目录、使用说明书，介绍生产过程、检测手段以及能耗等技术经济指标。

3. 质量"三包"服务。

主要指在规定的使用条件下和保修期限内，如果发现产品质量问题，则企业负责为用户保修、保换和保退，必要时还承担由此产生的经济损失。企业应以"质量第一"和对用户负责的精神，具体规定"三包"范围、保用期限和明确划分责任。

4. 安装和调试。

这项服务直接关系到产品效能的发挥，保证顾客的经济效益，从而影响产品的竞争能力和企业的声誉，特别是对技术性强的产品尤为重要。

5. 备品配件供应。

为了消除顾客的后顾之忧，这时销售服务中一项不可忽视的内容。生产企业应纠正"重主机，轻配件"的经营思想，有计划地安排备品配件的生产，并采用多种渠道组织供应备品配件，方便用户及时采购，解决用户困难。

6. 技术培训。

产品销售后，企业还必须把技术一并送到用户手里。这样才能保证用户正确使用产品，使之正常运行，合理高效地发挥作用。企业应根据顾客的要求确定培训内容。技术培训服务方式有多种：可把顾客请到企业来，举办技术培训班；在顾客集中地区，为当地顾客举办培训班；结合现场服务，为顾客服务过程中举办培训班等。

7. 巡回检修。

服务上门、定期上门为顾客进行产品的检查、维修和保养服务，现场解决产品的故障，保证产品正常使用，是一种加强产需关系、提高企业信誉的有效的方式。

8. 特种服务。

企业应运用自己的科研技术条件扩大服务范围，开展各种特殊服务，满足不同用户的特殊需求，如开展产品的租赁服务。

第三节 新产品开发与市场风险管理

一、新产品开发

（一）新产品的概念和内容

从市场营销的角度看，凡是企业向市场提供的过去没有生产过的产品都叫新产品。具体地说，只要是产品整体概念中任何一部分的变革或创新，并且给消费者带来新的利益、新的满足的产品，都可以认为是一种新产品。

市场营销意义上的新产品含义很广，除包含因科学技术在某一领域的重大发现所产生的新产品外，还包括：在生产销售方面，只要产品在功能和或形态上发生改变，与原来的产品产生差异，甚至只是产品从原有市场进入新的市场，都可视为新产品；在消费者方面，则是指能进入市场给消费者提供新的利益或新的效用而被消费者认可的产品。按产品研究开发过程，新产品可分为全新产品、模仿型新产品、改进型新产品、形成系列型新产品、降低成本型新产品和重新定位型新产品。

（1）全新产品是指应用新原理、新技术、新材料，具有新结构、新功能的产品。该新产品在全世界首先开发，能开创全新的市场。它占新产品的比例为10%左右。

（2）改进型新产品是指在原有老产品的基础上进行改进的，使产品在结构、功能、品质、花色、款式及包装上具有新的特点和新的突破，改进后的新产品，其结构更加合理，功能更加齐全，品质更加优质，能更多地满足消费者不断变化的需要。它占新产品的26%左右。

（3）模仿型新产品是企业对国内外市场上已有的产品进行模仿生产，称为本企业的新产品。模仿型新产品占新产品的20%左右。

（4）形成系列型新产品是指在原有的产品大类中开发出新的品种、花色、规格等，从而与企业原有产品形成系列，扩大产品的目标市场。该类型新产品占新产品的26%左右。

（5）降低成本型新产品是以较低的成本提供同样性能的新产品，主要是指企业利用新科技，改进生产工艺或提高生产效率，削减原产品的成本，但保持原有功能不变的新产品。这种新产品的比重为11%左右。

（6）重新定位型新产品指企业的老产品进入新的市场而被称为该市场的新产品。这类新产品占全部新产品的7%左右。

开发新产品的意义：

（1）开发新产品是企业生存和发展的根本保证。

（2）开发新产品能够更好地满足人们日益增长的物质和文化生活要求。

（3）开发新产品是提高企业竞争能力的重要手段。

（4）开发新产品是提高企业经济效益的重要手段。

（二）新产品开发的程序

一般而言，开发新产品要经历以下程序。

1. 调查研究阶段。

要根据企业的经营目标、产品开发策略和资源条件确定新产品的开发目标，就必须做好调查研究工作。对市场进行调查，了解消费者需要的发展变化动向，以及影响市场需求变化的因素等。

2. 开发新产品创新阶段。

根据调查研究的情况以及企业本身的条件，充分了解用户使用要求和竞争对手的动向，在一定范围内提出开发新产品的初步设想和构思创意。构思创意主要来自用户的要求，是本企业职工以及厂外技术人员运用专家、学者的科研成果。

3. 新产品开发创意的筛选阶段。

这一阶段是从征集到的许多方案中选择出具有开发条件的构思创意。筛选时应注意：一是坚持新产品开发的正确方向；二是兼顾企业长远发展和当前市场需要；三是有一定的技术储备。

4. 确定决策方案和编制设计任务书阶段。

根据新产品开发目标的需求，对未来产品的基本特征和开发条件进行概括的描述，包括主要性能、目标成本、销售预计、开发投资、企业现有条件利用程度等，然后对不同方案进行技术经济论证比较，决定取舍。

设计任务书包括新产品的结构、特征、技术规格用途、使用范围，与国内外同类产品的分析进行比较，以及开发这一新产品的理由和根据等。

5. 新产品设计与试制阶段。

新产品设计一般分为初步设计、技术设计和工作图设计三个阶段。新产品试制一般包括样品试制和小批试制两个阶段。样品试制是校核设计的质量、产品的结构和性能等；小批试制是校核工艺，检查图纸的工艺性等。对决定试制的产品，还要进行商标、装潢设计。最后还要进行成本财务分析和初步定价。

6. 新产品试验阶段。

对多数产品需要通过试用或试销检验。试用是指请用户直接试用样品，企业跟踪观察，及时收集试用实况、改进意见、用户的使用习惯，以及对包装、装潢、商标设计的要求等。试销是指将产品及其商标、装潢与广告、销售服务的组织工作置于一个小型市场环境中，实地检验用户反应。

7. 正式生产和销售阶段。

产品正式生产之前，要进行大量的生产技术准备工作，包括设备、工艺、工装、工具、动力、材料、人员培训等，它涉及企业的每个职工。产品投放市场，必须以试用试销过程中取得的信息为依据，制定出有效的营销组合策略，以便最快地进入和占领市场，进入产品寿命周期的成长期，迅速达到一定的市场占有率。产品投放市场之后，还要进行一次全面、系统的分析，包括市场销售状况、产品前景、竞争形势和产品收益率的分析，并与原计划目标进行比较；寻求进一步改进产品设计和营销策略的措施，以达到新产品开发的最佳收益。

（三）新产品开发的战略

新产品开发战略的类型是根据新产品战略的维度组合而成，产品的竞争领域、新产品开发的目标及实现目标的措施三维构成了新产品战略。对各维度及维度的诸要素组合便形成各种新产品开发战略。几种典型的新产品开发战略如下：

1. 冒险或创业战略。

冒险战略是具有高风险性的新产品战略，通常是在企业面临巨大的市场压力时为之，企业常常会孤注一掷地调动其所有资源投入新产品开发，期望风险越大，回报越大。该战略的产品竞争领域是产品最终用途和技术的结合，企业希望在技术上有较大的发展甚至是一种技术突破；新产品开发的目标是迅速提高市场占有率，成为该新产品市场的领先者；创新度希望是首创，甚至是首创中的艺术性突破；以率先进入市场为投放契机；创新的技术来源采用自主开发、联合开发或技术引进的方式。实施该新产品战略的企业须具备领先的技术、巨大的资金实力、强有力的营销运作能力。中小企业显然不适合运用此新产品开发战略。

2. 进取战略。

进取战略是由以下要素组合而成：竞争领域在产品的最终用途和技术方面，新产品开发的目标是通过新产品市场占有率的提高使企业获得较快的发展；创新程度较高，频率较快；大多数新产品选择率先进入市场；开发方式通常是自主开发；以一定的企业资源进行新产品开发，不会因此而影响企业现有的生产状况。新产品创意可来源于对现有产品用途、功能、工艺、营销策略等的改进，改进型新产品、降低成本型新产品、形成系列型新产品、重新定位型新产品都可成为其选择，也不排除具有较大技术创新的新产品开发。该新产品战略的风险相对要小。

3. 紧跟战略。

紧跟战略是指企业紧跟本行业实力强大的竞争者，迅速仿制竞争者已成功上市的新产品，来维持企业的生存和发展。许多中小企业在发展之初常采用该新产品开发战略。该战略的特点是：产品的战略竞争领域是由竞争对手所选定的产品或产品最终用途，本企业无法也无须选定；企业新产品开发的目标是维持或提高市场占有率；仿制新产品的创新程度不高；产品进入市场的时机选择具有灵活性；开发方式多为自主开发或委托开发；紧跟战略的研究开发费用小，但市场营销风险相对要大。实施该新产品战略的关键是紧跟要及时，全面、快速和准确地获得竞争者有关新产品开发的信息是仿制新产品开发战略成功的前提；对竞争者的新产品进行模仿式改进会使其新产品更具竞争力；强有力的市场营销运作是该战略的保障。

4. 保持地位或防御战略。

保持或维持企业现有的市场地位，有这种战略目标的企业会选择新产品开发的防御战略。该战略的产品竞争领域是市场上的新产品；新产品开发的目标是维持或适当扩大市场占有率，以维持企业的生存；多采用模仿型新产品开发模式；以自主开发为主，也可采用技术引进方式；产品进入市场的时机通常要滞后；新产品开发的频率不高；成熟产业或夕阳产业中的中小企业常采用此战略。

（四）新产品开发的失败风险规避

1. 企业开发新产品失败的原因。

其主要有以下几个方面。

（1）事先的市场调研和预测失误。事先的市场调研和预测如果不能判断市场真实的潜力，如夸大市场潜力，就将带来过度投资、生产过量、产品积压等严重问题。

（2）产品设计决策不当，新产品不能符合买主的需求。由于产品设计原因，生产技术不成熟或不稳定，新产品在款式、色彩、结构、功能、质量等方面存在缺陷，与消费者的愿望有较大差距，导致新产品失去市场、开发失败。

（3）成本、售价过高。产品实际成本高于预期成本，抬高售价，难以形成规模市场，若降价销售，则企业又无法获得满意的利润，甚至无法收回成本，这是新产品开发失败的又一要因。

（4）营销策略不当，新产品没有及时推广或推广不力，也常常形成新产品的开发失败。

2. 规避新产品的开发风险。

企业为提高新产品开发的成功率，可以从以下几个方面进行努力。

（1）建立或改进新产品开发的组织机构，进行新产品生产前的开发可行性管理。

（2）规范生产工艺，稳定生产技术，推行规模化生产，降低生产成本，保证产品质量。

（3）结合企业自身资源实力，合理运用营销策略，占领市场，迅速回收成本和利润。

二、市场风险管理

市场风险是指未来市场价格（利率、汇率、股票价格和商品价格）的不确定性对企业实现其既定目标的不利影响。市场风险可以分为利率风险、汇率风险、股票价格风险和商品价格风险，这些市场因素既可能直接对企业产生影响，也可能通过对其竞争者、供应商或者消费者间接对企业产生影响。

（一）市场风险的分类

1. 利率风险。

（1）重新定价风险。重新定价风险也称为期限错配风险，是最主要和最常见的利率风险形式，源于银行资产、负债和表外业务到期期限（就固定利率而言）或重新定价期限（就浮动利率而言）之间所存在的差异。这种重新定价的不对称性使银行的收益或内在经济价值会随着利率的变动而发生变化。

（2）收益率曲线风险。重新定价的不对称性也会使收益率曲线的斜率、形态发生变化，即收益率曲线的非平行移动，对银行的收益或内在经济价值产生不利的影响，从而形成收益率曲线风险，也称为利率期限结构变化风险。

（3）基准风险。基准风险也称为利率定价基础风险，是一种重要的利率风险。在利息收入和利息支出所依据的基准利率变动不一致的情况下，虽然资产、负债和表外业务的重新定价特征相似，但是因其现金流和收益的利差发生了变化，也会对银行的收益或内在经济价值产生不利的影响。

（4）期权性风险。期权性风险是一种越来越重要的利率风险，源于银行资产、负债和表外业务中所隐含的期权。

2. 汇率风险。

汇率风险是指由于汇率的不利变动而导致银行业务发生损失的风险。汇率风险一般因为银行从事以下活动而产生：一是商业银行为客户提供外汇交易服务或进行自营外汇交易活动（外汇交易不仅包括外汇即期交易，还包括外汇远期、期货、互换和期权等金融合约的买卖）；二是商业银行从事的银行账户中的外币业务活动（如外币存款、贷款、债券投资、跨境投资等）。

（1）外汇交易风险。银行的外汇交易风险主要来自两个方面：一是为客户提供外汇交易服务时未能立即进行对冲的外汇敞口头寸；二是银行对外币走势有某种预期而持有的外汇敞口头寸。

（2）外汇结构性风险。

3. 股票价格风险。

股票价格风险是指由于商业银行持有的股票价格发生不利变动而给商业银行带来损失的风险。

4. 商品价格风险。

商品价格风险是指商业银行所持有的各类商品的价格发生不利变动而给商业银行带来损失的风险。这里的商品包括可以在二级市场上交易的某些实物产品，如农产品、矿产品（包括石油）和贵金属等。

（二）市场风险管理的一般方法

一旦公司确认了自身面临的主要风险，并且通过风险度量方法对这些风险有了定量的把握，那些公司现在就可以运用多种手段和工具来对它们所面临的风险暴露加以定量的管理。

首先需要明确的是，并不存在一种对所有公司都是最优的风险管理方法。不同的公司，甚至是同一公司在不同的发展阶段，其所面临的风险类型和规模都不一样，因此需要针对具体情况采取不同的优化风险管理策略。一般来讲，当公司认为其面临的风险暴露超过了公司可以承受的标准以后，可以采用以下几种方式来管理风险，从而使其风险暴露回复到可以承受的水平之下：

（1）风险规避。风险和收益总是相伴而生的，获得收益的同时必然要承担相应的风险。试图完全规避某种市场风险的影响意味着完全退出这一市场。因此，对公司的所有者而言，完全规避风险通常不是最优的风险应对策略。

（2）风险接受。有些公司在经营活动中会忽略它们面临的部分风险，不会采取任何措施来管理某些类别的风险。有研究发现，几乎所有的瑞士公司都不关心它们所面临的汇率风险。

（3）风险分散。很多大的公司和机构往往采取"把鸡蛋放在不同篮子里面"的方法来分散风险，即通过持有多种不同种类的并且相关程度很低的资产来起到有效降低风险的目的，而且这种方法的成本往往比较低廉。但是对于小型公司或者个人来说，由于缺乏足够的资金和研究能力，他们经常无法有效地分散风险；同时，现代资产组合理论也证明，分散风险的方法只能降低非系统风险，而无法降低系统风险。

（4）风险转移。市场风险本身是不可能从根本上加以消除的，但是可以通过各种现有的金融工具来对市场风险加以管理。例如，企业可以通过运用金融工程的方法，将其面临的风险加以分解，从而使其自身保留一部分必要的风险，然后将其余风险通过衍生产品（如互换、远期等）工具传递给他人。或者，通过"操作对冲"的形式将风险暴露降低到可以承受的水平之下。例如，公司可以通过调整原料供应渠道，在销售地直接设厂生产或者调整外汇的流入和流出大小等方法来达到上述目的。

（三）抵御市场风险的四种能力

股市中风险莫测，投资者需要抵御市场风险，就必须掌握抗衡股市风险的能力，它们主要包括以下四种能力：

第一，资金管理的能力。纵观股市中的成功投资者基本上都是善于运用资金管理艺术的行家。面对着股市瞬息万变的市场环境和高速扩容的市场容量，过去陈旧的资金管理理念逐渐不能适应市场的变化，那种等待股市低迷时满仓买入，并一路持有到牛市顶峰时再满仓卖出的低级资金管理方式终将被市场淘汰。资金管理的目标有两个方面：一方面是由于股市中没有人能百战百胜，当判断失误时，要能凭借完善的资金管理使资金少受损失或不受损失；另一方面要能达到上涨时手中有持股可以获利、下跌时有资金可以低买的效果。

第二，规避风险的能力。在证券投资中，即使最好的解套策略也比不上事先避免套牢的策略，与其被套后资金缩水、心情备受煎熬，费尽心机地想着如何保本解套，不如事先学习并掌握一些防止被套、规避风险的能力，做到防患于未然。当市场整体趋势向好之际，投资者不能过于盲目乐观，更不能忘记风险的存在而随意追高。在熊市中更要注意，不能随意抄底。股市风险不仅存在于熊市，牛市中也一样有风险。如果不注意规避股市中隐藏的风险，就会很容易遭遇亏损。

第三，解除风险的能力。当投资者已经处于被套的境地时，就要应用解套策略，解套策略可以分为主动性解套策略和被动性解套策略。主动性解套策略包括斩仓、换股、做空、盘中"T+0"；被动性解套策略包括补仓和捂股。此外，还有更加重要的解套策略：解除心理的套牢。

第四，扭亏为盈的能力。相对于解套能力而言，这是一种更高级别的投资能力，套牢本来是被动的，但如果能采用正确的方法，完全可以实现化被动为主动，即使是被套的筹码，如果运用得法也一样可以带来丰厚的利润。例如，盘中"T+0"和做空的操作手法，就正是建立在有被套筹码的情况下获利，通过逐渐降低持仓成本，最终达到扭亏为盈的目标。这四种能力的前两种能力是用于防范风险的，而后两种能力是当已经遭遇风险侵袭时使用的，正确地掌握这些能力是投资者在股市中立于不败之地的最根本途径。

思考练习题

一、名词

市场细分、客户细分、客户关系管理、顾客服务、新产品市场营销

二、问答题

1. 如何判断市场有效性？
2. 如何确定产品定位？
3. 新产品开发的程序？
4. 新产品开发失败的风险规避措施？

第十章 创业企业持续发展

企业承载着创业者的梦想和价值,所有创业者都想保持企业的持续发展。现代组织结构和公司治理方式的采用,理论上推动着企业可持续发展。但现实中创业的成功率很低,很多新创企业难以实现持续发展。为什么有的企业从开创之初就能一直在市场竞争中持续领先?而有的新创企业在市场中却只能昙花一现?新创企业持续发展的问题,随着市场竞争的日益复杂化和激烈化,越来越被学界和业界关注。管理学家和经济学家都对新创企业的持续发展问题进行了研究和探索,众多的创业者也在不断尝试让新创企业保持发展活力的途径。

第一节 创业企业持续发展的概念与特征

(一) 新创企业持续发展的概念

不同于宏观可持续发展的定义,新创企业持续发展是指在可预见的未来,在更大规模上支配资源谋求更大的市场份额,不断战胜和超越自我,从而取得良好发展。具体来说,新创企业的持续发展定义有两个要点:第一,新创企业谋求长期发展而不是维持生存。如果企业在原有规模上运作,从事简单再生产,尽管能有效生存但却不符合持续发展的要求。第二,持续发展要求新创企业决策者处理好眼前生存和未来发展的辩证关系,新创企业今天的运作要为企业的明天考虑。

复旦大学芮明杰将新创企业持续发展的基本内涵概括为以下几个方面。

1. 持续发展以可预见的未来为时间跨度。

"可预见的"说明持续发展所涉及的时间是有期限的,这一时间跨度在新创企业的经营中是可控的。不可预见的未来对于新创企业的可持续发展而言是没有意义的,因为不可预见的未来是难以被了解、认识的,更不可能对其做出事前的规划。

2. 持续发展要求企业更大规模地支配资源。

这里所说的资源不仅包括企业自身所拥有的资源,还包括对企业发展有用的、属于他人所有的资源。新创企业除了可通过内部开发及内部管理水平的提高来扩大自身资源的支配规模,还可以通过资产运作的手段进一步利用、支配他人所有的资源。

3. 持续发展以取得更大的市场份额为目的。

新创企业的发展要求市场空间的配合,市场占有率的提高是企业发展得以持续的支撑条件。市场占有率的提升一方面表明企业实现了发展,另一方面更大的市场份额为企业带来更高的发展需求,使企业的运作形成良性循环,为企业日后的发展奠定坚实的基础。

4. 持续发展要求企业不断超越自我、不断进取。

发展的内在本质就在于超越自我,发展的持续性则要求企业不满足于一次自我超越带来的成果,而是能够不断自我超越,不断进取,从而使企业的发展势头得以保持。

5. 持续发展是一种良性的发展。

所谓"良性发展"体现为企业所有要素生产效率的提升以及由此带来的良好的财务业绩,任何有失偏颇的生产效率的提升对企业的发展而言都是暂时的,甚至可能给企业日后的发展带来隐患。要使新创企业的发展得以持续,发展的全面性与均衡性是不容忽视的。

综上所述,新创企业持续发展可以概括为:新创企业在生产经营活动中能够适应市场变化,生产与经营规模逐步扩大,企业内部要素不断改善和提高,企业市场竞争能力与盈利能力持续增强,企业最终达到在综合经济效益最佳的生产经营规模下运行。

(二) 新创企业持续发展的特征

持续发展是一个内涵十分丰富的概念,它是对传统管理模式的挑战。新创企业持续的发展结合宏观和微观两个层面,因而有其自身的特征,主要表现在以下五个方面。

1. 目标的战略性。

企业持续发展的问题首先是以企业自身发展目标为基础的。它是在对企业未来发展的环境分析和预测的基础上，对企业提出的最高战略目标，企业的一切目标都是服从于和服务于这个战略目标。企业发展的目的与整个社会的宏观经济发展和生态系统的发展目的有所不同。企业是一个人工组织系统，是一种经济器官。"一个工商企业同人类的所有组织的区别就在于它推销一种产品或一种服务。""它的目的只有一个就是创造顾客。"企业必须不断提出"我们的企业是什么？我们的企业应该是什么？我们的企业将是什么？"这些都充分说明了企业的持续发展必须以完成它的目的为前提，为社会创造更多的财富。

2. 发展的持续性。

企业持续发展重点强调的是发展而不是增长性。无论是企业的生产规模，还是企业的市场规模，都存在增长的有限性。增长是一个量的变化，发展是一个质的变化。一个企业不一定变得更大，但一定变得更好。企业持续发展追求的是企业竞争能力的提高，能够不断创新，不断适应环境的变化。企业持续发展强调了企业长期的发展目标实现，而不只是一般意义上的生存。

3. 企业的创新性。

企业持续的发展来自于创新，特别是伴随着知识经济时代的不断发展，知识创新、技术创新、管理创新、市场创新等已成为企业发展的动力。没有创新，企业就无法在竞争中取得优势，也无法保持企业永续发展的能力。企业持续发展中核心的问题是要求企业能不断创新蜕变，在一次次的创新和蜕变中生存和发展。创新是一个企业持续发展的动力源泉。

4. 环境的适应性。

如果对成功和失败企业进行全面、系统地分析，就会看到它们的一个共同特点，即这些企业都有较强适应环境变化的能力。这种适应能力是企业对市场信号显示的反应。哪一个企业能够反应得快、适应得强，哪一个企业就能永远保持竞争的优势。阿里·德赫斯在界定长寿公司时指出："对周围环境的敏感代表了公司创新与适应的能力，这是长寿公司一大成功要素之一。"

5. 竞争的优势性。

企业持续发展与社会、生态系统可持续发展的不同点是：后者要实现的是平衡，而前者往往是实现非平衡即通过竞争优胜劣汰。企业在持续发展的过程中必须不断提高自身的竞争能力和水平，才能实现永续发展的目标。

第二节 制约创业企业持续发展的市场因素

新创企业若想实现持续发展,除了企业自身要制订健康稳定的发展战略之外,还需要外部良好的市场环境为企业的持续发展提供支撑。可是当今社会很多方面都充满着不确定性,导致企业生存的市场中也存在相当多的制约因素,如市场总体需求放缓、供应链管理出现"瓶颈"、全球市场陷入疲惫状态、国内低层次的产能过剩等。

1. 市场总体需求放缓。

我国市场在经历了30多年来的高速增长后,已经进入消费规模稳步扩大、消费需求日益多元、消费结构升级的新阶段,国内的消费者购买的欲望和需求不再如从前那样高涨,或者说是消费者日渐成熟,导致我国的市场总体需求放缓增速。商务部的公开文件显示,从2010年开始,我国的社会消费品零售总额同比增速出现了趋势性下行,2019年全年社会消费品零售总额累计同比增速6.0%,比2018年全年下降0.9%。居民消费收入比低且仍在下降。当前我国城镇居民消费收入比仅70%,在全球主要国家中相对较低,且近年来消费收入比仍在持续下降,意味着单位收入中用于消费的比例在不断降低。

2. 供应链管理出现"瓶颈"。

在过去高增长经济模式下粗放的供应链管理已经无法支撑企业在低增长或负增长的经济模式下生存,企业的损耗和浪费让企业无法具有好的盈利能力。对于新创企业来说,企业内部的资金不是那么雄厚,由于粗放的供应链管理,导致原料、产品、信息不能及时在企业上下游之间快速流通,增加了资金占用,提高了库存率,进而给企业带来了更大的成本负担。

3. 全球市场陷入疲惫状态。

由于我国人口众多、劳动力成本低廉的原因,我国出口商品多以机电产品和劳动密集型产品为主。可是由于近年来,全球经济下行,全球市场也陷入疲惫状态,中国企业传统的出口优势开始被削弱,一些商品的出口增长速度放缓。据我国海关统计,2019年我国机电产品出口10.06万亿元,同比增速为4.4%,比2018年全年下降了3.5%。

4. 低层次产能过剩。

目前我国部分行业的产能过剩属于结构性过剩,这是由于我国之前存在忽视经济发展质量、企业一哄而起、工业生产缺乏核心技术、低水平重复建设所导致的，很多企业的规模实际上是在产能很低层次上的过剩规模，所生产的产品附加值低，竞争力不足，在分工体系中处于低端位置。加之现阶段全球经济运行波动性大，而内需和外需的收缩又加剧了产能过剩。

第三节 创业企业持续发展能力

研究那些持续增长的企业，会发现对于企业来说，如果要保持持续增长，其关键之一是要在核心业务的基础上建立四种能力。建立了这四种能力的企业，具有了可持续增长的前提条件。

1. 市场核心能力的领先。

企业核心能力是指企业独具的、支撑企业可持续性竞争优势的核心能力。它可更详细表达为：企业的市场核心能力是企业长时期形成的，蕴涵于企业内质中的，企业独具的，支撑企业过去、现在和未来竞争优势，并使企业长时间内在竞争环境中能取得主动的核心能力。在现今这个动态的市场中，企业经营的外部环境在发生巨大的改变，顾客的需求也随时在发生着改变，可是很多新创企业只是关心规模增长，与同行业的其他竞争者抢占市场，却忽略了市场核心能力的打造与累积。企业规模的确很重要，但是拥有规模不意味着拥有市场。

著名的网络团购科技公司"美团"，它在成立之初并没有像其他新创的同行那样选择野蛮生长，将大笔的钱用在扩张市场、圈地上，而是将资金集中投入后台的系统建设上，培育自身的市场竞争能力。众所周知，外卖行业除了线下的运营之外，调度系统技术的门槛非常高。美团就看中了这点，专门组织技术人员对其研发，在其他同行软件还在使用人工派单时，美团已率先上线智能调度系统，将天气、行程距离、配送时间、到店等餐时长等客观因素考虑进去，最大限度地追求体验、效率和成本之间的平衡。最终，美团通过高效、准时且稳定的配送服务，赢得了用户的认可。这就是我们所说的市场核心能力领先。

2. 盈利能力。

比较强的企业盈利能力是衡量一个企业最直接的评价要素。企业的盈利能力不仅仅是成本模型、供应链管理、内部效率之间的有效组合，更重要的是对于顾客价值的理解，以及顾客对于企业所创造价值的理解。在今天的中国，真正能够影响企业持续成功的主要重心是专注地聚焦于为顾客创造价值的力量。例如，截至 2019 年 8 月，中国移动互联网用户人口和使用时长红利的天花板正在迫近。据 QuestMobile 数据显示，BAT 三家渗透率均超过了 80%，就是在这种移动流量红利基本消失的情况下，头条凭借其计算机算法优势所带来的高效分发以及对内容行业的高度理解推出短视频产品，实现了对 BAT 三家霸王企业的移动流量逆势突围，月活跃用户规模同比增长 18%，在全球范围内的月活跃用户达到 15 亿。因此，核心关键并不是行业的红利期是否消失，而是如何去创造顾客价值，创新顾客价值。所有商业模式的成功完全取决于这个组织能不能建立一个顾客价值的核心逻辑，能不能找到这个核心的盈利能力，如果能就可以胜任这个时代，获取机会。

3. 具有较强的抗竞争力。

抗竞争能力对于新创企业而言有着特殊的意义，一方面意味着新创企业具有自己的商业模式，不受竞争的干扰。商业模式是企业与其他企业相竞争去制胜的关键。每个公司都有自己的商业模式，好的商业模式可以形成壁垒，例如，茅台通过文化形成了独一无二的产品，构成了深深的"护城河"，有自己的定价权。再如，腾讯作为一个即时通讯的企业，其商业模式是社交公司。QQ 不仅是通讯，而且是社交平台，因为用户数量巨大，产生了强大的黏性，让新进入市场的竞争者难以分流。

4. 企业稳定的综合能力。

企业综合能力的提升和稳固的财务基础在不可预测的外部变化环境下，新创企业需要有更强的基础来应对变化。在经济环境发展比较好，或者比较平稳时，对于企业的挑战和冲击没有那么大，所以企业只需要做好自己的运营，提供好的产品或者服务。只有拥有核心能力，总体上才会表现出较好的经营结果。同时，一旦遇到危机，就是考验企业核心能力的时候。好比在新冠肺炎疫情中，自身免疫力好的人类个体抗风险的能力就强，企业也是一样，在危机时要看企业自身的综合能力和稳固的财务基础。这里所谈的综合能力和稳固的财务基础，是从组织、流程、团队、品质以及协同性、系统性、风险控制等方面上具有领先性和可持续性。

第四节　创业企业持续发展战略路径选择

"凡事预则立，不预则废"，而"预"强调的就是企业战略的制定。发展战略是新创企业的生命,而正确的发展战略更是新创企业取得成功的保障。

(一) 技术创新

社会经济和科技的飞速发展使市场竞争也日趋激烈。新创企业要想在市场竞争中占有一席之地,就必须根据市场环境的变化,调整自己的发展战略。新创企业可以通过与高校和社会科研机构的积极合作,形成合作创新体系,积极进行技术创新,不断推出新产品,不断提高产品的技术含量和附加值,从而提高产品和服务的市场竞争力和市场占有量。且通过技术创新,对新创企业的生产工艺进行改善,降低产品成本,进而使新创企业能够在竞争市场中获得产品价格上的优势,最终取得良好的经济或社会效益。因此,新创企业必须加大对技术创新的投入,才能增强自身的技术创新能力和获得竞争优势,为企业的持续发展提供源源不断的驱动力。以美图公司为例,作为一个以影像处理起家的互联网公司,若想在行业内有所突破,赢得更多用户的喜爱,就必须要加大对计算机视觉技术的研发,不断创新突破。2010 年美图宣布成立基于 AI 技术的美图影像实验室(以下简称 MTlab),致力于计算机视觉、深度学习、计算机图形学等人工智能(AI)相关领域的研发。如今 MTlab 实验室在美图产品线背后扮演着"大脑"的角色,通过核心技术创新去推动公司业务发展,不断优化客户体验。

(二) 拓宽融资渠道

"巧妇难为无米之炊",新创企业若想持续发展,必须拓宽融资渠道。首先,新创企业可以积极地与商业银行的中小企业信贷部进行沟通联系,灵活运用多种金融工具,通过银行借贷一定的资金。其次,新创企业还应实时关注政府对于推动新创企业发展的财政利好政策,及时申请政府直接的资金支持或间接的金融激励。再次,新创企业通过网络众筹筹集初创企业发展资金。相对于传统的信贷业务,互联网众筹的门槛比较低,通过网络众筹的方式,新创企业能够获取更多的小规模资金支持,使我国新创企业能够在较短时间筹集到一定的资金,这对于我国新创企业的发展具有积极意义。最后,新创企业要善于抓住上市机遇,借助资本市场的力量,通过发行股票、债券等直接融资方式来扩大新创企业持续发展的资金来源。以神州租车为例,公司成立于 2007 年 9 月,总部位于中国北京,公司为广大消费者提供短租、长租及融资租赁等专业化的汽车租赁服务,以及 GPS 导航、道路救援等完善的配套服务。作为中国汽车租赁行业的领跑者,该公司借鉴国际市场成功的汽车租赁模式,并结合中国消费者的习惯,为广大消费者提供了快速便捷的全新租车服务体验。该服务为满足客户需求,为客户提供 24 小时取还车服务,并为客户的安全出行保驾护航。作为汽车租赁公司,首要摆在眼前的问题是需要有车、有场地,只有把硬件设施置办好,才能提升其他的业务和服务。购买硬件就需要大量资金,需要资金就要随着业务范围扩大而不断融资,于是,神州租车开始了融资计划。正是一次又一次的融资,让神州租车越做越大,直到在中国香港上市。

(三) 高素质人才培养

为了实现新创企业的持续发展,就必须加强企业人才队伍建设,吸引高素质人才入驻。但是,由于新创业在资金和企业环境方面存在不足,这为引进高素质人才带来十分不利的影响。因此,在初创企业发展的过程中,为了加强人才队伍建设,吸引高素质人才,可以允许高素质人才以及自身的技术作为股份参与新创企业的发展建设过程中,可以将新创企业股份作为吸引高素质人才的手段。股权,作为企业管理的手段之一,可以解决留住人才的问题,同时解决了员工打工者的心态问题,满足了企业持续发展对高素质人才的需求。除此之外,为了满足企业发展对高素质人才的需求,企业在发展的过程中还可以对本企业的原有职工制定系统的培训体系,建立完备的训练设施,促进高素质人才的培养。通过对企业已有员工的职后教育工作提高企业员工的技术水平和技术能力,从而推动新创企业的持续发展。

以华为为例,华为是中国最早将人才作为战略性资源的企业之一,其人力资源管理体系更是企业数十年来持续发展的动力与关键。华为认为员工是企业的宝贵财富,是企业实现可持续发展的重要贡献力量。而其中最具代表的员工激励方式便是在公司内部发行虚拟受限股,这指的是华为投资控股有限公司工会授予员工的一种特殊股票。拥有虚拟股的员工,可以获得一定比例的分红,以及虚拟股对应的公司净资产增值部分,但没有所有权、表决权,也不能转让和出售。在员工离开企业时,股票只能由华为控股工会回购。在华为深圳总部的一间密室里,有一个玻璃橱柜,里面放了 10 本蓝色的册子。在这些厚达数公分的册子里记录着约 80000 名员工的姓名、身份证号码以及其他个人信息。华为表示,根据一项"员工股票期权计划",册中的员工持有公司约 99% 的股份。在公开的工商登记信息中，任正非拥有股权为 1.01%，剩余 98.99% 全部为华为投资控股有限公司工会委员会（以下简称华为工会）持有。每年，表现优异的华为员工会被主管叫到办公室里去，他们通常会得到一份合同，告知他们今年能够认购多少数量公司股票。这份合同不能被带出办公室，签字完成之后，必须交回公司保管，没有副本，也不会有持股凭证，但员工通过一个内部账号，可以查询自己的持股数量。同时，这些员工不会在工商登记上出现，其股权全部由华为工会代持。经过十多年的连续增发，华为虚拟股的总规模已达到惊人的 134.5 亿股，在华为公司内部，超过 8 万人持有股票，收益相当丰厚。

（四）新创企业文化培育

企业文化属于意识形态部分，是企业的价值观，是一种看不见的资源，是企业的"润滑剂"。它是企业在长期的经营管理过程中形成的具有本企业特色的精神财富和物质形态，包括企业价值观、企业精神行为准则、道德规范以及物质文化环境等。企业文化是一个企业的灵魂，是企业凝聚力和活力的源泉，一个拥有核心竞争力的企业也肯定是拥有优秀企业文化的企业。高创新性是新创企业持续发展过程中的突出特点，创新理念得到员工的普遍认同，人们坚信只有创新，企业才能生存，才能发展。企业文化对企业的影响是各个方面的，它是企业持续发展的基础与动力。新创企业的企业文化的培育首先要提高企业的内聚力以及对企业价值观和管理经营方式的认可。其次是培养员工的团队精神，团队精神是员工之间配合、协调、互补和协作地完成工作的精神。实施企业文化创新战略，必须把创新纳入企业发展的规划和企业总体发展战略中，融合到企业创新发展的各个环节中。必须在以人为本和持续创新思想指导下，致力于企业持续创新文化基础管理机制的建设，培育出有利于提升企业创新能力的企业文化。

以百度为代表的一批高科技企业在激烈的竞争环境中不断创新，形成了独具竞争力的产品与独特的创新文化，多年来取得的成果和积累的技术经验成为创新之源，甚至为世界科技创新带来产品和服务的"颠覆性"变革。作为中国最成功的互联网公司之一，百度从 7 人的创业公司成长为拥有 17000 名员工，占据中国搜索市场 80% 以上份额，市值近 400 亿美元的全球最大中文搜索引擎公司，仅仅用了 12 年。在百度首席产品架构师孙云丰看来，百度成功背后，在很大程度上受益于形成的一套独特的创新体系——在百度"简单可依赖"的企业文化背景下,通过自下而上、充分授权和允许试错的创新机制让众多优秀人才脱颖而出,并催生了贴吧、知道、地图、文库等多个成功产品。"如果一个公司里有太多权威观念,老板不喜欢,就不允许下属反驳和交流,大量创新思维就会被扼杀在摇篮里。而如果上司和下属之间可以平等讨论问题,即使出现争执也是拿数据说话,自然会孕育出许多新奇的想法。"孙云丰说。在百度,没有士兵和将军的差别,只是一群热爱技术的人。

(五) 新创企业品牌创新

在买方市场的局面下,企业间的竞争已经跨越了产品竞争阶段,进入了品牌竞争时代。实施品牌创新战略是获取品牌竞争优势,推进企业持续发展的重要战略选择。为此,必须加快实施品牌创新战略,树立品牌创新理念,建立品牌创新战略和机制,加大科技投入和研发力度,学习和借鉴国内外成功的品牌创新制度及品牌管理经验。

第五节 创业企业的并购与企业成长

一、兼并和收购的含义、动机及类型

兼并和收购是企业扩张和发展的途径,不仅是企业增长的手段,而且还内含着组织资本增长的选择对象。许多企业都偏好通过收购的外延增长方式来达到内涵增长的目的。有数据表明,欧美企业并购活动呈现出明显的"波浪"态势。通过兼并,企业合并,共享资源;合并企业的股东通常是合并体的联合所有者;通过兼并会有新的企业体形成,被兼并企业成为兼并者的附属企业。收购则通常是一家企业购买另一家企业的资产或股票;同时被收购企业的股东不再是这家企业的所有者;收购更多的是为避免"近亲交易"。

(一) 收购和兼并的动机

进行收购的一个重要原因是这种方式允许企业以更快的速度进入新的产品和市场。在某些情况下,这甚至成为企业成功进入市场的唯一方式,因为通过收购可以避免由于内部开发周期过长而不能跟上竞争的变化。采取收购方式的另一个原因是企业本身缺少内部开发所需的相关知识和资源。收购还

能带来财务的益处,以及提高企业的成本效益。

选择兼并实现增长的动机与收购类似。首先,通过兼并可以加快企业进入新市场的过程。其次,通过兼并进入市场不至于引起生产能力的大量过剩。横向兼并可以提高企业在市场竞争中的地位,以及与供应商、顾客讨价还价的能力,获得协同效应。

(二) 收购和兼并的类型

根据收购对象与本企业业务的相关度,可以将收购行为分为协力收购和非协力收购。协力收购被认为是最安全有效的扩张方式之一,其收购对象业务与本企业相关度大,收购之后的整合工作也相对容易。而非协力性收购则是多样化经营战略最好的选择,但要注意的一点是:收购后将面临一个漫长甚至痛苦的磨合期。有学者指出,企业可以进行非协力性收购并且获利,其中的关键是价值链的整合以及具备高级管理人才。

从广义上说,兼并有三种类型:第一种是横向兼并,即在统一市场内有两个或两个以上的直接竞争者之间的合并;第二种是纵向兼并,它将处于某一特殊市场不同生产阶段的企业联合起来;第三种是混合式兼并,在这种兼并中,所合并的企业既不是直接竞争者,也不是在同一生产价值链上无论是哪种形式的并购,都必须建立在核心竞争力的整合基础上,否则,就会因为难以整合资源优势而付出巨大代价。

二、并购的战略和战术

一项并购战略是为了达到并购既定的业务和公司的战略目标而制定的并购另一家公司的计划。一个全面的并购战略分析是成功并购的先决条件。而在确定了一家合适的目标企业之后,并购者必须在并购进程中采取恰当的战术。并购战术是为了完成一项特定的目标企业并购而采取的谋略计划。

(一) 并购战略

并购战略包括以下内容。

(1) 确定并购标准。并购标准的建立应该以促进企业战略目标为目的。一旦确认了并购目标,企业就可以制定出潜在收购目标企业必须满足的标准,随后依照这些标准来搜寻潜在目标。

（2）确定收购机会。可以通过中介机构的数据资料来进行寻觅。在这个阶段，应该得出目标企业的大致轮廓——目标企业的业绩、管理质量与企业战略实行的有效性；目标企业在所在行业内的地位、行业竞争水平和它的竞争实力；该行业未来技术和竞争的发展，以及目标公司适应这种变化的能力；目标企业的财务业绩和股市的表现。对于已确认的收购目标必须与并购相适应。

（3）建立委员会或专门小组负责并购事宜。委员会应该由专家组成，具体的任务有并购机会的确认、目标企业的评估、谋划并购战术、对被选定的目标企业进行策划和制定方法、评价目标企业的反应、确定要约溢价范围，如果收购是敌意性的则要确认对方反击的界限、并购的具体行动以及同新闻媒体、重要股东和监管机构的联系、交流。

（二）并购战术

并购战术的目的是：获得目标公司的控制权，将支付给目标企业股东的控制溢价减少到最低程度，将交易成本减至最小，以及消除并购后的整合障碍。董事的决策和负责是根据公司章程等守则和规则的规定，收购企业的董事要代表股东、雇员和债权人的利益对收购行动负责。最基础的就是按照法律和规则行事，在提供有关信息时要保持高度的诚实。

（1）通过谈判获取目标企业管理层的支持。一次并购可以是友好的、敌意的或者是随机的，无论怎样，若是能获得目标企业管理层的支持，将会事半功倍。这个时候，可以通过谈判将收购要约向对方推荐。当然，此时要充分考虑到对方真实的需求，特别是那些家族企业，它们的管理层除了要求的溢价之外，还关心收购者对企业、管理者和工人收购后的计划。

（2）敌意收购战术。一项敌意收购需要一份详尽的，涉及各种各样攻击、迂回包抄和反攻击的战争计划。其中最重要的因素是"偷袭"，因而尽管最初的优势在收购者，但收购者对外部顾问的依赖程度在敌意收购中远远大于一项友好性收购。

三、并购程序模型

一次收购或兼并包括三个阶段：准备、谈判和整合。表10.1显示了每个阶段所涉及的各个步骤。

表 10.1　　　　　　　　　　并购的三个阶段

准备阶段	• 收购战略、价值创造逻辑和收购标准的开发 • 目标企业的搜寻、筛选和确定 • 目标企业的战略评估和收购辩论
谈判阶段	• 收购要约的战略发展 • 目标企业的财务评估和定价 • 谈判、融资和结束交易
整合阶段	• 组织适应性和文化的评估 • 整合方法的开发 • 收购者和被收购者之间战略、组织和文化的协调 • 结果

(一) 准备阶段

准备阶段实际上是并购决策的制定阶段。对于决策的制定，有两种传统观点：理性化观点和程序化观点。

(1) 理性化观点和程序化观点。

理性化观点的一个重要特征就是强调收购预期成本和收益的数量化，即从战略目标的角度阐明收购如何服务于这些目标以及价值获取的来源等。

程序化观点认为组织文化与收购前决策和收购后整合都密切相关。这种观点将软思维引入理性化的战略导向中。在这种观点下，收购的第一阶段起始于收购辩论的思想和发展，制定收购决策程序是一件会产生大量问题的复杂事情，对这一程序必须精心管理。

(2) 收购决策的管理。

由于收购工作的复杂性和多变性，很多公司都设有负责收购工作决策和实施的专门机构。对于一项特殊的并购，可以组成一个专门的工作组，其中的工作人员应该由具备处理此类复杂问题经验的专家组成。

(二) 谈判阶段

第二阶段是一个由目标企业、收购者的顾问和银行家等参与的技术和交易阶段，这一阶段收购者的组织呈现外在性。尽管近年来收购和兼并层出不穷，但除了频繁收购公司的大企业外，一般企业不可能有足够的内部专家来执行一项完整的收购任务。一项收购一般会涉及这些类型的顾问：商业银行、律师、会计师、股票经纪人、投资关系顾问、公共关系顾问战略顾问和环境顾问。此外,有的企业还会雇佣业务经纪人或收购顾问寻找潜在的目标。在一项收购交易中,对这些顾问的需要取决于企业内部专家对公司的适用程度,以及交易的复杂程度。例如,一家私人公司的收购或分离,可能并不需要股票经纪人或投资关系顾问,一些收购也不涉及环境问题;一些小的交易经常由企业会计师处理,而不需要商业银行的参与。

(三) 整合阶段

这是并购在价值创造上成功与否的决定性阶段。整合的范围取决于两家企业间的相互依赖程度,整合的进度取决于被分享或被转移的能力的类型。生产经营能力的合理化往往比部门和管理技能等的转移要快得多。

(1) 战略与组织关系的相互作用。

在整合的过程中,两家企业在战略上有相互依赖的需求,同时也存在组织的相对独立性的需求,这可以由图 10.1 表示。

组织独立性的需求	战略依赖性的需求	
	保护	共生
	控制公司	吸收合并

图 10.1 整合中的战略与组织

这种分类导致了收购后的整合:资产组合管理、保护、共生和吸收兼并。通常收购需要组成两个相互依赖和自治的混合体。

在吸收合并的情况下,整合意味着两家企业长期形成的经营组织和文化进行全部融合。在保护性收购中,被收购者有较高的独立性需要,收购者必须以公正的和有限的干预方式来培养被收购企业的能力,同时允许被收购企业全面开发和利用其自身的能力。在共生型收购中,两家企业由最初的共存逐渐发展成为相互依赖、以共生为基础的收购,在两家企业中需要将保护和渗透并举。不同水平的两家企业,其战略能力的转移会产生大量的相互影响,这种相互影响的过程也是两家企业相互学习的过程。仅仅确定转移的能力是不够的,还需要创造出一种引导这种转移的气氛。如果由于收购前制定决策的粗略和低效导致能力转移不适当,那么整合的过程只能带来对价值的毁坏。

（2）整合的组织文化透视。

要达到收购者价值创造的目的，收购企业和被收购企业的价值链需要进行重建。这种重建有三个方向：技术、组织和文化。技术的重组类似于前面提到的能力转移模型。然而，价值链不仅意味着技术组合，它也是"一个社会互动和社会关系的组合"。

收购事件会对两家企业的个体产生影响，恶劣的文化适应或者相互对立都可能导致严重的不完整和不确定性，以及文化模糊。这种情况会造成企业员工迷惘，甚至责任缺失，所以有学者认为存在收购的文化风险。所谓收购的文化风险，一种是收购企业和被收购企业文化之间的对立和距离，另一种是妨碍两种文化有效融合的阻力。

一般来讲，企业之间文化的差异是必然存在的。除了组织文化外，收购的文化风险存在以下几种可能：①经营整合。不同类型的整合具有不同程度的风险，经营整合由于综合性强，无形中增加了风险。②分支机构的整合。即使在一个企业内部，也存在不同的从属文化，如以任务为目标的研发部门和以角色为导向的服务部门，这就增加了整合的难度。③收购企业的整合模式。不同企业对文化分立的容忍程度是不同的，这必将造成两个企业在磨合期间的对立或冲突。

第六节 创业企业的风险管理与防范

从总体上看，创业企业面临的风险是一种客观存在，是不可避免的，而且，在一定的条件下还有某些规律性。因此，创业者只能把风险缩减到最低的程度，而不可能将其完全消除。这就要求创业者主动地认识风险，积极管理风险，有效地控制风险，把风险可能造成的损失减至最低的程度，以保证企业的生存和健康成长。创业企业的风险管理是指创业者对创业企业风险进行识别、衡量、分析，并在此基础上有效地处置风险，以最低成本实现最大安全保障的科学管理方法。

一、创业企业风险管理的意义

创业企业可以通过风险管理以最小的耗费把风险损失减少到最低限度，

达到最大的安全保障。风险管理可以提高企业的生产能力,保障其生产经营活动顺利进行,实现企业经营目标。创业企业风险管理的意义在于以下几种。

(一) 保障企业经营目标的顺利实现

任何企业都把盈利置于首位,而创业企业实施有效的风险管理可以使企业获取稳定的、不断增长的盈利。风险管理的实施能够促使企业增加收入和减少支出。风险管理的措施可以使企业面临的风险损失减少到最低限度,并能在损失发生后及时合理地得到经济补偿,这就直接或间接地减少了企业的费用支出。这些都意味着企业增加了盈利,从而保障了企业首要经营目标的实现,保持有利的竞争地位有利于企业管理的规范化。

(二) 提高创业企业效率和减轻企业的财务负担

风险管理是一种以最小成本达到最大安全保障的管理方法,它将有关处置纯粹风险(即静态风险)的各种费用合理分摊到产品、劳务之中,减少了费用开支在盈利中的扣除,从而起到了间接提高经营效益的作用。此外,风险管理要求企业各职能部门均应提高经营管理效率,减少风险损失,这也促进了企业经营效益的提高。创业企业风险管理可以避免因风险事件的发生造成过重的财务负担而陷入困境。创业企业资金一般不是十分充足,一旦发生风险事件,又往往需要大量的资金,如果不能够及时筹集到资金,就会使企业有倒闭的可能。创业企业选择合适的风险管理方法,还有助于风险管理成本的降低。

(三) 保持有利的竞争地位

风险损失可能会导致企业在人才、技术、产品、市场上的优势全部丧失,如企业关键人员的流失、技术的泄密等。因此,风险管理有利于创业企业的持续经营和保持有利的竞争优势。

(四) 有利于企业管理的规范化

风险管理能够促进企业决策的科学化、合理化,减少决策的风险性。风险管理利用科学系统的方法,管理和处置各种风险,有利于企业减少和消除生产风险、经营风险、决策失误风险等,这对企业科学决策、正常生产具有重大意义。创业风险管理的过程中会逐渐形成规范的管理职能和管理制度,使企业的管理走向规范化,并且管理的规范化也可以避免许多风险。

二、创业企业风险管理的过程

企业风险管理是对企业生产经营过程中可能产生的各种风险进行识别、衡量、分析、评价,并适时采取及时有效的方法进行防范和控制,用最经济合理的方法来综合处理风险,以实现企业最大安全保障的一种科学管理方法。

(一) 风险识别

风险识别是指在风险事故发生之前,风险管理人员在收集资料和调查研究之后,运用各种方法对尚未发生的潜在风险以及客观存在的各种风险进行系统归类和全面识别。风险识别是风险管理的基础,其任务就是查明不确定性因素和风险来源、各风险之间的关系及风险的后果。确定哪些因素对创业构成威胁,哪些因素可能带来机会,为风险管理做好准备。风险识别的主要内容是:识别引起风险的主要因素、识别风险性质、识别风险概率、识别风险后果。风险概率是指某一风险发生的可能性。风险后果是指某一风险事件发生对项目目标产生的影响。风险识别方法与工具主要包括以下几种。

1. 环境分析法。

环境分析法是指通过对企业内外部环境的分析,明确机会和威胁,对比企业的优势和劣势,找出这些环境可能引发的风险和损失。环境分析法重点是分析环境的不确定性及变动趋势给企业经营带来的风险,还要注意分析环境中的变动因素及其相互作用对企业的经营效果带来的影响。

具体的分析方法主要有头脑风暴法、德尔菲法、SWOT 分析法等方法。

头脑风暴法又称智力激励法,是现代创造学奠基人美国阿历克斯·奥斯本于 1938 年首次提出的。头脑风暴法是在主持人的组织下,与会人员之间相互启迪思想、激发思路的有效分析方法。与会人员都可毫无顾忌地发表自己的观点,开拓性地估计风险发生的可能性。头脑风暴法有低成本、高效率的优点,并且可以获取广泛的信息。

德尔菲法最早出现于 20 世纪 50 年代末,广泛用于各种领域的预测,如人口预测、医疗保健预测、经营和需求预测、教育预测、风险预测等。此外,还用于评价、决策和规划风险等工作。德尔菲法本质上是一种反馈匿名函询法,是利用函询形式的集体匿名思想交流过程。德尔菲法具有简便易行、一定科学性和实用性的优点。

SWOT分析法是通过分析企业优势、劣势、机会和威胁，从而预测企业将要面临的风险的一种方法。能够给企业带来风险的主要是劣势和威胁，通过优劣势、机会和威胁的对比，一般可以预测企业将要面临的市场风险。

2. 财务状况分析法。

财务状况分析法是根据企业或其他单位的资产负债表、损益表、财务状况表和财产目录等资料，对企业的固定资产和流动资产的分布进行风险分析，以便从财务的角度发现企业所面临的潜在风险和财务损失的一种分析风险的方法。

3. 流程图法。

流程图法是将企业经营全过程按其内在的逻辑关系制成流程图，针对流程中的关键环节和薄弱环节进行调查和分析，找出风险存在的原因，从中发现潜在风险的威胁，分析风险发生后可能造成的损失和对项目全过程造成的影响有多大的一种分析风险的方法。

4. 保险调查法。

保险调查法是指企业可以委托保险公司或保险咨询服务机构，对潜在损失和由于风险事件的出现可能造成的消极影响、赔偿责任进行调查分析，提出预防风险损失出现的措施，并向企业建议可自保的项目和应向保险公司投保的项目。

（二）风险评估

风险评估是在风险识别的基础上，对可能发生的某类风险的预计、度量和估计后果等工作。

1. 定性风险评估。

定性风险评估方法主要有历史资料法、理论概率分布法和主观概率法。

历史资料法是在项目情况基本相同的条件，可以通过观察各个潜在的风险在长时期内已经发生的次数，估计每一可能事件的概率。理论概率分布法是项目的管理者没有足够的历史信息和资料来确定项目风险事件的概率时，根据理论上的某些概率分布来补充或修正，从而建立风险的概率分布图。常用的风险概率分布是正态分布，正态分布可以描述许多风险的概率分布，如交通事故、财产损失、加工制造的偏差等。

主观概率是管理者根据自己的经验，去测度项目风险事件发生的概率或概率分布，这样得到的项目风险概率被称为主观概率。主观概率的大小常常根据人们长期积累的经验对项目活动及其有关风险事件的了解估计。

2. 定量风险评估。

定量风险评估是量化分析每一风险对项目目标造成的影响。主要方法有盈亏平衡分析、敏感性分析、决策树分析等，详细内容可以参阅有关风险计量方面的资料。

（三）风险处理

风险处理是指通过不同的方法和措施，使因风险而发生的损失最小，常用的方法有回避风险、转移风险、损失控制和自留风险。

1. 回避风险。

回避风险是对所有可能发生的风险尽可能地规避，这样可以直接消除风险损失。回避风险具有简单、易行、全面、彻底的优点，能将风险的概率保持为零，从而保证项目的安全运行。其通常用于风险损失程度大、发生频率高的风险。

2. 转移风险。

转移风险是指一些单位和个人为避免承担风险损失，而有意识地将损失或与损失有关的财务后果转嫁给另外的单位或个人去承担。转移风险有非保险转移和保险转移两种形式。保险转移是指向保险公司交纳保险费并同时将风险转移给保险公司。

3. 损失控制。

损失控制是指在风险发生时或在损失发生后为了缩小损失程度所采取的各种措施，如在损失发生后采取自救的措施避免损失的扩大。

4. 自留风险。

自留风险是企业自己承担风险发生的损失的方法，该方法主要应用于风险发生的频率低和风险损失程度小的风险的处理。

（四）风险监控

风险的监督和控制是一个十分重要的管理过程，主要通过跟踪已识别的风险，监视残余风险和识别新的风险，保证项目计划的执行，并评估这些计划对减低风险的有效性。

(五)风险报告

对于创业企业来讲,风险处理的情况到底怎样,是否确实达到了控制的目标,除了进行必要的监控外,也需要向相关利益方进行必要的报告,为企业发展的新阶段重新识别风险和管理风险做好准备。

创业企业的最大的特殊性在于从无到有的成长过程,成长的过程中充满各种不确定性,这些不确定性一旦给企业带来损失就是风险。一般来说,创业企业是风险集中的组织,创业风险主要来自技术、市场、管理、资金、政策等方面。

三、创业企业风险的防范方法

(一)创业企业技术风险的防范

1. 保险。

保险是指保险人向投保人收取保险费,建立保险基金,并对投保人负有合同规定范围的赔偿和给付责任的一种商业保险行为。从经济角度来看,保险是分摊意外事故损失的一种财务安排;从法律角度来看,保险是一种合同行为,体现的是一种民事法律关系。创业企业通过向保险公司投保的方式,向保险公司交纳一定的保险金,若新产品、新技术开发失败,则在责任范围内由保险公司负责赔偿。

2. 转移风险。

通过技术转让、技术交易等方式,向其他主体转让风险,如新产品在生产阶段失败时,就可以将技术卖给有能力生产该产品的企业。

3. 风险分散。

创业企业通过多元化经营,使风险在不同的经营活动中分散化。创业企业要同时开发多个项目,使风险得到分散。对于一些风险较大的项目,可以先投入少量资金进行生产和市场实验,然后再决定是否大规模投产。

(二)市场风险的防范

1. 始终坚持市场为导向的经营理念。

创业企业不一定拥有最好的产品和最先进的技术,但一定要拥有正确的营销理念和最好的营销策略。创业企业所需生产的产品或提供的服务除了要进行切实细致的市场分析和经济评估外,还要对产品生命周期的各个阶段可能引发的风险,制定合理对策。例如,在投入期,应考虑产品能否被消费者接受,如何降低流通费用、促销费用,降损增利提高销售额,在成长期,重点研究竞争对手的状况,如何扩大销售深度与广度,在成熟期,在行业竞争激化形势下,对产品进行差异化改进,扩大流通渠道,在衰退期,正确认识产品老化程度,一方面维持、集中收益战略,确保生产率,另一方面加速产品更新换代,以同类或异类新产品取代老产品,使老产品退出市场。

2. 加强营销管理。

对于售后服务、市场推广的风险完全可以通过加强管理来防范。强化售后服务意识和加强营销队伍的建设是防范该类风险的有效办法。吸纳、任用既掌握营销能力又掌握技术知识的营销人才,建设最坚强有力的营销队伍,是防范市场风险的有效手段。

(三) 财务风险规避方法

1. 择优投放项目。

将有限的资金用在高效的产品上,选择高效率的项目是关键。通过各种投资分析方法,在初期选择好投资项目,是创业的关键,项目的好坏基本上决定了创业活动能否成功。为防范财务风险,企业必须采用科学的决策方法。在决策过程中,应充分考虑影响决策的各种因素,尽量采用定量计算及分析方法并运用科学的决策模型进行决策。对各种可行方案要认真进行分析评价,从中选择最优的决策方案,切忌主观臆断。例如,对固定资产投资,应采用科学方法计算各种投资方案的投资回收期、投资报酬率、净现值及内含报酬率等指标,并对计算结果进行综合评价,在考虑其他因素的基础上选择最佳的投资方案。又如,在筹资决策过程中,企业首先应根据生产经营情况合理预测资金需要量,然后通过对资金成本的计算分析及各种筹资方式的风险分析,选择正确的筹资方式,确定合理的资金结构,在此基础上做出正确的筹资决策,以降低成本,减少风险。按照以上方法做出的决策,产生失误的可能性大大降低,从而可以避免因财务决策失误而带来的财务风险。

2. 优化配置资金,实现资金增值。

创业企业可以通过资金优化配置来降低财务风险。例如,企业可以在保证资金需要的前提下,适当降低负债资金占全部资金的比重,以达到降低债务风险的目的。当市场不可测因素增多、股票价格出现剧烈波动时,企业应及时降低股票投资在全部对外投资中所占的比重,从而降低投资风险。在生产经营活动中,企业可以通过提高产品质量、改进产品设计、努力开发新产品及开拓新市场等手段,提高产品的竞争力,降低因产品滞销、市场占有率下降而产生的不能实现预期收益的财务风险。另外,企业也可以通过付出一定代价的方式来降低产生风险损失的可能性。例如,建立风险控制系统,配备专门人员对财务风险进行预测、分析、监控,以便及时发现及化解风险。企业也可建立风险基金,如对长期负债建立专项偿债基金,以此降低风险损失对企业正常生产经营活动的影响。

3. 进一步提高风险管理水平。

加强风险管理的日常工作,尽可能地在风险发生之前就能够预测到,并相应地设计备用方案,一旦风险事件发生,可以马上采取补救措施,将损失降到最低。理顺企业内部财务关系,做到责、权、利相统一。为防范财务风险,企业必须理顺内部的各种财务关系。要明确各部门在企业财务管理中的地位、作用及应承担的职责,并赋予其相应的权力,真正做到权责分明,各负其责。另外,在利益分配方面,应兼顾企业各方利益,以调动各方面参与企业财务管理的积极性,从而真正做到责、权、利相统一,使企业内部各种财务关系清晰明了。

(四) 合同风险的防范

1. 严格审查合同的主体资格。

对合同的主体资格的审查包括:是否有营业执照、是否有固定的经营场所和必要的设备、相应的资金数额和从业人数、合法的经营范围和方式、能否独立承担民事责任。对合同主体资格的审查还要注意防止合同诈骗行为,注意一些串通合谋的合同诈骗。

2. 调查对方的清偿能力和信用情况。

要从合同当事人的素质、资金情况、融资措施等方面了解判断对方的清偿能力和信用情况,对于清偿能力和信用差的当事人要拒绝签订买卖合同,避免不必要的纠纷。

3. 精心准备合同条款。

合同条款是当事人履行合同的依据,为避免因合同不完备或歧义而引起合同纠纷,应当精心准备和反复推敲合同条款。除了法律规定的强制条款以外，合同条款要尽可能明确、具体，对合同的变更、转让、解除、附件等也应详细说明。

思考练习题

一、名词

新创企业持续发展、企业文化、企业战略

二、问答题

1. 新创企业持续发展的基本内涵？
2. 新创企业持续发展的特征？
3. 制约创业企业持续发展的市场因素？

参 考 文 献

[1] 熊劲松. 创业管理与诚信 [M]. 德宏民族出版社, 2017.

[2] 刘志阳. 创业管理 [M]. 上海财经大学出版社, 2016.

[3] 舒晓楠. 创业基础 [M]. 重庆大学出版社, 2017.

[4] 杨光. 创业管理 [M]. 武汉大学出版社, 2016.

[5] 刘平. 创业学原理与应用 [M]. 东北财经大学出版社, 2008.

[6] 郭庆杰, 丁翠玲. 大学生职业指导 [M]. 电子科技大学出版社, 2009.

[7] 中国注册会计师协会. 公司战略与风险管理 [M]. 中国财政经济出版社, 2019.

[8] 梅强. 创业管理 [M]. 经济科学出版社, 2011.

[9] 杨光. 创业管理 [M]. 武汉大学出版社, 2016.

[10] 王丹, 隋姗姗. 创业管理基础教程 [M]. 南开大学出版社, 2019.

[11] 林嵩. 创业学原理与实践（第2版）[M]. 清华大学出版社, 2015.

[12] 张宗恩, 朱克勇. 大学生创业训练教程 [M]. 现代教育出版社, 2010.

[13] 周三多. 管理学（第四版）[M]. 高等教育出版社, 2014.

[14] 陈劲. 管理学（第2版）[M]. 中国人民大学出版社, 2017.

[15] 姚飞, 谢觉萍. 创业管理: 演练、实训与微课（第二版）[M]. 大连理工大学出版社, 2018.

[16] 李时椿, 常建坤. 创业学理论、过程与实务 [M]. 中国人民大学出版社, 2011.

[17] 孙德林, 黄林. 创业管理与技能 [M]. 经济管理出版社, 2010.

[18] 刘常勇. 创业管理的12堂课 [M]. 中信出版社, 2002.

[19] 张玉利. 创业管理理论与实践的新发展 [M]. 清华大学出版社, 2004.

[20] 张玉利. 创业管理：管理工作面临的新挑战 [J]. 南开管理评论, 2003 (06): 6-9.

[21] 杨梅英, 熊飞. 创业管理概论 [M]. 机械工业出版社, 2008.

[22] 胡振兴. 现代创业管理 [M]. 华中师范大学出版社, 2007.

[23] 李明珍, 陈斐, 冉春艳等. 创业企业经营与管理 [M]. 华南理工大学出版社, 2012.

[24] 顾颖. 中小企业创业与管理 [M]. 中国社会科学出版社, 2006.

[25] 陈葆华. 创业管理 [M]. 北京理工大学出版社, 2017.

[26] 程水源. 创业理论与实践 [M]. 中国科学技术出版社, 2007.

[27] 魏江. 战略管理 [M]. 浙江大学出版社, 2012.

[28] 芮明杰等. 突破增长的极限 企业再创业的理论与策略 [M]. 经济管理出版社, 2004.

[29] 芮明杰. 现代企业持续发展理论与策略 [M]. 清华大学出版社, 2004.

[30] 刘耀. 创新型企业持续发展战略探讨 [J]. 企业经济, 2008 (06): 20-22.

[31] 张凌. 双创模式下初创企业可持续发展路径探讨 [J]. 中国商论, 2016 (10): 48-49.

[32] 沈婧. 百度创新文化成要诀 [N]. 北京晨报, 2012-07-20 (01).